NILSON GHIRARDELLO

A FORMAÇÃO DOS PATRIMÔNIOS RELIGIOSOS NO PROCESSO DE EXPANSÃO URBANA PAULISTA

(1850-1900)

editora
unesp

© 2010 Editora UNESP

Direitos de publicação reservados à:
Fundação Editora da UNESP (FEU)

Praça da Sé, 108
01001-900 – São Paulo – SP
Tel.: (0xx11) 3242-7171
Fax: (0xx11) 3242-7172
www.editoraunesp.com.br
feu@editora.unesp.br

CIP – Brasil. Catalogação na fonte
Sindicato Nacional dos Editores de Livros, RJ

G344f

Ghirardello, Nilson, 1959-
A formação dos patrimônios religiosos no processo de expansão urbana paulista (1850-1900) / Nilson Ghirardello. - São Paulo : Ed. UNESP, 2010.

Inclui bibliografia
ISBN 978-85-393-0074-7

1. Cidades e vilas - São Paulo (Estado) - História. 2. Crescimento urbano - São Paulo (Estado) - História. 3. Igreja e Estado - São Paulo (Estado) - História. 4. São Paulo (Estado) - História. I. Título.

10-4871   CDD: 981.61
                                                                CDU: 94(815.61)

Este livro é publicado pelo projeto Edição de Textos de Docentes e Pós-Graduados da UNESP – Pró-Reitoria de Pós-Graduação da UNESP (PROPG) / Fundação Editora da UNESP (FEU)

Editora afiliada:

Asociación de Editoriales Universitarias de América Latina y el Caribe

Associação Brasileira de Editoras Universitárias

À Marizabel...

Agradeço a Marcos Antonio dos Santos e Eloiza Cristina Fontes Vieira pela reprodução das imagens;

aos diversos alunos de iniciação científica da Fapesp, pelo auxílio e pela dedicação que, de uma forma ou outra, somaram contribuições para o resultado final deste livro; e ao arquiteto Paulo Burgo, pela bela foto da capa.

SUMÁRIO

PREFÁCIO

Patrimônios religiosos e expansão urbana paulista no século XIX

A segunda metade do século XIX é um período de profundas transformações no âmbito do capitalismo mundial, que se expande e "muda de marcha", para utilizar a expressão de Eric J. Hobsbawm. No Brasil, particularmente em São Paulo, esse novo ritmo é perceptível quando o binômio café e ferrovia, articulando território e cidades, incide sobre a urbanização. Estado e iniciativa privada articulam-se para esse empreendimento, em grande escala, voltado à organização de um território urbanizado, integrado, produtivo.

Ao tratar da expansão urbana paulista no período de 1850 a 1900, Nilson Ghirardello, há anos um estudioso dessa temática, retoma uma trilha que conta com trabalhos já consagrados, desde o clássico de Pierre Monbeig (1984), *Pioneiros e fazendeiros de São Paulo*, passando por *Contribuição ao estudo da evolução urbana do Brasil* (1968), até os importantes trabalhos de Murilo de Azevedo Marx, seu mestre e orientador, para ficarmos com apenas três nomes de relevância nessa rica trajetória. O autor, em eminente companhia, considera "amplo" o fenômeno estudado e aponta a necessidade de que as futuras análises tenham em conta também a "comparação com outras nações de vasto território [...] ocupado no século XIX, como Estados Unidos, Argentina, Canadá e Austrália".

Neste livro, Ghirardello explora, em pesquisa cuidadosa, o papel dos patrimônios religiosos no processo de expansão urbana paulista. A expressão "patrimônio religioso", que será objeto do autor mais adiante, foi de uso comum até meados do século XX para nomear povoados provenientes de terras aforadas pela Igreja Católica. A denominação "patrimônio" tornou-se sinônimo de pequeno povoado (ou vila), ao menos até que este fosse elevado à sede de município, quando se adota o termo "cidade". Os limites originais, os direitos, a doação e transmissão mantinham-se, já que o Estado imperial não era separado da Igreja. Mais tarde, já no período republicano, argumenta Ghirardello, as cidades assim formadas ainda guardam características comuns.

Aqui as cidades do interior paulista são compreendidas em rede, na linha do famoso artigo de Pierre Deffontaines (1944). Quanto à rede urbana paulista, ficam fora do foco de análise deste livro as cidades formadas a partir dos assim chamados "patrimônios leigos" (criados e aforados por particulares), assim como as oriundas dos loteamentos privados. O pesquisador concentra-se, portanto, naquelas caracterizadas pela formação a partir de patrimônios religiosos, delimitando um polígono, em que se localizam cerca de cem delas: trata-se da área demarcada pelos municípios de São José do Rio Preto, Ribeirão Preto, Americana e Avaré, fechando-se na primeira. No polígono pesquisado, quase todas as cidades têm essa característica, além de outras: o surgimento a partir de 1850, o café como base da expansão econômica, as diretrizes dos códigos de posturas, o traçado urbano típico, a chegada da ferrovia, o papel dos coronéis e o modo de implantação da infraestrutura. É esse conjunto coeso que o autor interroga e apreende, com sensibilidade, o espaço e a vida urbana que ali se delineiam.

Os capítulos pelos quais se estende a narrativa, passo a passo, do geral para o particular, vão reconstruindo a trajetória dessa urbanização. Aborda-se a expansão territorial paulista liderada por uma burguesia de mentalidade capitalista que buscou infraestruturar e interligar o território do Estado, projeto no qual a rede urbana desempenhou papel fundamental. Caminhos, estradas de ferro e formações urbanas davam nova feição ao território e nova função também. O enquadramento jurídico da ocupação da terra urbana e rural no império e, posteriormente, na República é referência central para o próprio recorte do objeto da pesquisa, e esta nos traz aos investimentos no solo urbano e rural. O traçado urbano, a ordenação geométrica, o trabalho do agrimensor, a salubridade do ambiente urbano (Código Sanitário de 1894), as edificações e a cidade entendida como mercadoria são alguns dos aspectos discutidos.

E como observa o próprio autor: "a ferrovia cumpriu um papel muito mais significativo do que [...] o do simples transporte de passageiros e da produção". Nilson Ghirardello acredita que a inclusão de uma cidade na rede ferroviária era um verdadeiro aval para a expansão dos investimentos, para a criação de novos estabelecimentos bancários, de prestação de serviços e manufatureiros. Para garantir essa inclusão, não faltaram a atuação de "coronéis" locais e suas relações com o Partido Republicano Paulista (PRP). O ritmo da vida urbana se altera nessas cidades, em que o lugar privilegiado da estação e dos arredores expressa espacialmente a importância dessa presença.

O livro *A formação dos patrimônios religiosos no processo de expansão urbana paulista (1850-1900)* fala por si, e aqui não me cabe mais do que convidar a lê-lo todos os interessados na história territorial e urbana brasileira e – por que não? – aqueles que se voltam para a compreensão de cada uma das mais de cem cidades da rede aqui analisada. Bom proveito!

Maria Lucia Caira Gitahy
Professora associada da Faculdade de Arquitetura e Urbanismo
da Universidade de São Paulo

Introdução

"A cidadezinha onde moro, lembra soldado que fraqueasse na marcha e, não podendo acompanhar o batalhão, à beira do caminho, se deixa ficar, exausto e só, com os olhos saudosos pousados na nuvem de poeira erguida além.

Desviou-se dela a civilização. O telégrafo não a põe a fala com o resto do mundo, nem as estradas de ferro se lembraram de uni-la à rede por intermédio de humilde ramalzinho..."

(Monteiro Lobato, *Cidades mortas*)

"É domingo e mal se póde andar: gente de todos os feitios trança a rua principal em vae-vens confusos, sobre o areal fundo de palmo e os maus passeios em ala.

Desnorteia. As três estações, que são três grandes acampamentos, impressionam como uma só officina. Trabalha-se como trabalham mineiros em sua mina: machinistas, foguistas e mecânicos, carregadores, carroceiros e operários diversos não descansam. Deve ser assim uma das clássicas cidades industriais."

(Ferraz, 1924)

Amplo fenômeno urbano pouco estudado é o da formação das cidades do interior paulista a partir de meados do Novecentos e, mais celeremente, nas últimas três décadas do século XIX. A escala, abrangência e importância dessa verdadeira "corrida para o oeste" não encontram paralelo, dentro do país, em seu tempo.

Seria necessário fazer comparação com outras nações de vasto território a ser ocupado no século XIX, como América do Norte, Argentina, Canadá e Austrália, a fim de inserir essa empreitada na expansão territorial e capitalista mundial, a partir daquela que foi considerada a "maior migração dos povos da história" através do "cruzamento de oceanos e [da] penetração em zonas de fronteira" (Hobsbawm, 1979, p.207).

Em São Paulo, o avanço da lavoura do café, tocada por força de trabalho imigrante, propiciou a abertura de centenas de *patrimônios religiosos*, futuras cidades, num primeiro momento adiante das plantações, e, logo após, tendo as lavouras ao seu redor, em áreas de terras devolutas, consideradas nos mapas oficiais como "terrenos despovoados".

Trataremos de forma mais detalhada o *patrimônio religioso*[1] e suas implicações urbanas em capítulo específico, mas resumidamente pode-se dizer que são terras rurais concedidas por particulares à Igreja Católica para a criação de um povoado (Monbeig, 1984, p.235-6) e que a ocupação das datas (atualmente chamaríamos de lotes ou terrenos) se dará por enfiteuse ou aforamento, outro conceito que mais adiante pretendemos desenvolver.

A expressão patrimônio religioso ou mais comumente "patrimônio" foi bastante usual até meados do século XX para designar povoados cujas origens vieram de terras aforadas pela Igreja Católica.[2] De certa forma, a denominação tornou-se sinônimo de povoado, vila ou pequeno aglomerado urbano (ibidem, p.377-8), ao menos até que o fosse elevado à sede de município, quando a designação "cidade" seria usualmente empregada.[3]

Contudo, mesmo que o patrimônio ascendesse à cidade, seus limites originais e também os direitos imanentes a ele permaneciam, pois sua doação e transmissão eram perpétuas,[4] conforme as antigas leis pré-capitalistas que o guiavam. Ou seja, aqueles que estivessem ocupando áreas do patrimônio, ou da

---

1 A denominação eclesiástica para patrimônio religioso é capela, e um dos primeiros a estudar as cidades formadas a partir de patrimônios religiosos foi Pierre Deffontaines (1944, p.300-2).

2 O termo patrimônio, sem a designação "religioso", também foi utilizado nos casos de aforamentos feitos por particulares ou até mesmo pela família real, como em Petrópolis.

3 Neste livro, correntemente utilizaremos a expressão "patrimônio religioso" ou apenas "patrimônio" para designar vila ou povoado.

4 Aspecto alterado a partir do Código Civil de 1916.

área foreira, como também era designado, além de não terem posse definitiva do bem, apenas lhes cabia o direito de uso e gozo, tinham que pagar o foro anual à Igreja Católica e, em caso de repassá-las a outrem, o laudêmio.

Mesmo que a Igreja fosse, até a primeira Constituição republicana, parte do Estado, é importante observar que para o arruamento das terras dos patrimônios religiosos, bem como para sua administração, fazia-se necessário todo um arcabouço legislativo e burocratas ligados à esfera temporal, e que, portanto, o civil e o religioso entrelaçavam-se continuamente, parte das vezes com previsíveis conflitos. O mesmo se deu em relação àqueles particulares que aforavam os terrenos da Igreja que se sentiam injustiçados pelas contínuas cobranças de tributos.

Se em 1879 a província possuía cem municípios, o Estado, no final do século XIX, terá 161, 41 criados na última década (ibidem, p.113), sem considerarmos os inúmeros patrimônios já existentes e que seriam constituídos em sedes municipais. Contudo, a viabilização destes só foi possível por causa da ferrovia. Foi ela que possibilitou a interiorização da lavoura cafeeira na província e o transporte do produto até o porto para sua exportação. Ao mesmo tempo, o caminho de ferro garantia progresso aos novos patrimônios e às cidades já existentes, e acesso fácil de seus moradores a diversas partes do país.

A rapidez do processo e sua escala são únicas no Brasil. Em 1872, na província, apenas a capital contava com mais de 30 mil moradores. Em 1920, há 34 cidades que reúnem uma população de 2.351.673 habitantes. O crescimento das cidades de São Paulo com mais de 30 mil habitantes, entre 1872 a 1920, é de 7.393%, contra um crescimento de 448% da população do Estado em conjunto. No país, em período idêntico, há um crescimento de cidades de 412% e de 203% para toda a população (Silva, 1976, p.99).

O dinamismo e a velocidade dessa expansão territorial e urbana são impressionantes e precisam ser estudados em conjunto, sob forma de processo, pois constituem parte fundamental do avanço capitalista levado pela frente pioneira (Martins, 1971)[5] que incorpora novas regiões à economia de mercado.

---

5 Entretanto, essa frente de expansão "não está baseada primordialmente a partir de relações com o mercado. Os [...] participantes dedicam-se principalmente à própria subsistência e secundariamente à troca de produto [...]" (Martins, 1971, p.35).

A base econômica do processo que gerou esses patrimônios em São Paulo, que se tornariam importantes cidades, foi praticamente a mesma durante o período estudado: a expansão da produção do café sustentada por uma "fronteira móvel", em razão da ferrovia e das terras disponíveis, da mão de obra farta e de uma dinâmica agricultura mercantil com boa produtividade, que resultava em urbanização (Cano, 1998). Embora, politicamente, esse período possa ser dividido em duas etapas políticas – império e República –, o que resultou, em nosso caso, sobretudo, em mudanças na propriedade da terra urbana, como veremos adiante, o propulsor econômico do período se manteve.

Se as cidades do interior, isoladamente, contam com algum estudo sobre sua formação e seu crescimento, ainda que às vezes em tom factual e de cunho memorialístico – esforço precioso, é necessário frisar –, elas, em suas várias regiões e vistas sob forma de conjunto em um processo de urbanização, são quase inexploradas.

Vários autores, como Deffontaines (1944), Monbeig (1984) e Marx (1980), já observaram as várias semelhanças entre essas cidades paulistas formadas durante a marcha cafeeira.

> As peculiaridades destas centenas de aglomerações novas são excepcionais entre nós pela regularidade de conjunto em cada uma. Como Mococa, Matão, Bauru ou Gália, os espigões ou chapadas acomodam ruas em tabuleiro em xadrez e uma sempre presente praça central, a da matriz. Paisagem e referência usuais no oeste paulista, que conferem feição marcante e monótona, tanto aos estabelecimentos rurais como urbanos. Entre o divisor de águas ou a estrada de ferro e o fundo do vale ou o abastecimento de água, quadras regulares descem suavemente exibindo casarões que anunciam a república ou edifícios de apartamento que apontam para o novo mundo industrial. Regularidade, conformação arredondada, núcleo central e contorno mais nítidos são traços evidentes e exaustivamente repetidos. (Marx, 1980, p.36-7)

Estamos diante do maior, mais rico, *denso e próspero* agrupamento urbano do país, com mais de 600 municípios.[6] Em razão de sua importância e magnitude, esse agrupamento não pode continuar a ser desconsiderado. Reafirmamos, portanto, a indicação para "uma justa avaliação" (Marx, 1980, p.36) dessa rede de cidades, antigos patrimônios religiosos, de forma não individual, mas conjunta.

---

6 Em 2006, o total de cidades paulistas era de 645. Informação disponível em: http://www.ibge.gov.br/cidades. Acesso em: 20 abr. 2006.

O objetivo principal deste trabalho é verificar, entre diversas cidades originadas entre os meados e final do século XIX como patrimônios religiosos, em São Paulo, características comuns no processo de formação e desenvolvimento urbano. Apontaremos, e pretendemos comprovar, nos capítulos que se seguirão, que, entre essas semelhanças, estão: a legislação urbana, o traçado, a maneira de implantação deste no sítio geográfico, as primeiras edificações, a importância da chegada da ferrovia, a criação da infraestrutura inicial e a relação entre os edifícios principais e suas áreas livres públicas.

Em razão dos objetivos da proposta, analisaremos desde a gênese desses patrimônios até seu crescimento inicial, o que faremos tomando como período máximo o final da Velha República, quando se abre um novo ciclo econômico e político para o país. Portanto, investigaremos os patrimônios *criados* na última metade do século XIX, observando seu despertar urbano até as primeiras três décadas do século XX. Entretanto, não fazem parte desta pesquisa os formados durante os últimos trinta anos, motivo pelo qual o título de nosso trabalho estabelece a periodização de 1850 a 1900.

Como território de análise, demarcamos um polígono que abrange o centro e centro-oeste do Estado, onde se encontram cidades criadas como patrimônios religiosos, entre meados e mais expressivamente nas últimas três décadas do século XIX, por causa da expansão da cultura cafeeira.

Optamos por estudar as cidades geradas a partir de patrimônios religiosos, por considerarmos que os patrimônios leigos, ou seja, aqueles criados e aforados por particulares, ou mesmo os loteamentos privados têm outras características e base de formação. Os primeiros são relativamente raros em São Paulo, e os últimos, frequentes, mas ambos foram constituídos apenas a partir da primeira década do século XX e após a separação da Igreja do Estado, conforme estabelecido pela Carta de 1891.

Consideramos, para foco do nosso trabalho, um polígono geográfico estabelecido entre os antigos patrimônios e as atuais cidades de São José do Rio Preto, Ribeirão Preto, Americana e Avaré, fechando-se novamente em São José do Rio Preto e naquelas formadas apenas durante o período especificado no trabalho.[7] Detivemo-nos nessa a área, pois, *grosso modo*, a leste dela,

---

7 Em todas as regiões do Estado, foram criadas cidades em períodos mais recentes, e este trabalho trata apenas daquelas formadas entre meados e final do século XIX.

encontram-se cidades, ainda em sua maioria, formadas, no período colonial,[8] e a oeste, aquelas criadas no século XX. Ambos os grupos foram constituídos sob diretrizes diversas em relação à sua formação, ao domínio e à posse da terra urbana. No polígono pesquisado, *quase todas* as cidades foram geradas pela expansão cafeeira do século XIX, guardando algumas características comuns,[9] como o fato de serem formadas a partir de patrimônios religiosos. Nesse rol de aproximadamente cem cidades, podem ser citadas São José do Rio Preto, Ribeirão Preto, Americana e Avaré, além dos limites do polígono: Jaú, Botucatu, Bauru, Lençóis Paulista, São Carlos, Araraquara, Piracicaba, Rio Claro, Limeira, Jaboticabal, Catanduva, Novo Horizonte, Ribeirão Bonito, Santa Bárbara do Oeste, Brotas, São Manuel, São Pedro, Barra Bonita, Pederneiras, Charqueada, Mineiros do Tietê, Dois Córregos, Arealva, Dourado, Matão, Borborema, Corumbataí, Bariri, Itápolis, entre outras.

Em boa parte do Estado, o célere crescimento da produção cafeeira foi acompanhado, de perto, pela ferrovia, mas, antes de sua chegada, a vila se formava. Há a suposição de que os patrimônios nasciam às bordas das plantações de café, porém isso nem sempre é verdadeiro, habitualmente eles as precederam. O costume de considerar a data de instalação do município como a gênese deste acaba por confundir a ordem real das coisas. Tais núcleos foram, na maioria das vezes, criados muito anteriormente, a partir de bairros rurais, que surgiram por causa da expectativa da expansão cafeeira. A gênese urbana, portanto, aparece mais cedo do que no momento do estabelecimento da circunscrição administrativa, quando o povoado já tem força política e vida citadina mais densa.

A criação de patrimônios religiosos poderia atrair maior ocupação rural e, com ela, a lavoura do café, que pressionava para melhores meios de escoamento e favorecia a vinda da ferrovia, destinada ao transporte da produção. Nesse aspecto, a doação por fazendeiros de parcela de suas glebas rurais à Igreja Católica para a criação de patrimônios religiosos seria estratégia de longo prazo para obter as paralelas de aço, portanto, no fundo, bom negócio para os seus doadores. Estes, além de valorizarem suas terras, granjeavam simpatia com a vizinhança dos bairros rurais e, ao mesmo tempo, credenciavam-se a chefes políticos locais.

---

8 Muito embora o patrimônio religioso já estivesse presente no Brasil desde o século XVII, Deffontaines (1944, p.31) cita as cidades de Santos e Jundiaí como criadas dessa forma.

9 É certo que, entre elas, formaram-se outras cidades durante o século XX, assim como nas demais regiões do Estado, mesmo nas zonas de ocupação anterior, porém a maioria, nessa área, foi resultado da expansão cafeeira do século XIX.

A acelerada ocupação do território paulista, a partir de 1850, impulsionada pela economia cafeeira, pedia padrão de arruamento urbano fácil e rápido de ser executado, por agrimensores habituados ao "corte" de propriedades rurais. Em todo esse processo, nota-se a extrema eficiência do traçado urbano reticulado, aplicado exaustivamente aos patrimônios, quase sempre situados em sítios geográficos de encosta.

Acreditamos que algumas diretrizes dos códigos de posturas, relativas ao traçado das vias, sua direitura, orientação cardeal, largura e formato de quadras, resultaram na implantação sistemática da quadrícula como modelo de expansão urbana para os patrimônios religiosos de São Paulo durante o império e início da República.

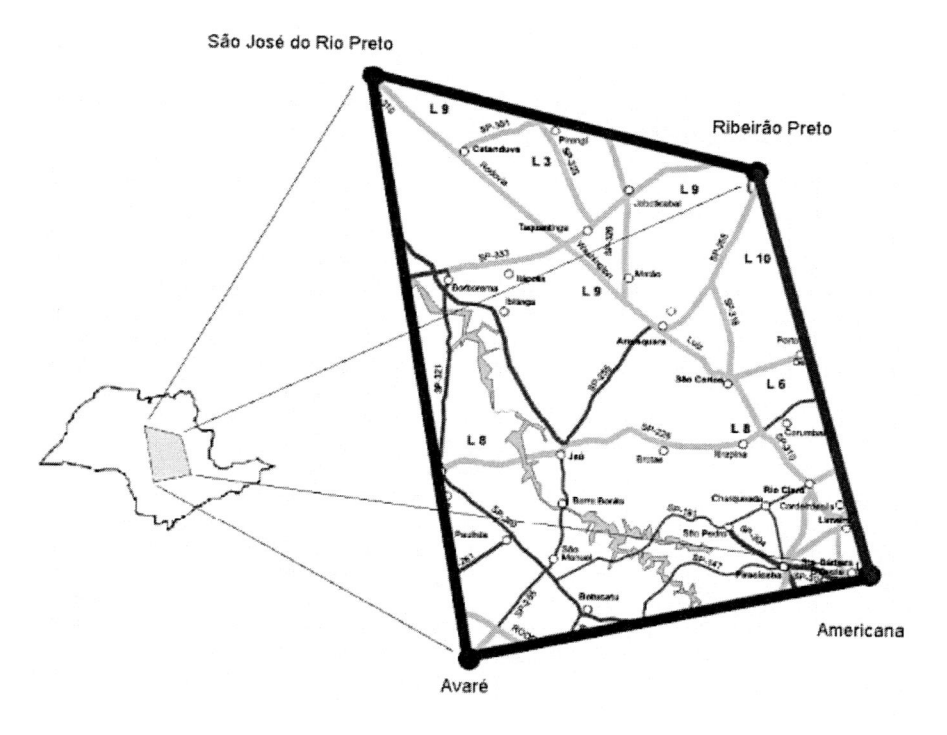

Figura 1 – Área do Estado de São Paulo demarcada para estudo neste trabalho.

Os códigos de posturas, principal lei que tratava das questões urbanas durante o império, elaborados pelas câmaras, subordinados obrigatoriamente à aprovação do poder central e reproduzidos sistematicamente entre as municipalidades, difundiram um padrão de arruamento urbano salubre, de rápida e fácil implantação, possível de ser expandido e, caso necessário, também de conveniente simplicidade para as transações imobiliárias que envolviam o parcelamento urbano.

Os patrimônios, quando estabelecidos, tinham um principiar urbano bastante precário e penoso, e, para o desenvolvimento destes, a ferrovia era fundamental. Sem ela, essas pequenas vilas corriam sério risco de desaparecer, o que aconteceu com muitas. E mais, sem os trilhos, os investimentos urbanos não seriam realizados. É corriqueiro perceber, nas atas de Câmara, nos jornais e almanaques das cidades desse período, o quanto a chegada da ferrovia mudava as feições urbanas. Capitais excedentes vindos das lavouras de café aportavam sob diversas formas no solo urbano. A paisagem da vila se transformava, os ânimos, certamente, também.

A ferrovia ampliava os investimentos, tanto rurais, com a produção mais expressiva do café nas antigas e novas lavouras que seriam abertas, como os urbanos. Por muitas vezes, garantiu a elevação do povoado a sede de município, a implantação de energia elétrica, água encanada, telefone e esgoto, as novas construções públicas e privadas, a criação de praças, o trato e "aformoseamento" urbano.

Ainda hoje podem ser percebidas, na morfologia urbana dos centros históricos das cidades estudadas, antigas áreas de patrimônio religioso, similaridades em seu traçado em xadrez regular, e não apenas em relação a ele, mas também quanto aos padrões e à disposição das edificações vindas daquele período, das áreas públicas remanescentes, e sua relação espacial.

As semelhanças são observadas, de forma mais clara, nas pequenas cidades do período cafeeiro que, por algum motivo, pouco se desenvolveram e ocupam ainda, em grande parte, o patrimônio inicial. Nelas, encontram-se, de maneira preservada, o traçado com as quadras regulares, construções de tipologia arquitetônica análoga, vias de larguras aproximadas, a praça principal com sua matriz, os edifícios públicos, a estação e o gabarito homogêneo (Landim, 2004). Como exemplo, em nossa área de estudo, podemos citar: Bocaina, Mineiros do Tietê, Ribeirão Bonito, Itirapina, Dois Córregos, Agudos, entre outras.

Para comprovarmos as características comuns dos patrimônios religiosos, os capítulos deste livro explicam as fases anteriores ao estabelecimento de um patrimônio religioso, seu arcabouço jurídico e a origem de sua organização e seu desenvolvimento como núcleo urbano.

No Capítulo 1, apontam-se as bases para a ocupação do território paulista, a partir dos meados do século XIX, pelas mãos de uma burguesia agrária de mentalidade capitalista que cuidou de dar uma infraestrutura ao território, e onde a formação urbana, principiada pelos patrimônios religiosos, cumpria etapa fundamental.

No Capítulo 2, apresentam-se o processo de expansão urbana no território paulista, antes e após os meados do século XIX, vinculando-o aos ciclos econômicos, e a consequente ampliação de vias e caminhos, particularmente a partir da estrada de ferro que interioriza a produção do café.

Para entender a formação dos patrimônios religiosos, é necessário que compreendamos as leis que regiam a formação urbana no Brasil, seu ordenamento jurídico, particularmente no século XIX. No Capítulo 3, verifica-se como a concentração de poderes garantidos pela Constituição Imperial às assembleias provinciais centralizou medidas e modelos em relação aos códigos de posturas, que resultaram em um padrão urbano assemelhado para as várias formações nascentes.

No Capítulo 4, abordam-se a importância da Lei de Terras para a ocupação rural das terras devolutas em São Paulo, principalmente por mineiros, a forma de apossamento da terra, o seu desenho como propriedade rural (posteriormente e sob certos aspectos transposto para o arruamento urbano) e a formação dos bairros rurais, estágio ainda não urbano, mas que precede e alavanca a criação dos patrimônios religiosos.

No Capítulo 5, expõem-se a relação entre a Igreja Católica e o Estado antes da República, por meio do padroado, e o vínculo da comunidade e da cultura caipira com o catolicismo popular, em que a Igreja substituía em grande medida a presença do Estado. Apontam-se principalmente a participação da Igreja como braço do Estado na formação dos patrimônios religiosos a partir de doações privadas e o posterior aforamento das terras urbanas. Enfocam-se, também, quais tipos de glebas eram as escolhidas para as doações, consideradas as mais salubres e viáveis para a formação de uma futura cidade.

No Capítulo 6, verifica-se que o traçado urbano dos patrimônios foi sempre o xadrez, implantado pelo "prático", ou o agrimensor, dentro de uma nova conceituação urbana em que a terra deveria ser uma mercadoria facilmente transmissível. Buscam-se também as novas preocupações do século XIX que se casavam perfeitamente com o desenho em quadrícula, como a salubridade e os novos parâmetros dimensionais universais recém-adotados, e como esse arruamento era implantado no sítio geográfico a partir das diretrizes dos códigos de posturas.

O Capítulo 7 aborda o difícil começo desses pequenos e precários patrimô-nios, suas principais edificações e a administração pública submissa à figura do coronel, no rastro da destruição dos povos indígenas com a finalidade de expansão das lavouras de café.

No Capítulo 8, enfocam-se a importância da chegada da ferrovia para o desenvolvimento do patrimônio e sua transformação em sede de município, em cidade. Mais ainda, aponta-se o "lastro" que significou a presença dos trilhos para as diversas melhorias e investimentos no solo urbano: a infraestrutura básica, os novos negócios, as construções privadas e públicas, o jardim, o alinhamento, o "aformoseamento" urbano etc. Expõe-se ainda, nesse momento de crescimento e valorização imobiliária, a ferrenha "disputa" pelo controle do solo urbano entre a fábrica paroquial, proprietária do patrimônio religioso, ou área foreira, e a Câmara Municipal, responsável pela administração do município.

O Capítulo 9 mostra como ocorre a expansão dos limites da cidade para além da área do patrimônio religioso pela iniciativa privada, a transposição de acidentes naturais, a segregação e setorização espacial da população urbana, e a forte presença e importância dos imigrantes para essas novas cidades.

Neste livro, mostraremos, com exemplos, as diversas questões urbanas que se repetem nos patrimônios religiosos, posteriormente alçados a cidades, e que nos levam a afirmar que estes tinham muitas semelhanças e, portanto, eram partes de um processo maior, e não casual, de urbanização do centro e centro-oeste do Estado, ou seja, de ocupação territorial da província, depois Estado.

Para a execução deste trabalho, visitamos, por diversas vezes, a grande parte das cidades pesquisadas, onde coletamos documentos e tivemos contatos com memorialistas e antigos moradores. Contamos, ainda, com obras referenciais que nos deram suporte, como a do geógrafo francês Pierre Monbeig (1984), que aborda a relação entre as cidades do planalto ocidental paulista e a frente pio-neira, e também a de Pierre Deffontaines (1944). Sobre a legislação portuguesa, transplantada para a colônia, foi fundamental o trabalho de Francisco de Paula Dias de Andrade (1966), bem como o de diversos juristas que abordam o direito municipal durante os séculos XIX e início do XX. Sobre as ligações entre o Estado e o poder eclesiástico, a obra ímpar de Murillo Marx (1980, 1989, 1991, 1999).

No tocante à produção, à expansão e às relações econômicas que envolviam o café e o capital cafeeiro, há os importantes trabalhos de Prado Jr. (1994), Silva (1976), Milliet (1982), Ellis Junior (1951), Taunay (1939-1943), Sallum Junior (1982), Love (1982) e Dean (2001).

A respeito das diversas cidades, existem especificamente livros escritos por memorialistas locais, historiadores e acadêmicos, boa parte das vezes referenciados em preciosos documentos, citados e transcritos nas obras. Valemo-nos também de dissertações e teses, assim como de raros documentos primários, manuscritos, jornais e revistas, nem sempre preservados à altura de sua importância, encontrados em núcleos de pesquisa, câmaras municipais, museus, prefeituras, bibliotecas e casas da cultura.

Outro trabalho fundamental é o *Relatório da Commissão Central de Estatística* (1888), presidida por Elias Pacheco Chaves, apresentado à Assembleia Legislativa Provincial de São Paulo em 10 de janeiro de 1888 (*Relatório dos presidentes da província...*,1982). O amplo arrolamento esboça rico painel da província no ano de 1886, data do recenseamento, que abrangeu desde a população a outros aspectos relevantes, como imigração, Judiciário, escravos, viação, clima e solos, e um breve arrazoado sobre as cidades existentes na época. Na introdução do trabalho, há quase uma antevisão a respeito do futuro do Estado: "servirá este livro para dar um ideia aproximada do nosso estado social, da prosperidade e riqueza da Província de São Paulo e dos altos destinos que a aguardam" (*Relatório da Commissão Central...*, 1888).

Objeto de consulta necessário a um trabalho como este, que depende da legislação do período, foi o Repertório das leis promulgadas pela Assembleia Legislativa da Província de São Paulo, desde 1837 até 1875 (1877). As últimas duas obras pertencem ao acervo de livros raros da Biblioteca Mário de Andrade, de São Paulo.

Gostaríamos também de salientar a importância da Enciclopédia dos municípios brasileiros, em particular os três volumes dedicados ao Estado de São Paulo, editados em comemoração ao 404° aniversário da cidade, entre 1957 e 1958. Embora traga informações breves a respeito da história e formação urbana dos municípios, é certamente um trabalho hercúleo do Instituto Brasileiro de Geografia e Estatística pela abrangência, qualidade e esforço. Dela ainda coletamos fotografias das cidades estudadas durante os anos 1950, em que é possível perceber a malha urbana reticulada ainda sem a inserção dos edifícios, construídos posteriormente, que prejudicam a visão geral e a compreensão do traçado.

Também, no campo das imagens, foi vital o *Álbum illustrado da Companhia Paulista de Estradas de Ferro – 1868-1918* (Perez, 1918), formado, principalmente, por imagens da linha, das estações, oficinas, obras de arte e do pessoal da Companhia. Nesse álbum, constam também fotografias das cidades percorridas, em seus aspectos principais, o que nos permite ter uma ideia da paisagem urbana e da imagem de cidade, consideradas relevantes naquela época, e de como os espaços públicos repetiam-se e assemelhavam-se. Por esse motivo, optamos por reproduzir as imagens conforme se apresentaram no álbum, com diagramação e *layout* originais, que, de certa maneira, reforçam nossa tese sobre as semelhanças entre as construções e os espaços livres dessas cidades.

Por ultimo, gostaríamos de nos desculpar com o leitor pela relativa escassez de imagens, ocorrida muito menos pela disposição do autor em obtê-las, pois já as tinha conseguido em grande quantidade, sendo que estas nos ajudavam a demonstrar importantes questões apontadas. Contudo, devido à rigorosa legislação que rege a divulgação e reprodução das mesmas, praticamente impossível de ser atendida no que tange a fotografias muito antigas, tivemos que retirá-las do texto.

1
URBANIZAÇÃO E TERRITÓRIO NO INTERIOR PAULISTA

Para compreendermos a formação da rede urbana do Estado de São Paulo, no século XIX, na qual nos debruçaremos nos capítulos seguintes, é importante que tenhamos claro que ela constituiu-se em processo, não algo ocasional ou involuntário. Foi, certamente, um *projeto de ocupação e planejamento territorial* (Gitahy, 2005; Costa 2003) e impulsionado pelas elites[1] paulistas que comandavam a província durante o império; e, mais tarde, na República, o Estado e o país. Essas elites substituíram a antiga casta política formada por baianos, fluminenses (Milliet, 1982, p.26) e aristocratas do Vale do Paraíba, porém tendo como diferencial uma mentalidade capitalista, mais contemporânea que seus pares do império. Essa nova elite estava conectada à expansão capitalista mundial e acreditava que o crescimento econômico baseava-se na competição da livre iniciativa e que tudo poderia ser mercadoria: a terra, a força de trabalho e a produção agrícola. É nesse momento que o café deixa de ser produzido apenas *para o capital* e passa a ser produzido também *por meio do capital* e da *organização capitalista de produção* (Sallum Junior, 1982, p.9).

---

1 Utilizaremos o termo "elite" para designar um grupo (governante ou não) de pessoas que alcança níveis altos em seu ramo de atividade. Entretanto, a maioria da população não pertence a esse estrato. De acordo com Martinez (1997, p.48-9), até determinado período (justamente até o final daquele por nós estudado), a estrutura social do Brasil era bastante inflexível, e as elites, menos diversificadas que aquelas surgidas depois do desenvolvimento urbano-industrial: "Até a década de 1930, a estrutura social brasileira conservou muito nítida a divisão em dois níveis, com a minoria detentora de todos os poderes, a maioria despojada de quase tudo e as camadas intermediárias pouco expressivas em número e influência".

A nova burguesia agrária estava vivendo no interior da província ou se dirigindo para ele[2] e surge à sombra da decadência da lavoura do Vale do Paraíba. A produção desta última era baseada essencialmente no regime escravocrata e terá vida curta, pois era também assentada em terras desgastadas pelo cultivo equivocado,[3] o que provocará o deslocamento das plantações para o centro e centro-oeste paulista, sobre terras mais planas, férteis e menos favoráveis a geadas. Com essa mudança, o eixo econômico se altera. Se antes a produção cafeeira era escoada pelo Rio de Janeiro, transfere-se agora para Santos por causa de seu acesso por ferrovia, o que resulta em reflexos diretos na riqueza e no crescimento da província e da própria cidade de São Paulo (Prado Jr., 1994, p.161-5).

A nova burguesia da terra acreditava nas relações capitalistas de produção na cafeicultura, na força de trabalho do imigrante,[4] considerado mais produtivo, mas desde que altamente subsidiado pelo Estado (Ellis Junior, 1951, p.553-4). Apostava também nas modernas técnicas agrícolas de plantio, adubação e mecanização do beneficiamento; esses fatores, mais a qualidade da terra e as grandes áreas virgens a serem ocupadas, elevarão as safras a níveis nunca vistos antes.

> Originalmente, os fazendeiros de café do Oeste paulista eram menos afortunados que os do Vale; tinham menos escravos e menos dinheiro. Talvez por isso mesmo, eram mais ambiciosos e mais combativos, mais abertos às inovações tecnológicas, mais propensos a acumulação capitalista propriamente dita [...]. (Szmrecsányi, 1990, p.22)

Como pano de fundo de sua época, surgem o liberalismo econômico desfraldado logo após pela República e o despudor em ganhar dinheiro livremente, independentemente das circunstâncias. Tais elites souberam fazer, com um grau de aprimoramento sem igual na história do Brasil, dos seus interesses de classe os interesses do país (Silva, 1976, p.67).

---

2 Isso ocorre nas proximidades de Campinas.

3 Boa parte das terras do Vale do Paraíba situava-se em terrenos irregulares, e os cafezais eram plantados em linha, sujeitos à ação das chuvas, enxurradas e erosões que desgastavam a terra e destruíam ou enfraqueciam os pés, tornando-os suscetíveis a doenças.

4 Há registros de escravos que trabalhavam nas lavouras de Ribeirão Preto, Botucatu e Jaú.

Sobre o período republicano, assim comenta Prado Jr. (1994, p.208):

> No terreno econômico observaremos a eclosão de um espírito que senão era novo, se mantivera no entanto na sombra e em plano secundário: a ânsia de enriquecimento, de prosperidade material. Isto, na monarquia, nunca se tivera como um ideal legítimo e plenamente reconhecido. O novo regime o consagrará.

Importava era reproduzir o capital, fosse onde fosse ou como fosse. A lavoura de café seria um meio de obtê-lo, e esta poderia conviver com outras atividades, como o retalhamento e o comércio da terra rural, o loteamento de áreas urbanas, o investimento nas ferrovias, na indústria, na infraestrutura das cidades ou no setor financeiro.

> Esses empresários não tardaram a mecanizar o beneficiamento do café, a fim de liberar mão-de-obra para o seu cultivo, e também a diversificar suas atividades para além da simples produção da rubiácea. Com isto tornaram-se negociantes de terras, construtores e mantenedores de ferrovias, banqueiros, industriais, etc. Passaram também, a morar na cidade, no interior ou na capital, deixando a direção de suas fazendas aos cuidados de administradores profissionais. (Szmrecsányi, 1990, p.22)

O processo de urbanização do interior em escala e como projeto de ocupação territorial inicia-se em meados do século XIX com a Lei de Terras de 1850, com reflexo imediato em São Paulo, como veremos adiante, atravessa o império, nas suas últimas três décadas, e reflete-se na expansão da lavoura do café, no aumento da população, no incremento da formação das cidades e na grande extensão alcançada pela malha ferroviária. O processo amplia-se e é coroado durante a Velha República.

Costa (2003, p.53) aponta claras manifestações da urbanização no território da província de São Paulo, a partir de meados de Oitocentos:

> 1. Ocupação de terras ainda inexploradas do Estado, que fomentou um mercado de terras (diretamente vinculado a uma dinâmica imigratória), contribuindo muito para o aumento da densidade demográfica do Estado.
> 2. Essa ocupação, espacialmente, configurou-se pela ocupação de áreas mais distantes do litoral, consolidadas pelo surgimento de uma quantidade significativa de cidades novas no Estado.
> 3. Aumento da receita e interligação territorial do Estado.

4. As cidades, atreladas às fazendas produtoras de café, interligadas pelas ferrovias escoadoras da produção, consolidaram essa interação espacial, ocasionando o
surgimento de um mercado interno, produtor e consumidor de bens de consumo.

5. Esses processos levam à maior complexidade da estrutura física do Estado,
ato contínuo de sua economia e administração, que demandou o desenvolvimento
de uma estrutura capaz de suprir as necessidades institucionais (aparelho administrativo, bancos, escolas e outros) e materiais (bens industrializados, alimentos,
sistema de água e esgoto, serviços entre outros) que acompanhassem o desenvolvimento da sociedade.

6. Por fim, levou a capital de São Paulo a consolidar sua vocação geográfica como
"centro" do Estado, concentrando e centralizando as atividades administrativas
(políticas), comerciais (econômicas) e intelectuais (culturais).

Para o importante processo de urbanização no território, ocorrido a partir
de meados do Oitocentos, foi fundamental a Lei de Terras de 1850 que deflagra
rápida ocupação do espaço rural paulista, finalizando a destruição dos povos indígenas e da floresta, que se iniciara no primeiro século de ocupação portuguesa.

A agricultura de exportação assentada em terras liberadas ao mercado não
era evento apenas local, acontecia nas diversas partes do globo, onde a agricultura sujeitava-se à economia industrial por meio de uma extrema especialização
(Hobsbawm, 1979, p.190-1). Gado e trigo na Argentina, açúcar no Caribe,
algodão no sul dos Estados Unidos etc. O Brasil insere-se no sistema de trocas
internacionais com a cada vez mais expressiva produção de café.

Em boa parte desse mundo em expansão, do século XIX, as novas lavouras
se deram em áreas virgens viabilizadas pelas ferrovias, construídas por capitais
externos e conectadas por navios a vapor. Também em boa parte do globo, essa
expansão sobre territórios inabitados resultou em novas cidades.

Trata-se de um período de intensa urbanização, motivado também pela
necessidade de manutenção, e se possível expansão, das áreas territoriais das
antigas colônias por meio de ocupação física. Essa preocupação perseguiu as
nações de vasto território durante o século XIX, incluindo o império brasileiro,
que elaborou vários planos de viação nacional (não executados), com o intuito
de ligar e garantir a posse, colonização e ocupação econômica do extenso solo
nacional (Conselho Nacional de Transportes, 1973). Outra medida estratégica
importante foi a criação de uma série de colônias militares em meados do século
XIX, espalhadas pelos cantos mais remotos do país (Wood, 1972), duas delas
em São Paulo (Silva, 1972).

Verifica-se a tentativa de manutenção ou mesmo o alargamento da ocupação territorial das nações decorrente, entre outros fatores, do aumento da população ou da imigração, motivado por alguma atividade econômica interligada ao capitalismo internacional. O processo acontecido no Estado de São Paulo, centro da economia brasileira já a partir do final do século XIX, fazia parte de um processo maior e global (Monbeig, 1984, p.105).

Em 1850, o fim do tráfico de escravos provocou o deslocamento dos capitais investidos nesse negócio, considerado o maior do país à época, para outros setores, como o da formação de novas lavouras de café no interior paulista.[5] A aniquilação das tribos indígenas, a reboque da ocupação rural e da construção das ferrovias, foi fator decisivo para o deslocamento dos grandes proprietários para as zonas novas, onde a compra "foi recurso remoto, pois a apropriação direta, pelo grilo ou pela força, foi a forma habitual de obtenção da terra" (Sallum Junior,1982, p.19).

A falta de mão de obra em São Paulo é inicialmente resolvida com a "importação" de escravos das províncias decadentes. A estratégia não atende plenamente aos objetivos, e tenta-se a imigração por meio de núcleos coloniais, outra experiência malograda em São Paulo. Apenas com a imigração direta para as fazendas e com o chamado "colonato paulista" – em que o imigrante recebia um salário fixo anual, fazia cultivo de gêneros de subsistência junto aos pés de café, na chamada cultura intercalar, e também recebia uma cota por alqueire de café colhido (Szmrecsányi, 1990, p.46) –, o sistema passa, de fato, a funcionar, quando se expande do final do século XIX, por causa da abolição, até o início do XX e torna-se a base do povoamento do interior paulista.

De acordo com Szmrecsányi (1990, p.46), o "colonato paulista" já havia se consolidado mesmo antes da abolição quando, em 1875, ocorreu um aumento no número de imigrantes em São Paulo:

> Daí em diante raramente se situou abaixo de mil, e, a partir de meados da década de 1880, sempre se situou acima da marca de dez mil por ano. A grande maioria da mão-de-obra estrangeira se dirigia para São Paulo, e mais especificamente, para a cafeicultura do Oeste paulista.

---

5 Em São Paulo, o ciclo do açúcar também financiou as plantações de café (Ellis Junior, 1951).

Para se ter uma ideia da influência dessa massa de estrangeiros na economia do Estado, entre 1888 e 1935, dirigiram-se para São Paulo cerca de 2.300.000 imigrantes, ou seja, 57% daqueles que chegaram ao país (Love, 1982, p.26). Parte dos imigrantes, ao menos um terço deles, não se destinava às fazendas (Silva, 1976, p.50-1), ia direto para as cidades. A outra parcela abandonava as plantações, por motivos diversos, após o vencimento do contrato de um ano. Entre os destinos, estavam as cidades.[6]

As grandes áreas apossadas, em meados do século XIX, pelos mineiros pertencentes à frente de expansão, aos poucos são divididas ou tomadas pela nova burguesia agrária do centro e centro-oeste,[7] que planta, de imediato, milhares de pés de café, pelas mãos dos imigrantes europeus, dando origem a um novo ciclo, o da frente pioneira, responsável pela inserção da região no capitalismo e na economia de mercado (Martins, 1971). A maior densidade de ocupação das terras rurais impulsionou a criação de patrimônios religiosos, sempre um pouco mais adiante das áreas de cultivo, fundamental para a existência da lavoura do café, dependente dos núcleos urbanos.

O solo desses povoados foi obtido e aforado da mesma maneira pela Igreja Católica, braço do Estado nesse momento (assunto a ser abordado nos próximos capítulos). Como parte de estratégia maior e por exigência da Assembleia Legislativa, era apontado um traçado urbano preliminar, quase um modelo, dentro do contexto capitalista do século XIX, determinado por meio dos códigos de posturas, praticamente prescritos pela Assembleia Provincial.

Os patrimônios, transformados em cidades, interdependentes num primeiro momento das propriedades rurais, ao mesmo tempo que se adensam e formam um mercado cada vez mais forte e sofisticado, consolidam a integração física com a capital, através da ferrovia, vista como acesso primário e maior.

A partir das aglomerações atingidas pela ferrovia, já no início do século XX, estabelecia-se uma rede de caminhos e estradas de terra, ligando de maneira capilar propriedades rurais, distritos, bairros rurais e cidades.[8]

---

6 Alguns voltavam para seus países de origem e outros se dirigiam a países da América do Sul. Havia ainda a possibilidade da compra de chão próprio para cultivo ou o assalariamento em outra propriedade (Silva, 1976, p.53).

7 Deve-se frisar que muitos desses mineiros também ascenderam financeiramente e tornaram-se grandes produtores e coronéis, o que lhes permitiu fazer parte dessa "nova" elite do oeste.

8 Base de muitas das estradas de rodagem que seriam construídas a partir de meados do século XX.

Ao mesmo tempo, esses centros urbanos serão espaços para novas modalidades de investimentos pelo excedente do capital cafeeiro: infraestrutura básica, construções, manufaturas e comércio exportador e importador. As primeiras casas bancárias foram os ramos mais contemplados.

Para aprimoramento do sistema de ocupação territorial, no final do período imperial, é criada a Comissão Geográfica e Geológica do Estado, com a finalidade de reconhecimento do interior paulista, ainda não mapeado oficialmente, particularmente o Vale do Paranapanema e o extremo-oeste, divisa com o Mato Grosso.

Havia ainda clara intenção por parte do Estado de organizar a entrada e distribuição dos trabalhadores livres, com a criação da Hospedaria dos Imigrantes, em 1888, dotada de serviços médicos para o imigrante e sua família, e também de "facilitar os encontros com os fazendeiros" (Monbeig, 1984, p.155).

Durante a República, serão dados outros passos para o aparelhamento do Estado a fim de cuidar do aumento populacional e da rede urbana implantada, e, em rápida implantação, escolas técnicas, de engenharia, departamentos e instituições ligados à saúde pública estarão entre eles.

> Construir infra-estrutura moderna, requalificando as relações entre cidade e campo e os espaços produtivos no interior de ambos, assim como o lugar do Brasil na divisão internacional do trabalho, não era apenas tarefa de construção física, mas também de instituições sociais voltadas para a busca intelectual e para a redefinição das relações sociais. (Gitahy, 2005, p.1)

Ao mesmo tempo que a capital do Estado começa a ganhar infraestrutura urbana e instituições de âmbito social, amplia-se e refina-se o processo de urbanização do interior por causa da manutenção do ordenamento geométrico das cidades, agora nas mãos de profissionais mais gabaritados, como engenheiros, e pela implantação de infraestrutura básica também projetada por esses profissionais (Campos, 2007).

No campo da legislação, aprovam-se a Constituição Estadual e uma série de leis e decretos que facilitam a criação e o desmembramento de municípios, além de patrocinarem a efetiva ocupação de terras devolutas, o que permite posses anteriores a 1868[9] com base em comprovações sumárias e a garantia

---

9 Lei nº 545, de 2 de agosto de 1898, regulamentada pelo Decreto nº 734, de 5 de janeiro de 1900.

daquelas realizadas até então. O certo é que a apropriação de terras devolutas, seja por posse, seja por grilo, continuará com grande desenvoltura e beneplácito do Estado até o fim delas no território paulista, na década de 1940.

O aparelho judiciário também será organizado em São Paulo, principalmente por causa dos excessos cometidos pelos patrões em relação aos imigrantes que chegavam a comprometer o nome do país e a própria corrente imigratória (Prado Jr., 1994, p.214). A estrutura reorganizada cuidava de dar possibilidade de defesa, mesmo que elementar, aos imigrantes, particularmente em relação ao cumprimento de contratos de trabalho pelos seus empregadores (ibidem).

Em 1894, será criado o primeiro Código Sanitário do Estado que ratificará e reforçará a ocupação urbana e levará, até os mais distantes rincões, procedimentos correlatos (até mais que no império), no tocante à saúde pública e ao trato do organismo urbano e edilício.

Entre o final do Novecentos e início do século XX, o Brasil se abrirá ao capital externo, que investirá em estradas de ferro, serviços e melhoramentos urbanos, instalações portuárias e fornecimento de energia elétrica (ibidem, p.273-4). Os Estados, agora independentes segundo a Constituição republicana, contraem empréstimos internacionais e mesmo as municipalidades assim o fazem (ibidem, p.211), avalizados pelo poder maior, a fim de investir na infraestrutura básica, numa verdadeira estratégia de implemento da urbanização regida pelo poder central.[10]

Logo na primeira década, a presença física do Estado se fará visível a todos os cidadãos, de maneira clara e direta, mesmo nos pequenos centros, por meio da construção de grupos escolares, cadeias e fóruns. Estes, por sua vez, terão como marca da centralidade a padronização arquitetônica, continuando o tratamento do "todo" urbano do Estado como conjunto, e não isoladamente.

A República ampliará o âmbito da ocupação territorial do Estado de São Paulo e expandirá os ramais, antes apenas "cata-café", para o extremo-oeste, em direção ao Rio Paraná, última fronteira do Estado a ser ocupada, logo a partir do início do século XX. Alta Paulista, Alta Sorocabana, Alta Araraquarense e Noroeste do Brasil são provas cabais do claro objetivo de consolidação da ocupação rural e da política de constituição de aglomerados urbanos que, a

---

10 Conforme Prado Jr. (1994, p.211), a dívida externa brasileira cresce de 30 milhões de libras esterlinas, na época da proclamação da República, para quase 90 milhões em 1910.

partir das ferrovias, serão formados num processo e método preciso e rigoroso estabelecido entre as companhias e o governo.[11]

Tais ocupações significavam expansão de mercados, o que era facilitado pela rede ferroviária e também por uma rede de estradas e caminhos, ainda de terra, em montagem. Diferentemente da maioria dos outros Estados, em São Paulo a produção circularia a preços baixos e de forma muito rápida.

Nos anos 1940, praticamente estará consolidada a ocupação territorial do Estado. As cidades formadas a partir daí o são em áreas já povoadas, mesmo que de baixa densidade, como no Pontal do Paranapanema, estabelecidas sem a preocupação de "abrir" novas regiões.

Com a Companhia Noroeste do Brasil, o governo do Estado "apropria-se" economicamente do Mato Grosso, que, em boa parte, transportava suas riquezas por essa ferrovia, particularmente açúcar e erva-mate e, em menor quantidade, gado em pé.

O mesmo acontece, um pouco depois, com a "absorção econômica" do norte do Paraná que, segundo Prado Jr. (1994, p.227), é alcançado pela marcha paulista para o oeste. Milliet (1982, p.19) assim se refere à marcha do café e à ligação de São Paulo com o Paraná:

> O oeste é o ponto cardeal do agricultor, o horizonte para o qual ele se dirige e que recua sempre e sempre até perder-se no norte do Paraná, onde, desde alguns anos[12] vêm-se instalando as primeiras fazendas ainda tributárias das estradas de ferro paulistas.

Na década de 1930, para exportar um terço da produção mineira e todo café cultivado no norte do Paraná, utilizavam-se o sistema ferroviário paulista e o porto de Santos (Love, 1982, p.80).

Em todo esse processo, a capital paulista consolida seu papel como fulcro de capitais. De cidade insignificante por volta de 1870, transforma-se, a partir da última década do Oitocentos e em maior grau durante as primeiras décadas do século XX, num dos maiores centros econômicos do país. Toda essa estruturação certamente foi apoiada nos capitais advindos da produção cafeeira do interior paulista, que, em um primeiro momento,

---

11 As cidades da Alta Paulista, por exemplo, foram criadas com distâncias predeterminadas entre si, e até mesmo seus nomes obedeceram a uma ordem alfabética.

12 Sergio Milliet (1982) escreve a primeira edição de seu livro no início da década de 1940.

dão as bases para a infraestrutura e expansão urbana, e, logo após, para sua industrialização.

Entretanto, um aspecto pouco evidenciado até agora é que todo o processo de urbanização do interior, e mesmo o da infraestruturação urbana das cidades recém-abertas, foi campo fenomenal para a reprodução do capital, assim como foi na capital paulista. Consideramos que, pelo número de cidades envolvidas, o processo se deu de maneira significativa também nas cidades do interior, muito embora, em razão da dispersão dos capitais e da dimensão urbana modesta de cada uma delas, a escala pareça ser bem menor.

Love (1982, p.54-5) nos dá uma dimensão da importância do interior e litoral paulista em relação à capital quando nos mostra tabelas da renda das principais cidades do Estado, em comparação com a cidade de São Paulo, dos anos 1885-1886 a 1938. Nelas percebe-se que o somatório da renda das primeiras é bem mais expressivo no século XIX, quase quatro vezes maior, que a da sede do governo, invertendo-se gradativamente e chegando a menos da metade do total no final dos anos 1930, num claro reflexo da concentração de capitais e da acelerada industrialização da capital paulista. À mesma constatação chega Martins (1996, p. 111-2) ao revelar a importância das atividades empresariais intensivas do interior paulista, em relação à capital, durante o final do século XIX.

Percebe-se quão significativa era, entre o final do Oitocentos e início do século XX, a renda do interior e quanto essas cidades contribuíam para o Estado e sua capital com sua produção agrícola e com a célere urbanização (Szmrecsányi, 1993).

As elites paulistas expandiram a produção cafeeira pelo interior, por meio de um eficiente sistema de transporte cuja ponta inicial estava no porto de Santos. Essa cidade, antes mesmo da capital, tem seu solo urbano reformado, saneado e modernizado,[13] e seu porto ampliado, sendo significativamente a primeira cidade paulista a possuir uma companhia e rede telefônica.[14] Com base nisso, percebe-se que a estratégia era possibilitar a promoção da reprodução do capital nas duas pontas: produção no "oeste" e embarque em Santos, passando, é claro, pela ligação entre as partes através do complexo e extenso sistema de transporte ferroviário.

---

13 Os planos urbanos e sanitários para Santos iniciam-se na última década do século XIX com Estevan Fuertes (Bernardini, 2006).

14 Informação disponível em: www.museudotelefone.org.br. Acesso em: 10 jul. 2007.

Entre o final do século XIX e início do XX, cria-se uma rede de infraestrutura urbana, parcialmente patrocinada pelo Estado, nas cidades do interior paulista, que eram sede da produção cafeeira e tornavam-se centros consumidores importantes. Água encanada, esgoto, energia elétrica e telefone serão implantados no mesmo período, ou mesmo antes, nas cidades do café – a capital será posteriormente alvo desses benefícios (ver os próximos capítulos) –, além do arruamento e alinhamento urbano rigoroso que antecede ao de São Paulo.[15]

De acordo com Costa (2003, p.55), o processo de urbanização no Estado está necessariamente ligado a uma infraestrutura maior para todo o território: "Parece claro que a urbanização no Estado de São Paulo não está associada apenas ao surgimento e à consolidação de espaços urbanos, mas antes à infra-estruturação de espaços agrários".

Não se deve desconsiderar que uma parcela significativa das elites paulistas nasceu no interior, onde estava sua base política. Muitos cidadãos de cidades como Campinas, Itapetininga, Batatais e Piracicaba ocupavam altos cargos no cenário político do Estado e do país. É desnecessário apontar a importância de uma cidade como Itu para a República ou de Taubaté, significativamente escolhida como palco do convênio que leva seu nome e sela os interesses dos cafeicultores paulistas em 1906, "salvando a lavoura" e "socializando" os prejuízos com toda a nação.

Vale lembrar o nome e a origem de alguns membros do primeiro escalão político da Velha República:

• Presidentes: Prudente de Morais, nascido em Itu; Campos Sales, de Campinas; Rodrigues Alves, de Guaratinguetá; Julio Prestes, de Itapetininga; e Washington Luís, nascido em Macaé, porém com sua vida política iniciada em Batatais.

• Governadores: José Alves de Cerqueira Cezar, de Guarulhos; Fernando Prestes de Albuquerque, de Itapetininga; Domingos Correia de Morais, de Tietê; Altino Arantes, de Batatais; e Carlos de Campos e Heitor Teixeira Penteado, de Campinas.

Os interesses primários dessas elites estavam assentados no interior paulista. Mesmo que se mudassem posteriormente para a capital estadual ou federal, por causa da política ou do crescimento e da ramificação dos negócios, per-

---

15 Os novos bairros fora do triângulo central começam a aparecer com Campos Elíseos em 1879, Boulevard da Paulista em 1891, Jardim da Aclimação em 1892 e Higienópolis em 1893.

maneceria a ligação com as unidades de produção cafeeira (fonte primária de sua riqueza) e com suas bases eleitorais.

Era propósito desse grupo que suas terras tivessem acesso fácil pela ferrovia, que houvesse cidades próximas a elas para apoio à produção rural e também para os imigrantes e seus empregados. Portanto, a urbanização dentro do território paulista esteve diretamente ligada às pretensões maiores dessa elite, acionista de parcela das ferrovias, proprietária dos bancos, das casas de importação e exportação, do grande comércio, das empresas concessionárias de serviços públicos, das loteadoras de terras rurais e urbanas, e também das primeiras indústrias instaladas na capital e no interior.

Segundo Pierre Monbeig (1984, p.141):

> Confundia-se o interesse coletivo com o interesse de classe [...]. Os problemas de mão-de-obra e, conseqüentemente, o povoamento, o das vias de comunicação, os dos preços foram considerados e tratados acima de tudo, em função dos interesses dos fazendeiros.

Portanto, pode-se dizer que o processo de urbanização no território paulista ocorreu a reboque dos proveitos de uma elite que tinha no interior, com sua pujante expansão, campo fértil para a reprodução do capital.

2
Caminhos e estradas de ferro, e a formação de vilas, patrimônios e cidades em São Paulo

Nos primeiros anos da presença portuguesa em sua colônia, a ocupação da província ficou restrita ao litoral, pelas vilas de São Vicente, Iguape, Ilhabela, Santos e outras, conforme as práticas lusitanas de formações urbanas que privilegiavam a costa.

As únicas vilas no interior eram Santo André da Borda do Campo, povoação de 1552, e a capital São Paulo, de 1554. Por causa das dificuldades no abastecimento e das rivalidades entre os jesuítas, fundadores de São Paulo, e João Ramalho, alcaide-mor e criador de Santo André, esta é extinta em 1560, a mando de Mem de Sá, governador-geral do Brasil, e sua população é transferida para a capital paulista.

As aldeias jesuíticas, ao redor de São Paulo, formaram, posteriormente, algumas vilas, como Jeribatiba (Santo Amaro), hoje parte da capital, Bohy (Embu), Cotia ou mesmo Carapicuíba, criadas com a participação do padre José de Anchieta, ainda no primeiro século.

O Rio Tietê, via de penetração para o vasto território brasileiro, também gerou algumas vilas no interior paulista, porém, nesse momento, em pequena quantidade, como Porto Feliz ou Nossa Senhora Mãe dos Homens de Araritaguaba, onde começava o percurso fluvial das monções, iniciadas no século XVIII e praticamente extintas em meados do XIX.

O rio, em boa parte das vezes, significou apenas caminho das monções em direção a outras regiões da colônia,[1] talvez pela inexistência de metais ou pedras

---

1 Como para os atuais Estados do Mato Grosso e Goiás.

preciosas na província.[2] Mesmo em local de varação, junto ao Rio Tietê, as vilas foram poucas e de pequena importância. Tanto é assim que, em meados do século XIX, o governo imperial resolveu criar, para fins de povoamento e estratégia, em razão dos prenúncios de conflito entre Brasil e Paraguai, as colônias militares de Itapura, perto do Rio Tietê, quase na divisa do Mato Grosso e de Avanhandava, mais ao centro da província, ambas em área de varadouro, em meio à mata. Porém, mesmo estas pouco incentivo deram à ocupação humana, foram abandonadas à própria sorte e desapareceram no final do século XIX, em decorrência de seu total isolamento.[3]

Antes Piracicaba (Constituição) fora outra povoação estratégica, formada por Morgado de Mateus, principalmente, para atender ao posto e presídio militar do Iguatemy, localizado na divisa do Mato Grosso com o Paraguai, mas em contato permanente com São Paulo, através dos rios Tietê e Piracicaba (Tablas, 1987, p.21).

O isolamento paulista dos três primeiros séculos foi sobejamente estudado, rebatendo-se diretamente no pequeno número de cidades formadas, ao menos, até o século XIX. Basta compararmos com outras províncias de economia mais vigorosa, como as nordestinas, ou a de Minas Gerais, no século XVIII.

Conforme Milton Santos (1993, p.19), baseado em Nestor Goulart Reis Filho, São Paulo terá, até 1720, 17 vilas e cidades constituídas, o que torna mais surpreendente a expansão urbana dos últimos cinquenta anos do Novecentos.

As bandeiras percorriam antigas trilhas indígenas em direção ao sul do país, onde ocorria o violento apresamento. Entretanto, ao menos em São Paulo, por causa das características do "negócio", muito pouco se alcançou em termos de formação urbana.

As vias terrestres formaram algumas cidades como Araraquara, criada nos campos de mesmo nome, durante a virada do século XVIII para o XIX, no caminho que se dirigia às minas de Cuiabá. Os caminhos dos tropeiros deram base para a geração de outras, como Sorocaba, Itu, Itapetininga e Itapeva (antiga Faxina).

A Estrada do Sal, que se dirigia ao Brasil Central, formou, entre outras, as cidades de Mogi Mirim, Mogi Guaçu, Casa Branca, Batatais e Franca. O caminho que passava no Vale do Paraíba, em direção ao Rio de Janeiro, utilizado

---

2 Prado Jr. (1994) trata São Paulo desse período como chão de passagem.
3 Sobre o estabelecimento naval e a colônia militar de Itapura, ver Silva (1972).

pelos bandeirantes à procura de índios para apresamento no século XVII, cria Taubaté, Guaratinguetá e Pindamonhangaba.

O crescimento de cidades como Campinas, Itu, Piracicaba, Porto Feliz, Sorocaba, Jundiaí e Mogi Mirim ocorreu por causa da cana-de-açúcar, importante fator econômico do século XVIII até meados do XIX. Mas essa atividade pouco colaborou para a expansão urbana em razão de suas características de autonomia e pelo fato de a produção açucareira de São Paulo ter sido menos relevante que a do Rio e certamente menor que das províncias do Nordeste.

A província de São Paulo terá representatividade econômica modesta no período colonial embora contasse com área territorial muito grande, que, em determinados períodos, chegou a englobar os atuais Estados do Paraná, Mato Grosso e Mato Grosso do Sul, mesmo tendo, durante o século XVIII e por curto tempo, anexada a província do Rio de Janeiro.

Num primeiro momento, a riqueza da colônia situou-se no Nordeste, e, quando as atividades econômicas importantes se dirigiram para o Sudeste, alojaram-se em Minas Gerais, em razão das jazidas de ouro e pedras preciosas, e parcialmente no Rio, cuja sede foi elevada à capital do Brasil em 1763.

Dom Luiz Antonio de Souza Botelho e Mourão ou Morgado de Mateus, em seu breve governo, de 1765 a 1775, restaurou a capitania, extinta em 1748, fez um recenseamento de todas as vilas paulistas e enviou o resultado à metrópole. Esta exigiu dele a proteção e a manutenção do território ao sul, contra os espanhóis, e uma política de expansão para o oeste, o que significaria a formação de novas vilas. O governador da província cumpriu as ordens e formou Campinas, Piracicaba, Itapetininga e Itapeva, entre outras, num esforço de colonização centralizado, ao mesmo tempo que melhorou o acesso a elas.

Morgado de Mateus também cuidou de estabelecer melhores sítios para as novas fundações, indicando, para Campinas, fundada por Francisco Barreto Leme, um ordenamento urbano regular. Tais normas, que visavam à regularidade geométrica, mais adiante, durante o império, tornaram-se prática geral para a formação dos patrimônios religiosos e não mais indicação específica, não mais política particular.

Essas novas vilas, do período de Morgado de Mateus, só puderam ser criadas porque na região já havia povoamento esparso através dos bairros,[4]

---

4 Em 1774, construiu-se a capela de Campinas, e o bairro foi formado por volta de 1745 (Badaró, 1996, p.18-9).

bem como densidade econômica, seja em decorrência da atividade tropeirista (Bruno, 1966, p.106-7), seja por causa da produção de cana e seus engenhos, que caracterizou a vida de São Paulo no século XVIII (Ellis Junior, 1951).

Na interiorização da província de São Paulo e para a região por nós estudada, foi de importância marcante a cidade de Sorocaba, que se tornou vila em 1661, nascida a partir de São Paulo. Sorocaba deu origem a Itapetininga, em cujo território estabeleceram-se sete outras cidades, entre elas Botucatu.

Botucatu e Itapeva se constituíram em boca de sertão e respeitáveis polos criadores de patrimônios religiosos, como os de Lençóis, Bauru e São José do Rio Preto. Porém, os últimos foram formados apenas em meados do XIX, durante o período cafeeiro, e não se pode comparar o ritmo de expansão urbana dos séculos anteriores àquele registrado em meados e no final do século XIX, em razão do binômio café-ferrovia.[5]

Botucatu é um exemplo da dificuldade de se criarem vilas "por decreto", em território tão longínquo, pouco conhecido e sem embasamento econômico. Sua formação também foi ordem de Morgado de Mateus que, para tanto, ordenou a Simão Barbosa Franco a criação de uma povoação, no "Wotucatu", onde antes havia uma fazenda, abandonada, dos jesuítas. Porém, o arraial foi efetivado apenas no século XIX (Donato, 1985, p.48).

Nesse aspecto, Milton Santos (1993) diferencia a "geração de cidades" de um "processo de urbanização", que, acreditamos, tenha ocorrido em São Paulo apenas a partir do século XIX. Portanto, pode-se dizer que antes do Novecentos: "Tratava-se muito mais da geração de cidades, que mesmo um processo de urbanização. Subordinado a uma economia natural, as relações entre lugares eram fracas, inconstantes, num país com tão grandes dimensões territoriais" (ibidem, p.19-20).

Um dos fatores mais importantes para a criação de vilas era o seu acesso por caminhos, mesmo que muito precários, e eles começaram a aumentar a partir das primeiras décadas do século XIX. A expansão dos caminhos também significava que o potencial econômico da província crescia e, com ele, a possibilidade de formação urbana. Em 1820, as vias principais já eram sete, revelando a área de ocupação urbana da província. Essas vias eram classificadas pelo governo da época da seguinte forma:

---

5 Mesmo assim a população urbana era bastante reduzida se comparada com a rural, apenas 5,9% da população total, conforme o censo de 1872 (Oliven, 1982, p.69).

• A primeira de 180 km, para Piracicaba, passando por Itu e Porto Feliz, onde se iniciava a navegação do Tietê;

• A segunda, com quase 500 km, para Franca, através de Jundiaí, Campinas, Mogi Mirim, Casa Branca e Batatais;

• A terceira, de mais de 100 km, em direção a Minas, por Juqueri, Atibaia, e Bragança;

• A quarta, com 400 km, para o Vale do Paraíba, passando por Mogi das Cruzes, Jacareí, São José dos Campos, Taubaté, Pindamonhangaba, Guaratinguetá, Lorena, Areias, indo até Bananal;

• A quinta, com 280 km, para Ubatuba, através de Santos, São Sebastião e Caraguatatuba;

• A sexta, de Santos à Iguape, por Itanhaém;

• A sétima, para o Paraná, através de Cotia, São Roque, Itapetininga e Itapeva. (*Relatório da Commissão Central...*, 1888, p.266)[6]

Como se constata, mesmo nesse período, segunda década do século XIX, o caminho que se dirigia mais para o "oeste", com seus modestos 180 km, era o de Piracicaba (Constituição), ponto final, e mais distante, em direção ao interior da província, já que adiante a ocupação urbana era inexistente.

Segundo Ernani Silva Bruno (1966, p.107) a ocupação, entretanto, ia, nesse período, um pouco além:

> Pode-se dizer, grosso modo, que à altura do segundo decênio do século passado [refere-se ao século XIX] o território paulista estava ocupado efetivamente até uma linha que passasse, a partir do norte, pelas povoações de Ituverava, Franca, Batatais, Araraquara, Botucatu, Tatuí, Itapetininga, Faxina, Apiaí e Iporanga.

O processo de interiorização em direção ao centro e centro-oeste se incrementou de forma significativa a partir da Lei de Terras de 1850 e com a consequente formação de patrimônios religiosos, como o de Jaú, doado à Igreja nessa mesma década. De patrimônios como esses, novos caminhos seriam abertos em direção às propriedades rurais da redondeza e a outros povoados importantes. Porém, eram caminhos bastante precários, pois, até mesmo no relatório da Assembleia Legislativa Provincial, de 1872, durante a gestão de José Fernandes da Costa Pereira Junior, isso fica claro: "A viação da província nem sequer é regular. Poucas, se não raras, são as estradas que tenham sido

---

6 Reproduzido também em Pinto (1977, p. 19).

feitas com observância dos preceitos da arte e nas condições precisas para a facilidade de trânsito e duração das obras" (Saes, 1981, p.39).

Não havia profissionalização na empreita de abrir e manter as estradas, a tarefa de abertura de caminhos e picadas, bem como sua manutenção, era confiada pelo governo aos inspetores de estradas da província. O cargo, honroso e de prestígio, sempre era entregue aos homens mais importantes do lugar que dividiam, entre si, a tarefa de fiscalizar, cada um deles, um caminho.[7] Na década de 1860, na região de Jaú, havia caminhos abertos para os patrimônios, ou regiões, de Araraquara, Barra Bonita, Porto Ribeiro, Brotas e para as diversas propriedades rurais. Esse processo ocorreu acompanhando a formação de patrimônios, e, aos poucos, uma extensa rede de caminhos se formava, mesmo que bastante precários.

A Assembleia cuidava de liberar, sempre que possível, recursos para a abertura e manutenção dos caminhos, como os quatro contos, destinados, em 17 de abril de 1857, também para ra egião de Jaú: "para os mais urgentes reparos de roçadas e pontes" desde Brotas até o Paraná (Correio do Noroeste, 1955, p.9).

A dificuldade em relação aos transportes era algo sentido pelas elites produtoras e pelos governantes, como se vê claramente expresso no relatório apresentado, em 2 de fevereiro de 1868, à Assembleia Legislativa pelo presidente da província, conselheiro Joaquim Saldanha Marinho:

> Para que o futuro nos liberte dos males do presente, é indispensável que as despesas de produção e de transporte de nossos produtos agrícolas sejam consideravelmente diminuídas. Para esta diminuição, o meio único, e formidável, é a facilidade de comunicações, a facilidade e prontidão de transportes. O meio capital, portanto, é: ESTRADAS, NAVEGAÇÃO – em uma palavra: melhoramentos materiais. (apud Azevedo, 1965, p.147)

Ou seja, era claro para o governador que as comunicações eram fundamentais para a província que rapidamente interiorizava a produção cafeeira. Nesse momento, inclusive, já estará recém-concluída a Santos-Jundiaí e em

---

7   Em Jaú, no ano de 1873, estes eram os inspetores de estradas da província: tenente Lourenço de Almeida Prado cuidava do trecho de São Pedro a Jaú; José Manoel Aguirra cuidava do trecho de Brotas até a propriedade rural de José Pereira de Toledo; Francisco de Paula de Almeida Prado era responsável por trecho que ia da fazenda de Pereira Toledo até Jaú; e José Sabino Sampaio, de Araraquara a Jaú (Correio da Noroeste, 1955, p.10).

vias de planejamento, por essas mesmas elites, outras ferrovias, que seriam tributárias à primeira.

Saldanha Marinho, o autor da citação apresentada anteriormente, é considerado um dos reis do café de São Paulo (Azevedo, 1965, p.147) e será um dos maiores acionistas da Companhia Paulista. No mesmo relatório, expõe-se, com antecedência e extrema clareza, a lógica que impulsionará as ferrovias paulistas, cujos acionistas eram os grandes produtores:

> Procuremos conhecer os centros de maior produção agrícola, façamos abrir para aí estradas regulares; e, conforme a maior produção de cada um, vamos proporcionar-lhe gradualmente certo e permanente transporte.
> É indispensável [...] determinar, conforme é reclamado dos maiores centros produtivos, a construção de estradas dignas deste nome, começando pelas convergentes às estradas da via férrea, mas fazendo-as uma a uma, e não simultaneamente. (apud Azevedo, 1965, p.147-8)

Em resumo, pensava-se na construção das estradas de ferro até as áreas produtoras e a partir daí estradas e caminhos *convergentes* de forma mais capilar, situação que realmente se deu em São Paulo até as primeiras décadas do século XX.

A construção da Santos-Jundiaí pelos ingleses, entre 1860 a 1867, galgando os 800 metros da Serra do Mar, por sistema funicular (Matos, 1990, p.57), representará um marco para a ocupação do interior como um todo. Ela propiciará o embarque e a exportação da produção cafeeira, bem como viabilizará a criação de uma série de outras companhias, abertas com capitais de fazendeiros paulistas, que se destinavam às diversas áreas do interior, mas que necessariamente eram tributárias à São Paulo Railway, em razão de seu privilégio no trecho São Paulo-Santos por noventa anos. Ou seja, a perspectiva de as companhias adentrarem a província incentivava a expansão das lavouras mais para o interior, estando mais à frente destas, consequentemente, a formação dos patrimônios religiosos.

A Companhia Paulista sai de Jundiaí e chega a Campinas em 1872. A Companhia de Estrada de Ferro Sorocabana parte da capital e chega a Sorocaba em 1875; nesse mesmo ano, a Companhia Mogiana de Estradas de Ferro inicia suas atividades em Campinas e vai até Mogi Mirim, só para ficarmos nas mais importantes para a região estudada.

O destino das companhias era acompanhar e transportar a produção cafeeira, seja por sua linha-tronco, seja pelos seus inúmeros ramais, porém dentro de suas respectivas zonas, conforme definia os termos de *privilégio de zona*[8] no contrato entre as companhias e o governo. O fato é que a lógica maior das empresas era a procura e o transporte do café, como no exemplo da Mogiana:

> Dos doze ramais da Mogiana, alguns não chegam a ter vinte quilômetros, enquanto que o mais extenso não chega a cem. A grande maioria fica na base de quarenta ou cinqüenta quilômetros. Verdadeiras estradas "cata-café" que iam, no seu imediatismo, servir aos interesses das fazendas de uma região, na época, já se encontravam na vanguarda da produção cafeeira em São Paulo. (Matos, 1990, p.76)

Adolfo Pinto (1977, p.55), engenheiro da Companhia Paulista e um dos primeiros a estudar nossas ferrovias, assim se refere a elas:

> O desenvolvimento das estradas de ferro em São Paulo não obedeceu a um plano previamente delineado; as malhas da grade rede de viação foram sendo tramadas dia a dia, sem nenhuma preocupação de conjunto, nem sistema de coordenação de partes, visando a um certo resultado geral, ao menos nos primeiros tempos.

Desde o início da implantação das estradas de ferro no Brasil, o café se torna o produto mais transportado pela ferrovia, e buscá-lo era uma questão de sobrevivência para as companhias: aquelas que carregavam grandes quantidades de café eram prósperas, e as que pouco transportavam tinham receita líquida baixa ou déficit (Saes, 1981, p.25-6).

Nelson Werneck Sodré (1971, p.309) aponta claramente a dependência da rede ferroviária regional brasileira em relação aos produtos de exportação, manifestada por sua fragmentação e pelas oscilações de saldos e déficits:

> [...] é uma rede de transportes que carreia a produção para o exterior e que sofre diretamente a oscilação dos preços no exterior de tudo aquilo que transporta. Enquanto o preço suporta um frete razoável, tudo corre bem; nas fases críticas entretanto, o transporte acompanha o declínio dos produtos a que serve, e não há o que o substitua.

---

8 Boa parte das ferrovias em São Paulo foi criada com base em privilégio de zona e garantias de juros. Sobre o assunto, ver Matos (1990).

Entretanto, à medida que os ramais ou as linhas-tronco avançavam em direção das áreas de produção, favoreciam o crescimento dos patrimônios religiosos mais antigos que poderiam desenvolver-se e tornar-se sedes de municípios.

Acompanhando o crescimento das ferrovias, em 1886, as "estradas de rodagem", conforme a definição do relatório do governo da província – ainda meros caminhos de terra, raspados no terreno e sem drenagem, com cerca de 4 metros de largura (Vargas, 1994 apud Motoyama, 1944, p.140) –, de "primeira classe" somavam 10, e as de "segunda classe", 69, totalizando 5.091 km (*Relatório da Commissão Central...*, 1888, p.151-2), rede bastante extensa, em particular, quanto aos caminhos vicinais, de curta distância, que ligariam as propriedades rurais e os diversos patrimônios em formação.

Será, sobretudo, a expansão cafeeira a responsável pela ocupação de mais de dois terços do território paulista, potencializada pela ferrovia que transportava a produção e impulsionava a formação de patrimônios religiosos mais adiante ou desenvolvia aqueles existentes num amplo processo de urbanização no território de São Paulo.

A produção cafeeira começa, em larga escala, no Rio de Janeiro, e, entre as décadas de 1830 e 1840, já é o item mais exportado do país, que se torna o maior produtor do mundo. As lavouras se espalham na década de 1830, em direção ao Vale do Paraíba paulista, junto às cidades de Areias, Bananal, Pindamonhangaba, Queluz, Taubaté e mesmo a algumas cidades do litoral. Depois, estende-se à região que contorna a capital, incluindo Campinas, Itapetininga e Bragança, por volta de 1850. Segue para Espírito Santo do Pinhal, Franca, Casa Branca, Ribeirão Preto, Mogi Mirim, Mogi Guaçu, Mococa etc. Daí para São Carlos, Araraquara, Limeira, Porto Ferreira, chegando a São José do Rio Preto. Depois, dirige-se mais para o centro do Estado, com Barra Bonita, Jaú, Dois Córregos, Mineiros do Tietê, Novo Horizonte. Transpõe o Tietê em direção a Botucatu, São Manuel, Lençóis Paulista. Daí para Bauru, base para a ocupação da zona noroeste, depois em direção ao Rio Paraná, no sentido oeste,[9]

---

9 O termo oeste ou sertão foi de uso bastante genérico pela população paulista e variou conforme o período. No século XVIII, a cidade de Campinas era considerada "oeste velho" e Ribeirão Preto e Araraquara "oeste novo" no XIX, mas, progressivamente, conforme se adentrava a ocupação rural e urbana e o Estado ia sendo explorado pela Comissão Geográfica, o termo foi sendo utilizado, corretamente, em direção às divisas do Mato Grosso. Depois de estabelecidas as malhas ferroviárias da Noroeste e das "altas" Sorocabana, Paulista e Araraquarense, as novas regiões também se tornam conhecidas pelas companhias ferroviárias que as serviam.

através da Alta Paulista, Alta Sorocabana e Alta Araraquarense, durante as primeiras décadas do século XX (Milliet, 1982, p.15-27).

Os trilhos que acompanharam as lavouras de café foram responsáveis pelo desenvolvimento de quase todos os patrimônios do centro e centro-oeste paulista, incluindo a área por nós estudada. No mapa do Estado, é possível constatar que poucos são os patrimônios que ficaram fora das linhas ferroviárias, os quais são de pequeno relevo econômico, afinal o transporte do café em lombo de burro era caro, demorado e desvantajoso.[10] Mais ainda, a ferrovia foi a responsável por levar a ocupação mais adiante, a partir de patrimônios "ponta de linha". Nesse momento, de meados do século XIX em diante, os cursos d'água, em particular o Tietê, outrora via mestra, terão significado irrelevante no povoamento.[11]

A lavoura incipiente e a criação dos patrimônios religiosos estarão sempre à frente da ferrovia, ao menos de 200/300 km: "algumas dezenas de aventureiros, de criminosos exilados do convívio social, precediam, com fundação de pequenos aglomerados, de arraiais ou de pequenos burgos, o verdadeiro povoamento, que viria 20, 30 ou 40 anos depois" (Ellis Junior, 1951, p.386-7).

Embora o tom seja preconceituoso, é certo que essa ocupação inicial, nas zonas de fronteira agrícola, era regada a violência em razão da rápida tomada da terra por uma nova leva de aventureiros. Essa violência vai de encontro aos povos nativos e também, mas em menor grau, aos primeiros ocupantes brancos, estabelecidos há muito.

Ao mesmo tempo que a cultura do café cria patrimônios religiosos pelo interior paulista, desenvolve os antigos núcleos já existentes há mais tempo, como Campinas, Sorocaba, Itu e São Paulo, para onde será canalizada boa parte dos lucros resultantes das colheitas. Esses capitais darão bases econômicas à sede da província, transformando-a paulatinamente de um pequeno burgo, onde

---

10 Sobre o percurso de Dois Córregos a Santos, Tablas (1987, p.59) informa o seguinte: "Cada animal de tropa transportava 3 sacas ou 12 arrobas de café, desse modo, uma tropa de 25 animais, considerada grande, conseguia viajar com 300 arrobas, demorando, uma viagem a Santos, cerca de 30 dias". Além disso, o preço do transporte de café por trem era seis vezes mais barato que o das tropas, conforme Silva (1976, p.57).

11 É importante observar que, às margens do Tietê, mesmo nos dias atuais, não existem cidades relevantes, seja por outrora ter sido área de doenças palustres, seja por ter representado papel insignificante como via de transporte no século XIX e início do XX, ao passo que a expansão urbana se processou junto aos espigões por onde correm as ferrovias.

só havia uma Faculdade de Direito como algo a se destacar, a uma importante cidade, ainda na virada do século XIX.

Tanto é clara a relação entre a riqueza do café e o desenvolvimento das antigas vilas, que estas só se tornarão cidades durante os meados do século XIX, embora formadas de muito, como: Itapetininga (1855), Itapeva (1861), Itu (1842), Campinas (1842), Sorocaba (1842), São Roque (1864), Piracicaba (1856), Porto Feliz (1858), Taubaté (1842).

O caminho percorrido pelo café era acompanhado pelas ferrovias, que ajudavam a expandir a produção de toda a região, ao mesmo tempo que desenvolvia ou formava novas plantações. As únicas exceções, onde as linhas precederão a produção, serão nas zonas Noroeste, Alta Araraquarense, Alta Paulista e Alta Sorocabana, mesmo assim, em relação às três últimas, de maneira mais relativa.

Da primeira estrada de ferro ligando a Santos até os anos 1940, São Paulo possuiria 18 estradas de ferro, com mais de oito mil quilômetros de trilhos, sendo a maior rede do país, somando também o maior número de empresas grandes: São Paulo Railway, Estrada de Ferro Sorocabana, Companhia Paulista de Estradas de Ferro, Estrada de Ferro Noroeste do Brasil, Companhia Mogiana de Estradas de Ferro e Estrada de Ferro de Araraquara. Até o final do século XIX, período mais importante para nosso trabalho, o Estado possuía 3.373 km de estradas de ferro (Matos, 1990, p.121).

É possível compararmos o processo de ocupação urbana do Estado ao do norte do Paraná, onde a ferrovia teve papel menos expressivo, e as cidades parecem formar uma malha, diferentemente de São Paulo, em que elas ocorrem em linha, por raios, a partir da capital, e destes em pequenos ramais, chamados apropriadamente de "cata-café".

Outro fator que faz com que as cidades paulistas se deem em linha é o relevo e a hidrografia, pois grande parte da rede de drenagem pertence à bacia do Rio Paraná e, por causa da declividade natural do Estado em direção a este, torna seus afluentes os rios Tietê, Aguapeí, Peixe e Paranapanema, de maneira praticamente paralela. Entre estes, havia espigões onde a plantação de café expandia-se plenamente, sobre boas terras e pouca geada. As ferrovias, por causa do privilégio de exploração de zona, 30 km para cada lado a partir do seu eixo, ocuparam exatamente os espigões desses cursos d'água, desenvolvendo as vilas, ou mesmo criando-as, como se deu na Zona Noroeste Paulista com a Companhia Estrada de Ferro Noroeste do Brasil – Cefnob (Ghirardello, 2002).

A partir do início do século XX, são criados patrimônios laicos, pertencentes e aforados por particulares, como no caso de Jales,[12] na Alta Araraquarense, bastante raros, ou por aqueles que eram constituídos de terras doadas à comunidade ou à Câmara para a constituição de um patrimônio. Nessa época, também surgem os loteamentos privados que formarão dezenas de cidades, às vezes tratados, por costume, tradição ou interesse, como "patrimônios".[13] Estes eram organizados por particulares, mas, na maioria das vezes, por empresas especializadas na divisão agrária, que transformavam os povoados em centro de atração e apoio para o parcelamento das terras rurais ao redor, numa escala empresarial sem precedentes no século XIX. Era uma forma de investimento bastante rentável, pois grandes glebas eram divididas para uso urbano e rural (Monbeig, 1984). Tais parcelamentos eram também um expediente para legitimar posses com títulos de qualidade ambígua, pois, a partir da divisão da terra em centenas de propriedades, qualquer medida jurídica que objetivasse a reclamação da gleba original se tornaria inócua, pois envolveria milhares de pessoas (Leite, 1998, p.100).

O patrimônio (ou loteamento urbano) centralizaria a área e, em tese, daria melhores condições de vida aos ocupantes do entorno, além disso, com pouco capital, eram transformados alqueires de fazenda em metro quadrado urbano. Esses lotes, tanto os rurais como os urbanos, poderiam ser pagos parceladamente e eram destinados, em grande medida, aos imigrantes com alguma reserva de dinheiro. São muitos os exemplos.

Orlândia, na Alta Mogiana, foi loteada em 1909. A cidade foi traçada pelo engenheiro Luiz de Melo Marques dentro da Fazenda Boa Vista de propriedade do coronel Orlando Diniz Junqueira, e todo o entorno de 100 alqueires foi parcelado em pequenos sítios (Bastos, 1989, p.61).

O maior número de exemplos, entretanto, encontraremos mais a "oeste", nas zonas de ocupação mais recente, em direção às divisas com o atual Estado de Mato Grosso do Sul. Birigui, na noroeste paulista, e mais algumas cidades

---

12 Jales foi fundada pelo engenheiro Eufly Jales em 15 de abril de 1941. O projeto previa uma parte urbana e outra rural. A cidade foi dividida em quadras regulares que continham 14 datas cada uma. O entorno mais próximo da cidade era formado por chácaras de 5 a 10 alqueires, além de sítios de 10 a 20 alqueires, e, após estes, pequenas fazendas de 20 a 50 alqueires (Seixas, 2003, p.53).

13 O termo era tão habitual que, mesmo no caso de loteamentos, persistia para simbolizar uma cidade.

ao redor foram criadas pela empresa The San Paulo, Land, Lumber & Colonization Company, na segunda década do século XX (Ghirardello, 2002). Fundou-se Andradina em 1937, a partir de imenso loteamento de Joaquim Andrade Moura, e Pereira Barreto foi criada pela Sociedade Colonizadora do Brasil Ltda. em 1929.

Tupã foi formada pela Empresa Melhoramentos Alta Paulista, pertencente a Luiz Souza Leão; e Adamantina, Santa Fé do Sul, Rubineia, Santa Rita D'Oeste, Santana da Ponte Pensa, pela Companhia de Agricultura, Imigração e Colonização (Caic), nesse momento braço da Companhia Paulista, entre os anos 1934 e 1955.

No Pontal do Paranapanema, região de conhecidos conflitos fundiários e uma das últimas áreas do Estado a ser ocupada, local da famosa disputa pelas terras com raízes no título Pirapó-Santo Anastácio, outras cidades irão surgir por conta de empresas de parcelamento, como Rosana, loteada pela Camargo Correia, e Ponto Alegre, loteada pela Sociedade Civil Colonizadora Ponto Alegre, ambas na década de 1950. Outras cidades foram projetadas na mesma década, mas não conseguiram viabilização comercial, como Santa Rita do Pontal, Indianópolis, União e Rancho Grande, todas planejadas pela Colonização Justino de Andrade, de propriedade do prefeito de Presidente Bernardes nessa época (Leite, 1998, p.99-100).

A ferrovia vai, de forma paulatina, perdendo sua importância inicial para a formação urbana, particularmente, após os anos 1930, quando as estradas de rodagem ganham relevo nas zonas adentradas do Estado.

A partir dos anos 1920, durante a administração de Washington Luís, que tinha como lema "Governar é construir estradas", mais rodovias, ainda de terra, são criadas ligando núcleos urbanos não integrados pela ferrovia ou mesmo em direção às zonas aonde a ferrovia tardou a chegar e onde as novas cidades dependerão menos desta. É também no governo de Washington Luís que é formada a Inspetoria de Estradas de Rodagem (IER), ligada à Secretaria de Agricultura e Obras Públicas. No final de seu governo, em 1924, haviam sido construídos aproximadamente 1.500 km de estradas em todas as direções do Estado (Vargas 1994 apud Motoyama, 1944, p.143). Em 1927, criam-se a Secretaria de Viação e Obras Públicas e, dentro dela, o Departamento de Estradas de Rodagem (DER), o que deu maior relevo ainda às questões ligadas ao setor viário, particularmente o rodoviário (ibidem). As estradas de rodagem a partir de então passam a cumprir papel fundamental nas zonas novas do extremo oeste do Estado, cujas cidades recém-criadas passam a ter acesso exclusivo por elas.

A era de ouro das ferrovias havia terminado. A dependência do café, pelas ferrovias paulistas, fica clara com a redução de seu crescimento, após os anos 1930, quando o café perde muito de sua importância. Mesmo que outros produtos gerados no campo venham a substituí-lo, como o algodão, nunca mais darão lucros tão altos às companhias. Outro aspecto que se impõe é o fato de a capital do Estado concentrar a industrialização e cada vez mais a população, o que gerará outros fluxos de transporte: "Embora estes novos fluxos não sejam tão remuneradores quanto o café, pelo menos as estradas têm algum serviço a realizar. Entretanto, a fase de prosperidade das Companhias de Estradas de Ferro já passara" (Saes, 1981, p.187).

Esse quadro explica, de alguma maneira, a estatização das ferrovias, vendidas (ou empurradas) ao Estado pela iniciativa privada em seu declínio. Os exemplos em São Paulo são muitos: Sorocabana, Noroeste, Mogiana, Paulista e outras. O Estado, a partir de então, passaria a administrar seus problemas e déficits (ibidem, p.187-8).

3
Os códigos de posturas e o traçado das cidades

Antecedentes: a legislação urbana das cidades coloniais

A legislação portuguesa foi em parte baseada na jurisprudência romana e nos direitos consuetudinários visigótico e canônico (Andrade, 1966, p.15). A partir do século X, o poder eclesiástico ganhou força, em particular, na organização da vida urbana. Muitas leis esparsas e, às vezes, contraditórias deram conta da vida jurídica portuguesa até que as ordenações afonsinas foram organizadas no ano de 1446, a partir da codificação das várias leis e forais. Essa ordenação foi atualizada sob D. Manuel, incorporando a anterior e acrescentando outras leis, as chamadas leis extravagantes. Essas ordenações ganharam o nome de manuelinas e datam de 1521.

Sob Filipe II, outra copilação foi realizada, as ordenações filipinas, porém nenhum desses corpos de lei apresentava textos relevantes sobre questões urbanas (ibidem, p.27). Na sua ausência, as necessidades imediatas foram supridas por uma série de diplomas reais: cartas, alvarás, decretos, cartas régias, avisos, assentos das casas de suplicação, arestos dos praxistas, regimentos, forais, instruções, concordatas, tratados, privilégios, pragmáticas, resoluções de consultas, regulamentos e provisões (ibidem, p.29-30). Tais documentos tentavam dar conta dos problemas da colônia, quase sempre vistos pontualmente, entre eles aqueles relativos ao trato das questões urbanas.

Um aspecto relevante era que os municípios coloniais se guiavam baseados na doutrina portuguesa, e esta lhes dava grande autonomia, indo muito além de unidades meramente administrativas. Isolados fisicamente do governo central, pontos de penetração no território, os povoados se transformaram em afirmação e representação física da Coroa portuguesa, centros administrativos e políticos, mesmo que a base econômica estivesse no campo. Esses centros urbanos tinham, particularmente, cunho estratégico e político, conforme Milton Santos (1993, p.17): "No começo, a 'cidade' era bem mais uma emanação do poder longínquo, uma vontade de marcar presença num país distante".

Embora tenham sido criadas pela Coroa ou pelo governo-geral várias cidades[1] com planejamento e desenho prévio, o fato era que, na maioria dos casos, estas obedeciam a poucas determinações, "vagas recomendações sobre o feitio urbano" (Marx, 1991, p.12), previstas em leis ou diplomas reais, particularmente as vilas, fundadas pelos donatários, diferentemente das rígidas ordenações espanholas que guiavam as cidades da América espanhola: "Nos diplomas legais ou administrativos de origem reinol, não se encontram elementos bastantes para o estudo da ordenação urbana no Brasil" (Andrade, 1966, p.53).

Embora Andrade (1966) explique logo adiante que muitas normas sobre o processo de urbanização e arquitetura possam ser encontradas nas obras dos jurisconsultos portugueses, tratadistas ou mesmo nas normas canônicas, o fato é que apenas as leis portuguesas não dão conta de explicar a complexidade e a riqueza da fisionomia urbana das cidades de então.

A liberdade das câmaras na elaboração de posturas próprias era grande e de alguma maneira completavam as leis maiores como as ordenações do reino que, "como leis gerais, fixavam princípios básicos e genéricos, ficando a cargo das autoridades locais impor as restrições recomendadas pelas condições peculiares de cada cidade [...]" (Mukai, 1988, p.13).[2]

Porém, muitas cidades, durante a colônia, nem chegaram a ter um código de posturas. Uma sede de província como São Paulo elaborou seu primeiro código às vésperas da República (Marx, 1988, p.41).

Tal situação de autonomia gerou cidades com traçados não assemelhados ou padronizados e bastante adaptadas ao sítio e/ou edificações relevantes do espaço urbano, de modo a não existirem cidades do período colonial com traçados idênticos ou com espaços livres, adros ou largos padronizados. Marx (1988, p.44) também indica que as ordenações, cartas régias, leis e

---

1   Quando o núcleo urbano era fundado pela Coroa, recebia denominado cidade, e quando fundado por donatário, o de vila, possuindo, certamente, hierarquia diferenciada.

2   Nesse trecho, o autor está citando Dalmo de Abreu Dallari.

decretos referentes às questões municipais visavam a mais de uma cidade, e, em seus aspectos gerais, "Não desciam as melhores instruções a detalhes que pudessem constranger muito a iniciativa da autoridade colonial, regional, ou local executora, nem que nos ajudem a compreender melhor o desenho urbano resultante".

Em razão disso, todas possuirão personalidade e características próprias, embora de impressionante homogeneidade de gabaritos, na maneira de implantação das edificações e na tipologia de sua arquitetura, a ponto de Richard M. Morse (1975, p.9) afirmar o seguinte: "A municipalidade do Brasil-colônia era mais livre em relação ao Estado do que a da América espanhola, mas, formalmente falando, era até menos inovadora em relação ao protótipo oferecido pela metrópole".

Os códigos de posturas no império e na República

A vinda da família real para o Brasil vai transformar a vida local tanto nos aspectos culturais, econômicos e sociais, como nos jurídicos. A presença física da corte trouxe à luz questões importantes que tinham de ser resolvidas de maneira imediata, como a melhoria das cidades, entre elas, a própria capital, o Rio de Janeiro. Porém, será apenas com a Independência do Brasil e a partir do reinado de D. Pedro I que acontecerá a substituição, ainda que parcial, dos diplomas legais herdados da metrópole. A primeira Constituição brasileira, de 1824, e o ato adicional, de 1834, são exemplos dessa mudança, em que pesem as ordenações filipinas permanecerem em vigência.

As cidades, a partir da referida Constituição, perderam um dos poderes conferidos a elas até então, o judicial, e tal privilégio passa a ser apenas das províncias e do império, por meio de poder autônomo, assim como a prerrogativa de aprovar os códigos de posturas pela própria Câmara.

A elaboração pelas câmaras municipais dos códigos de posturas, originalmente tratados de códigos de posturas policiais, passa a ser uma exigência após a promulgação da Constituição de 1824, conforme determinava a lei de 1° de outubro de 1828,[3] o chamado Regimento das Câmaras Municipais. O regimento era dividido em cinco títulos: Forma da eleição das câmaras, Funções

---

3 "Lei de 1° de Outubro de 1828. Dá nova forma as Câmaras Municipaes, marca suas attribuições, e o processo para sua eleição, e dos Juizes de Paz".

Municipais, Posturas Policiais, Aplicação das Rendas e Dos empregados. A partir de então, o código passará a ser a lei básica do império a guiar a formação e manutenção das cidades. Nele, deveriam constar obrigatoriamente, conforme determinava o Título III, Posturas Policiais, questões variadas e abrangentes que diziam respeito à vida urbana. Os seguintes aspectos deveriam ser contemplados, e o foram geralmente dentro desta ordem: 1. o quadro físico urbano; 2. o domínio edificado; 3. a higiene e salubridade preventivas; 4. os "serviços" urbanos; 5. o quadro administrativo; 6. as finanças municipais (Andrade, 1966).

Nesses títulos e nos capítulos gerais, vários assuntos eram tratados: alinhamento, limpeza, iluminação, "desempachamento" de vias; construções de uso comum, como pontes, chafarizes, prisões, cemitérios e matadouros; regularidade e elegância externa dos edifícios e ruas; edifícios ruinosos; comodidade, higiene, saúde e asseio público; prevenção de incêndios, venda de pólvora e produtos explosivos; vagação de doentes, loucos e animais ferozes; silêncio urbano; conservação de estradas; feiras, vendas ambulantes e espetáculos públicos; casas de caridade; escolas de primeiras letras e educação dos órfãos; tranquilidade e segurança pública; aquisição de máquinas e instrumentos rurais, melhora das raças de animais, distribuição de sementes pela Câmara etc.

Os estudiosos do direito municipal são unânimes em considerar que o império, baseado na legislação napoleônica de 1804, reduziu drasticamente o poder do município, fazendo-o mero apêndice dos poderes central e provincial, sobrando ao mesmo apenas ações restritas; não são poucos os que consideram o município no período *sob tutela* do império (Meirelles, 1977, p.7).

> Houve também restrição da capacidade municipal que ficou limitada às posturas policiais e aplicação de rendas, mas somente depois de prévia aprovação pelo governo provincial; quando na Colônia, as posturas eram o resultado da deliberação da Câmara e os Corregedores não podiam alterá-las, senão quando expressamente autorizados pelo rei. (Carvalho, 1946, p.52)

Portanto, embora elaborados pelas câmaras, os códigos, por lei, tinham que ser submetidos à aprovação das assembleias, que poderiam alterar ou revogá-los, de onde se conclui que, durante o império, os municípios, além de tutelados, contavam com suas câmaras apenas como corporações meramente administrativas (Carvalho, 1946).

A dependência da Assembleia era tanta que não apenas os códigos de posturas passariam por sua aprovação, mas também questões irrelevantes, de alçada puramente municipal, tinham que ser aprovadas e sofrer ingerência dessa instância maior, como: desapropriações, criação de escolas de primeiras letras, impostos municipais, nomeação de funcionários para as câmaras e até mesmo os regulamentos dos cemitérios!

Na Constituição republicana de 1891, o município também é considerado pouco importante, pois apenas o artigo 68 lhe é dedicado, indicando que cada um dos Estados assegurasse a autonomia aos municípios. Porém, nem esse preceito foi de todo respeitado, pois as constituições de alguns Estados determinavam a nomeação dos prefeitos (Martorano, 1985, p.67).[4] Em outros, como São Paulo, o município se transformou "num mero instrumento de dominação dos coronéis" (ibidem, p.67).

A Lei Orgânica dos Municípios nº 16, de 1891, determina que as câmaras municipais indicassem um de seus membros com cargos executivos, exercidos por um intendente. Em 1906, com base na Lei nº 1.038, é estabelecido o cargo de prefeito, agora por eleição direta, que duraria muito pouco, até 1907, quando volta a vigorar o voto indireto. O intendente possuía atribuições vagas e seu mandato não era regulamentado: "a intenção era não possibilitar o surgimento de um novo poder" (Janotti, 1986, p.46). Essa fragilidade institucional do município fortalecia ainda mais a figura individual do coronel.

Aparentemente, na República, havia menos dependência do poder central que durante o império, e mais autonomia em relação à determinação e aprovação das leis e dos orçamentos, conforme previa o artigo 34 da Lei Orgânica dos Municípios: "As Câmaras, uma vez constituídas, exercerão livremente todas as suas atribuições e deliberarão sobre todos os negócios do município por meio de leis, posturas ou provimentos" (apud Andrade, 1966, p.312).

Entretanto, mesmo que na lei fosse prevista autonomia administrativa, o fato é que os coronéis passaram a se interpor, vigorosamente, entre o poder municipal e o estadual. De certa maneira, essa aparente liberdade na elaboração de leis e na administração municipal foi açambarcada pelo coronel e por seu grupo político, em nome do município e a favor de seus interesses. Tal situação só começará a se alterar com a Reforma Constitucional de 1926, que permite à União a intervenção nos Estados para garantir a autonomia municipal.

---

4 Estados do Pará, Paraíba e Rio de Janeiro.

Pode-se dizer que, mesmo durante a República Velha, portanto, após a Constituição de 1891, os municípios se mantiveram tutelados, agora, dentro do princípio federativo das constituições estaduais:

> Durante os 40 anos que vigorou a Constituição de 1891, não houve autonomia municipal no Brasil. O hábito do centralismo, a opressão do coronelismo e a incultura do povo transformaram os Municípios em feudos de políticos truculentos que mandavam e desmandavam nos "seus" distritos de influência como se o Município fosse propriedade particular e o eleitorado um rebanho dócil ao seu poder. (Martorano, 1985, p.9-10)

De acordo com Carlos Lemos (1976, p.29), no início da República, em relação a obras civis e de infraestrutura, foi "mal delineada a separação entre Estado e município", tendo o Estado baixado regras seguidas no campo das edificações e da saúde pública.

Consideramos, portanto, que os coronéis nas cidades do interior, como parte de um processo maior, gerenciavam a administração pública sob tutela das elites políticas hierarquicamente superiores, e que esse processo, à margem da legislação aparentemente liberal, conduziu a uma centralização de medidas e interesses.

Da mesma forma, acreditamos que os códigos de posturas proporcionaram às cidades do período imperial, com menos poder e autonomia que na colônia, um modelo básico de conduta, que, de outra forma, poderia escapar ao controle do poder central em momento de fortes transformações. A partir de então, elas passariam a agir sob as mesmas diretivas básicas, emanadas de alto para baixo. Embora as câmaras tivessem a liberdade de criar artigos dentro do código de posturas, estes estavam submetidos à aprovação da Assembleia Provincial, que cercearia propostas descabidas ou tidas como acima da hierarquia municipal. De maneira a demonstrar falsa liberalidade, eram, muitas vezes, aprovados artigos extravagantes ou excêntricos, porém nunca aqueles que contrariassem ou desafiassem de maneira direta os interesses do poder central.

Esse centralismo político resultou na constância deliberada, patrocinada pelo Estado, de alguns artigos nas posturas das diversas câmaras, entre eles aqueles mais importantes, como os relativos ao traçado regular do seu chão. Nesse momento, o poder central tem a possibilidade de dirigir e influenciar não apenas o destino político e administrativo das câmaras, como também o padrão urbano e as diretrizes edilícias almejadas pela província (Ghirardello, 2005), em um contexto maior de urbanização no território paulista.

Portanto, pode-se dizer que, a partir da segunda década do século XIX, as cidades passaram a contar com extenso corolário de medidas em relação ao espaço urbano que foram responsáveis pela criação de modelo e por condutas aproximadas na administração pública, o que pode ser comprovado pela configuração atual dessas cidades, em particular no âmbito de seu traçado urbano.

Tal rol de diretrizes para as cidades acabará por ser confirmado, em relação à largura de suas vias e a outros tantos indicativos, pelo Código Sanitário do Estado de 1894. Portanto, mesmo que diferentemente do período imperial, quando os códigos de posturas municipais necessitavam de aprovação da Assembleia Provincial, o "modelo", no novo regime, continuará vigorando não em função de aprovação prévia e obrigatória pelo governo central, mas pela força de lei de âmbito estadual.

Conquanto que, principalmente, a partir da República engenheiros e arquitetos concorram para intervenções urbanas, o fato é que as bases desses patrimônios, arruados em xadrez, já estarão lançadas. Até as novas cidades no interior do Estado de São Paulo, criadas a partir do século XX, raramente fugirão da quadrícula extensiva, mesmo que elaboradas por profissionais mais bem preparados que os agrimensores, conforme veremos adiante.

O modelo reticulado de cidade vai ser sentido de forma especial na província de São Paulo por causa da rápida expansão da produção cafeeira e da explosiva geração de novos patrimônios religiosos dotados de condições suficientes para sua consolidação.

Ao mesmo tempo que as terras eram ocupadas, formavam-se novos patrimônios mais adiante de maneira quase imediata, a partir dos meados do século XIX, acelerando o processo nos últimos trinta anos do Novecentos por causa da expansão cafeeira para o oeste do Estado, em direção às fronteiras do Mato Grosso.

O padrão urbano repetitivo dessas novas cidades também se deu em razão da cópia pura e simples dos códigos de posturas das cidades mais importantes. Afinal, poucas eram as vilas que tinham pessoal gabaritado para elaborar questões complexas que exigiam conhecimento de áreas disciplinares tão distintas: técnicas edilícias, normas sanitárias e do direito. A transcrição direta foi expediente comum entre as cidades menores, buscava-se quase sempre o documento naquelas que tiveram seus códigos elogiados e aprovados pela Assembleia Provincial, adequando-o ao porte da povoação, suprimindo eventualmente artigos desnecessários[5] ou alterando palavras e frases menos significativas.

Outro aspecto relevante refere-se ao fato de que a criação de novo povoado, dentro da circunscrição territorial de uma cidade (município), deveria observar, para sua constituição física, os códigos de posturas dessa cidade, portanto "as filhas" guardariam o modelo urbano determinado pela "mãe", pois era fruto de lei emanada por esta.

A grande área a ser ocupada a "oeste" da província sempre ficava sob responsabilidade do último município a ser criado, e assim sucessivamente, até chegarmos, em pleno século XX, às barrancas do Rio Paraná. Num determinado momento, quando Botucatu se torna município, em 1855, um quarto da província estava sob sua jurisdição, com seus limites passando por Faxina, atual Itapeva, Itapetininga, Piracicaba e Araraquara, seguindo até os rios Tietê e Paraná, e fechando com o Paranapanema. Nessa imensa área, serão formadas dezenas de povoados, que incorporarão as características da cidade-mãe por meio de suas posturas.

Como mostra da incorporação e do desmembramento de município, em território constituído, exemplificaremos com o patrimônio do Senhor Bom Jesus de Batatais, hoje cidade de Batatais, município instalado em 1839. Na área de Batatais, foram criados ou incorporados os seguintes distritos que, obrigatoriamente, utilizaram suas posturas:

- Altinópolis: criado em 1875 e desmembrado em 1918;
- Brodósqui: criado em 1903 e desmembrado em 1913;
- Jardinópolis: criado em 1892 e desmembrado em 1898;
- Morro Agudo: criado em 1885 e desmembrado em 1885;
- Santo Antônio da Alegria: criado em 1866 e desmembrado em 1873;
- Olhos d'Água: criado em 1859 e desmembrado em 1909;
- Nuporanga: criado em 1873 e desmembrado em 1885;
- Cajuru: criado em 1850 e desmembrado em 1865.
(Departamento de Estatística... , 1953, p.50)

Esse é apenas um exemplo do que aconteceu no interior paulista. Dezenas de outros houve, o que mostra o quanto essa rede de cidades esteve, ao menos

---

5 A cópia de leis, regimentos e códigos (obras, zoneamento etc.) é um expediente relativamente usual até nossos dias, se não literal e integralmente, muitas vezes nos seus princípios básicos.

por um período, ligada e o quanto as leis das mais antigas influenciaram as mais novas. As cidades desmembradas, por sua vez, formarão outros povoados em seu território, repetindo todo o processo.

Frequentemente, essas mesmas vilas, quando, porventura, se tornavam cidades, valiam-se por algum tempo, ou mesmo por longo tempo, dos códigos de posturas da cidade-mãe, que eventualmente eram repassados para outras novas vilas formadas em seu território, e assim sucessivamente.

A validação e utilização de leis existentes eram práticas habituais. Esse processo não se restringia apenas às câmaras municipais. Até mesmo o império brasileiro mandou que vigorassem todas as leis e decretos promulgados pelos reis de Portugal editados até 25 de abril de 1821, enquanto não se elaborasse um Código Civil brasileiro (Naufel, 1988, p.724), o que ocorreu apenas em 1916, quase cem anos depois.

4
A OCUPAÇÃO DA TERRA E OS BAIRROS RURAIS

Diferentemente dos momentos econômicos anteriores em São Paulo, onde a importância das atividades urbanas era pequena, o café favorecia o surgimento de cidades (Saia, 1978, p.183). Estas abrigavam bancos, bolsas de valores, máquinas de beneficiamento, casas comissárias, estações ferroviá-rias, assim como serviços e comércio essenciais às lavouras, e a população de trabalhadores jornaleiros que poderiam ajudar, em alguns períodos do ano, na colheita do café.

Outro fator importante é a escala da demanda e correspondente produção, que superaria qualquer outra precedente. A grande absorção da produção de café pelos países importadores ensejava safras cada vez maiores, muito mais pela expansão da lavoura sobre terras virgens do que pelo emprego de novas técnicas agrícolas em áreas já estabelecidas.

Para se ter uma ideia, entre 1910 e 1920, dois terços do café produzido no mundo vinham do Brasil, e o interior paulista se responsabilizava por 70% (Love, 1982, p.65).

Em meados do século XIX, a província de São Paulo torna-se um território favorável para o crescimento dessa atividade agrícola. Havia terras virgens e devolutas para serem tomadas, clima favorável, solo de qualidade, pouca geada e hidrografia generosa. Essas qualidades eram conhecidas empiricamente, pois, mesmo nos mapas do final do Oitocentos, parte do planalto ocidental paulista era oficialmente desconhecido, tratado nas cartas como área de "terras devolutas não exploradas".

Seu levantamento será feito apenas a partir de 1886[1], quando é formada a Comissão Geográfica e Geológica que demarca inicialmente o Rio Paranapane-

---

1 Lei provincial n° 9, de 27 de março de 1886.

ma, divisa com o Paraná. Porém, a "exploração do extremo sertão do Estado", como consta na carta da época (ver reprodução), será realizada pela Comissão apenas a partir do Decreto n° 1.278, de 23 de março de 1905, e, mesmo assim, com rios e ribeirões ainda parcialmente grafados.

Percebe-se, contudo, que a cartografia oficial do Estado estará sempre atrás da ocupação efetiva da maioria das regiões. Posseiros, grileiros e mesmo moradores das cidades dessas áreas "desconhecidas" já conhecerão e terão sob posse, de muito, essa parcela da província. Os interesses econômicos imediatos sempre estarão à frente da burocracia administrativa. Mesmo a Companhia Estrada de Ferro Noroeste do Brasil, por meio de seus engenheiros, fará reconhecimento da zona noroeste, para os "estudos definitivos" (cf. *Relatório da directoria...*, 1906) de sua linha, no início do século XX, anteriormente aos órgãos oficiais.

Num momento em que vastas terras devolutas estavam disponíveis para serem apossadas, entende-se a pouca pressa do Estado, dominado pela elite cafeeira, na sua demarcação precisa, pois, com seu aparente "descuido", tais áreas poderiam ser tomadas por elas próprias.

Uma malha ferroviária começava a se formar a partir da São Paulo Railway Co., inaugurada em 1867, em direção a Santos, porto de grande calado que se tornaria o mais importante do país e um dos maiores e mais movimentados do mundo. A ainda grande produção de café no Vale do Paraíba, as lavouras que se formavam no entorno da capital em direção centro-oeste e os claros indícios do prolongamento da ferrovia no sentido do interior davam amplas perspectivas futuras para São Paulo.

Fundamental era a proximidade de Minas Gerais, província mais populosa do império, que tinha sua economia abalada pela redução da produção de metais e pedras preciosas, cujo auge ocorreu no século XVIII. Minas era uma capitania exportadora de mão de obra para possíveis lavouras e também de pioneiros que se aventuravam, por necessidade ou gosto, pela mata virgem do interior paulista em busca de glebas a serem apossadas (Monbeig, 1984, p.133).

> Os mineiros constituem a primeira linha de um pioneirismo desbravador daquelas terras paulistas não exploradas e populadas pelo ciclo bandeirista. (Saia, 1995, p.165)

Serão os mineiros os responsáveis pelo desbravamento, pois, dentre as cidades formadas durante o século XIX em São Paulo, poucas serão aquelas que não foram fundadas por mineiros (Leite, 1961). Mais ainda, boa parte das posses iniciais de glebas rurais foi registrada em nome de mineiros, que, em alguns casos, tocaram lavouras de subsistência e, em outros, apenas repassaram a terra para agricultores, a maioria, ainda num primeiro momento, de sua província.

Fator que concorreu para aumentar a corrida às terras paulistas foi a Lei de Terras n° 601, de 18 de setembro de 1850, que instituía, na prática, a livre comercialização das terras rurais no Brasil. A Lei de Terras, em seus termos, aceita as sesmarias anteriores, doadas até o ano de 1822, e põe para livre comércio, pelo Estado, as glebas consideradas devolutas. Na realidade, o Estado, por meio da Repartição Geral de Terras Públicas,[2] órgão encarregado de localizar, medir e colocar em hasta pública as terras, pouco fez por elas (Lima, 1935, p.70), que acabaram sendo ilegalmente ocupadas, em São Paulo, por meio de grilos ou posses, durante os séculos XIX e XX.

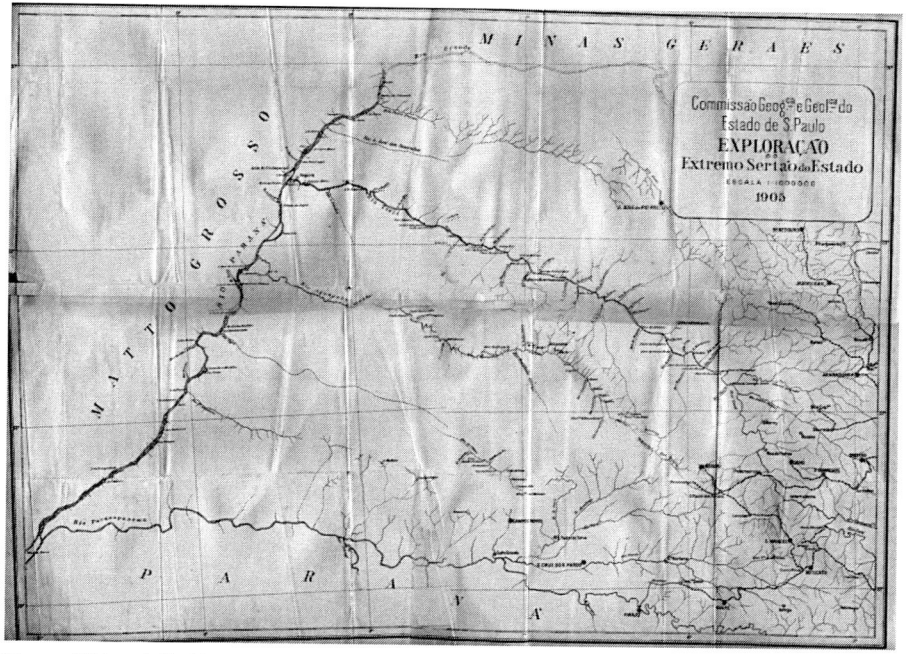

Fonte: Ghirardello (2002, p.34)

Figura 2 – Mapa da ¨Exploração do Extremo Sertão do Estado¨, de 1905, pela Comissão Geográfica e Geológica do Estado de São Paulo. Verifica-se que mesmo este levantamento foi realizado de maneira parcial, sendo muitos os cursos d'água não considerados. Até então, toda área do centro ao extremo oeste da província, até a divisa do Rio Paraná, abaixo e acima do Rio Tiete, era, oficialmente, considerada como ¨terrenos despovoados¨.

---

2 Ver capítulo I do regulamento para a execução da Lei n° 601, de 18 de setembro de 1850.

A Lei de Terras certamente acelerou o processo de ocupação em função dos prazos estabelecidos por ela para aceitação de domínios anteriores: quem chegasse mais rápido às áreas devolutas garantiria posse, que poderia ser escriturada em cartório paroquial com data anterior, de acordo com as diretrizes da lei. De maneira geral, seja por meio de posses reais, efetivadas antes ou depois da lei, ou por grilos, o fato é que as terras paulistas sofreram ocupação célere a partir dos meados do século XIX: "Assim sendo, a Lei de 1850 e os regulamentos que se seguiram cumpriram menos o papel previsto de regular as aquisições de terras devolutas do que o de legitimar as ocupações feitas ao arrepio da lei" (Sallum Junior, 1982, p.17).

A penúria da população da província mineira e a promulgação da Lei de Terras precipitaram a partida para São Paulo de grande leva de mineiros descontentes com sua situação. Muitos iam, em um primeiro momento, para garantir a posse, conforme os prazos estabelecidos na lei, voltavam à sua capitania e depois retornavam com caravanas de interessados ou mesmo seus descendentes diretos. Ocuparam terras ao norte da província, depois transpuseram o Rio Tietê em direção ao centro, e daí rumo ao oeste.

A família Junqueira, por exemplo, veio de Minas Gerais, em direção ao nordeste de São Paulo. Francisco Antonio Junqueira e João José de Carvalho fizeram posse de aproximadamente 70 mil alqueires, numa área atualmente compreendida pelos municípios de Orlândia, Guaíra, Barretos, Colina, Olímpia, Terra Roxa, Jaborandi, Monte Azul, Morro Agudo e Viradouro (Bastos, 1989, p.23-6).

José Teodoro de Souza, originário de Pouso Alegre, Minas Gerais, foi considerado o primeiro desbravador do sertão do Paranapanema. Registrou suas imensas posses em Botucatu (Cobra, 1923).

O tenente Manoel Joaquim Lopes, procedente de Alfenas, Minas Gerais, com um comboio se apossou de terras na região de Jaú e Dois Córregos (Tablas, 1987, p.25). A família Campanhã, vinda da cidade de Campanha, Minas Gerais, se apodera, em meados do século XIX, das terras roxas da região de Brotas (*O primeiro século de Jaú*, 1953, p.57-8).

Nesse período, a terra era registrada nas sedes de paróquias, tomando-se astutamente o cuidado de estabelecer data de posse dentro dos períodos permitidos em lei, embora boa parte, supõe-se, tenha sido feito posteriormente. Os limites das glebas eram bastante imprecisos, afinal elas quase sempre estavam tomadas por mata fechada, e suas divisas só seriam conhecidas em função de acidentes geográficos, que também garantiriam o conhecimento da região e precaveriam contra futuras disputas judiciais, decorrentes de divisas incertas. Portanto, "a olho", a gleba era demarcada com base em córregos, rios e espigões. Normalmente, optava-se por um vale, mostrando o quanto era importante à nomenclatura do curso d'água que o centralizava.

De acordo com Monbeig (1984, p.215), o grande retângulo era a figura preferida para repartir as fazendas e os próprios municípios, com base em espigões e cursos d'água:

> Os lados alongados são, geralmente, ou linhas de separação das águas entre duas grandes bacias hidrográficas, ou cursos d' água. Espigões e rios dos planaltos ocidentais estabelecem-se assim, como os limites principais tanto dos municípios primitivos, como das vastas propriedades florestais.

Essa forma dizia respeito à fácil comprovação da posse em razão dos acidentes naturais: a possibilidade de a propriedade ter água corrente, o que lhe dava valor, e, futuramente, produzir café no espigão, longe das geadas típicas das áreas mais baixas. A propriedade poderia também plantar outro produto ou mesmo criar animais na encosta.

Futuramente, o curso d'água, junto com um prefixo santo, dará nome à fazenda ali situada e, mais ainda, ao povoado que porventura irá ser criado no local. Na ausência de cartas geográficas precisas, estradas ou caminhos razoáveis, o local do córrego ou rio, que, muitas vezes, era via de acesso, ajudará na localização do lugar para aqueles que desejassem se dirigir à região.

Ainda, nesse primeiro momento, não haverá nenhum tipo de produção, apenas a posse propriamente dita. Normalmente, a ocupação física do lugar se dava posteriormente, quando a família era trazida. Nesse momento, os mineiros transportam para São Paulo o modo de vida e a produção típica de Minas: milho, feijão, arroz, fumo, algodão e criação de porcos. Para tanto, mesmo que possuidores de vastas propriedades, a terra era aberta em pequenas porções, o plantio era de subsistência, assim como a criação de suínos. O eventual excedente era comercializado nas vilas próximas, de onde eram trazidos o sal, a pólvora e as ferramentas. Esse período de ocupação inicial é conhecido como frente de expansão (Martins, 1971), quando a produção se dava apenas para consumo próprio, sem constituir-se num mercado ativo.

A paisagem natural pouco muda, um pequeno desmatamento para a construção da tapera de moradia, para a criação e o cultivo. Assim descreve a ocupação na região central do Estado o descendente de uma dessas famílias de mineiros:

Para se juntarem nessas pontas de lança atiradas em pleno sertão, os desbravadores furavam o mato virgem através de picadões; rasgavam clareiras nas margens dos rios e ribeirões; derrubavam os troncos anosos; faziam aceiros; acendiam a queimada, cujas labaredas vivas e altas estralejavam dias e noites; erguiam ranchos de pau a pique, cobertos de sapé e depois barreados a sopapo; destocavam a terra roxa, abriam roças, no tempo das águas, plantavam milho e mandioca. [...]

Ficavam ali essas criaturas humanas anos a fio, na solidão, no silêncio e no isolamento, cercadas pela floresta presente, na luta incessante entre os homens e a natureza. (*O primeiro século de Jaú*, 1953, p.60-1)

Com o passar do tempo, outras posses são conseguidas, quase sempre de maneira semelhante ao descrito na citação anterior e também abrigando o mesmo modo de vida. Casos houve em que uma imensa gleba conquistada por um único dono foi vendida em pedaços a diversos compradores que se estabeleceram nas redondezas. Não foram poucos aqueles que se apossaram de terras, voltaram a Minas, trazendo após compradores para a gleba que seria dividida. Com o passar do tempo, o que era ocupação isolada se transforma numa série de fazendas ou fazendolas próximas, com muitos fogos, o chamado bairro rural,[3] conforme nos mostra Candido (1987) em relação ao exemplo de Rio Bonito.

De acordo com Queiroz (1973, p.3), o bairro rural se constituía em:

[...] um grupo de vizinhança de *habitat* disperso, mas de contornos suficientemente consistentes para dar aos seus habitantes a noção de lhe pertencer, levando-os a distingui-los dos demais bairros da zona. O sentimento de localidade constituía elemento básico para delimitar a configuração de um bairro tanto no espaço geográfico quanto no espaço social.

---

3 "O Decreto 1.318, de 30 de janeiro de 1854, regulamentou que os donos de propriedades deviam fazer o registro das mesmas, indicando a sua localização, dentro do prazo de dois anos. No município de Limeira foram feitos 257 registros em livro próprio, do qual existe cópia no Arquivo do Estado, em São Paulo. Os bairros, fazendas, sítios e chácaras registradas são os bairros: das Araras, do Sítio das Araras, dos Lopes, da Geada, do Ribeirão da Geada, da Graminha, do Porto, do Porto de Cima, do Porto de Baixo, do Ribeirão do Porto, do Engenho Velho do Porto, do Pinhal, do Ribeirão do Pinhal, do Pinhal do Meio, do Salto do Pinhal, dos Pires, da Boa Esperança, da Lagoa Nova, do Bebedouro, do Ribeirão da Sepultura, do Córrego do Meio, do Córrego Bonito, do Córrego do Barreiro, do Córrego da Barroca Funda, do Mato de Dentro, do Tatú, do Morro Azul, do Monjolinho, do Cascalho, das Cabeceiras do Ribeirão Cascalho, do Sítio Velho, do Sítio do Meio, do Feltal, da Água Branca, Gualabal, do Rio Piracicaba, do Facão, do Ribeirão das Arêas, do Pedro Franco e Retiro." Informação disponível em: <www.olimeirense.com.br/historia.htm>. Acesso em: 13 fev. 2003.

Esse estágio não é considerado urbano, trata-se de conjunto de proprie-dades rurais contíguas, entre glebas maiores, onde as pessoas, certamente, se conhecem e se reúnem habitualmente para as comemorações religiosas, para a reza, para o auxílio mútuo na lavoura, "a traição",[4] para o conforto na morte e a alegria dos nascimentos, aniversários e casamentos.

Conforme Ianni (1996, p.75), essas características fazem parte da cultura caipira, fortemente presente nos bairros rurais e detectada em São Paulo, ao menos, desde o século XVII, aonde chegou com modificações até além dos anos 1930:

> Restaram entre as fazendas e pastos, aqui e acolá, bairros rurais compostos por famílias de sitiantes, caboclos, roceiros, caipiras. Subsistiram núcleos dispersos de caipiras com sua cultura própria, técnicas de trabalho, casas de sapé ou taipa, festas, procissões, falares e cantares.

Ianni (1996, p.77), citando Candido (1987), identifica as principais caracte-rísticas da cultura caipira, entre elas: isolamento, posse de terras, trabalho do-méstico, auxílio vicinal, disponibilidade de terras e margem de lazer. A chamada sociedade caipira tinha economia de subsistência e exigia o mínimo em relação aos bens materiais e espirituais (Ianni, 1996, p.76). Porém, mesmo que a cultura caipira fosse permeada por influências indígenas e também próprias (ibidem), a religião cumpria um papel fundamental. Era essencial a presença da Igreja Cató-lica que, mesmo a par de todo isolamento, daria o mínimo de amparo espiritual nos momentos e nas situações importantes, como em nascimentos, casamentos, doenças, mortes etc. E essas atividades estavam ligadas por tradição, fé e pela lei do Estado imperial à religião católica, afinal, os nascimentos eram registrados pelas paróquias, assim como os casamentos e os óbitos.

A Assembleia Provincial, por sua vez, por meio de lei, deixa muito claro quem deveria rubricar esse tipo de documentação:

> Casamentos, baptisados e óbitos – Os livros dos respectivos assentos serão rubricados pelos vigários da vara da comarca, quando não accumular o empre-go do Parocho; neste caso serão rubricados pelo vigário da vara mais próxima – Lei de 5 de março de 1836. (*Repertório das leis promulgadas...*, 1877, p.219)

---

4 Traição é um costume brasileiro em que os vizinhos se reúnem para o mutirão e auxílio recíproco na lavoura. A chegada do grupo se dá de surpresa, à noite, entoando-se cantigas típicas.

Até a República, mesmo os cemitérios foram construídos em locais próximos a capelas e abençoados pela religião oficial.

O pleito por auxílio sagrado fica claro nas solicitações oficiais dos agentes do Estado: o delegado Felizberto Antonio Machado descreve, em carta ao governo provincial, os sofrimentos e o abandono espiritual da população da região da futura povoação de Botucatu, em meados do século XIX:

> [...] acham-se a parte dos recursos da Igreja, morrendo os fiéis sem o sacramento da penitência e da Extrema Unsão e sendo seus corpos enterrados em lugar não sagrado pela impossibilidade [de um] Parocho accudir aos moribundos, e de se transportarem os corpos para os cemitérios mais favoráveis.[5]

Outro delegado, aliás, subdelegado de Sant'Anna dos Olhos d'Água, atual cidade de Ipuã, solicita ao bispo um cura para sua comunidade, em 1869:

> [...] esta friguizia contem em sua vasta população cerca de três mil almas mais ou menos e a maior parte destes sofre sede insaciável do divino pastor espiritual porque não temos um Párocho nesta Igreja, que administre os sacramentos aos mizeráveis fiéis chiristãos que frequentemente estão falecendo sem receberem o sagrado viático [...]. (apud Barbeti, 1987, p.34)

Os delegados, mesmo como funcionários do Estado, e não representantes eclesiásticos, demonstravam o quanto era terrível a falta de amparo espiritual nesse período histórico para aqueles que fossem pios e para as sociedades caipiras. Ser enterrado em local impróprio era um infortúnio e motivo de temor para todos os católicos, por isso era corriqueiro o transporte do morto, até o campo santo, por longa distância, numa espécie de rede feita de lençol, amarrada em varão e carregada por duas pessoas.

As propriedades rurais também dependiam, para seu registro, das paróquias, e isso, por si só, seria motivo, mais que importante, para sua existência. Esses documentos que comprovariam a posse das glebas eram chamados de registro do vigário ou registro paroquial. A Igreja funcionava como cartório eclesiástico, anotando, nos livros de tombo e assentamento, os documentos que passarão a ser, posteriormente, de cunho exclusivamente civil (Marx, 1988, p.118, 144). Esse processo foi lento. Inicialmente, criou-se a Lei n° 1.144, de 11 de setembro de 1861, que instituiu o registro de casamentos, nascimentos

---

5 Informação disponível em: <www.historiadebotucatu.cjb.net/>. Acesso em: 13 fev. 2006.

e óbitos para aqueles que professassem religião distinta daquela do império, ou seja, a religião católica. Nesse momento, eram poucos, mais os estrangeiros que aqui viviam e queriam manter sua crença de origem. Para se ter uma ideia, em 1886, a porcentagem de católicos na província era de 99,31% contra 0,69% de "acatholicos" (*Relatório da Commissão Central*, 1888, p.233).

Em 9 de setembro de 1870, a Lei n° 1.829 determina a organização do registro civil, porém isso só aconteceu a partir de decreto, no final do império, em 1888. Até então, a Igreja cumpriu essa função, e os documentos por ela emanados durante esse período tiveram, mesmo posteriormente, com a criação do registro civil, valor legal, considerados instrumentos de fé pública.

Muitos textos da época dão conta dos caminhos penosos percorridos por aqueles que precisassem de alguma assistência religiosa ou registros, e o quanto uma capela seria bem-vinda. Essas comunidades erigiam frequentemente uma ermida, porém de pouco adiantava se não fosse curada, ou seja, se não tivesse um cura para as atividades ligadas à fé e para o registro paroquial. A passagem eventual do cura já era um passo, mas o ideal seria a capela com pároco permanente,[6] para funcionamento do cartório eclesiástico.

Em 1856, Jesuíno Soares de Arruda e sua mulher, moradores da futura cidade de São Carlos, dirigem petição ao bispo para "erigir uma capela com invocação a São Carlos, devido ser difícil a recepção do S. Sacramento da Igreja em razão da distância". Pedem, ainda, para "benzerem em cemitério na mencionada capela" (*Enciclopédia dos municípios brasileiros*, 1958, p.163). A resposta do bispo de São Paulo vem positiva, desde que a capela fosse erigida em local alto, longe de imundícies etc., conforme as orientações das constituições do arcebispado da Bahia existentes desde 1719 (Marx, 1988, p.25-9).

A capela também simbolizava a representação física do governo, pois a Igreja era braço do império, e sua construção colocava o poder deste nos locais mais afastados. A capela curada representaria o poder divino e o poder do império, afinal ela era parte integrante deste. Competiam ao pároco a responsabilidade pelo cartório eclesiástico, a administração da fábrica paroquial, a vida religiosa da comunidade e, ainda, conforme a lei eleitoral vigente no império, participação ativa na organização das eleições. Entre seus deveres, estavam a fixação, na porta da matriz, do censo com o número de fogos da

---

6 No bairro dos Mineiros (futura cidade de Mineiros do Tietê), havia uma capela, e o padre eventualmente passava por lá e hospedava-se em fazendas distantes (Tablas, 1987, p.28).

freguesia e, ao mesmo tempo, a presença na mesa eleitoral, onde reconheceria os votantes. Mesmo os candidatos a deputado tinham que professar a religião oficial.[7]

Uma capela poderia existir livremente, mesmo que privada – as antigas e grandes propriedades rurais brasileiras estão aí para comprovar –, porém capela curada se igualava a paróquia, outro *status* de importância, com óbvios desdobramentos urbanos, e esta só era obtida diante de chão próprio.

Entre o final do século XVIII e o início do XIX, muitos bairros são formados na região do entorno da capital, de Sorocaba, Campinas, Vale do Paraíba, e em direção à Estrada do Sal, próximo de Franca, porém faltava sustentação econômica para que se criassem vilas. De nada adiantaria serem estabelecidos povoados "de penada" que não teriam condições de subsistência ou mesmo função para sua existência urbana. Nesse aspecto, o café cumprirá papel fundamental abrindo lavouras, adensando a população da província e necessitando, como nenhum outro ciclo econômico, da criação de vilas e cidades.

---

7 Constituição Política do Império do Brasil, de 25 de março de 1824, artigo 95, parágrafo 3°.

5
O PATRIMÔNIO RELIGIOSO

Patrimônio ou capela, aforamento e fábrica paroquial

A criação de um patrimônio religioso, também denominado, nos termos eclesiásticos, capela, foi o modo de formação urbana corrente na província paulista durante os últimos cinquenta anos do século XIX. Se o estabelecimento urbano criado diretamente pelo Estado ocorreu com frequência em São Paulo, no século XVIII, durante o XIX, foram poucos, como as já citadas colônias militares de Itapura e Avanhandava, que possuíam características e motivações muito específicas, mais ligadas às atividades estratégicas de defesa, bem como alguns núcleos coloniais para assentamento de imigrantes (ver adiante). Patrimônios laicos ou loteamentos privados formados, de forma isolada, por empresas ou fazendeiros aparecem com mais constância apenas a partir do século XX.

As capelas ou patrimônios constituem-se em bens vinculados e declarados inalienáveis *in perpetuum* por seus instituidores, com determinados encargos: "Capella é o vinculo, cujos rendimentos são destinados no todo ou maior parte ao cumprimento de encargos pios, para continuação da piedade do instituidor" (Alves, 1897, p.359).

No Oitocentos, em especial com o império, é alterado o processo de formação urbana que, durante o século XVIII, em São Paulo, como vimos, fora uma tarefa centralizada pelo administrador da província, a exemplo das vilas de Campinas, Piracicaba, Botucatu, Itapeva e Itapetininga,[1] só para ficarmos na área atual do Estado.

---

1 A última foi formada em 1768, com base na ordem do capitão-general da capitania Dom Luiz Antonio Botelho de Souza e Mourão, que encarrega Simão Barbosa Franco de definir o sítio,

As cidades paulistas fundadas no século XIX, em especial de seus meados, provêm de outra realidade e, a princípio, advêm de patrimônios religiosos.[2] Estes eram estabelecidos a partir de doações privadas, de terras rurais, para a Igreja Católica, em nome de um santo, base de uma vila ou cidade. A nomenclatura desses patrimônios expressa claramente sua origem religiosa: quase sempre se iniciava pelo nome do santo ou da santa padroeira, precedido do acidente geográfico que caracterizava a área, em geral rio. O orago que seria homenageado era do agrado do doador, de sua devoção particular ou familiar.

O instituto do direito enfitêutico, pelo qual se formavam as cidades em São Paulo, tem suas bases na Grécia, de onde vem o termo enfiteuse, e daí vai para Roma. Os imperadores romanos buscavam cultivar suas terras distantes, particularmente africanas (Lopes, 1956, p.13), cedendo-as por valores anuais, porém sem se desfazer delas, e para tanto estipulavam prazos bastante longos de uso e o foro como fórmula compensatória (ibidem). Mais adiante, a instituição foi adotada para a exploração dos imóveis particulares e mesmo da Igreja (Rodrigues, 2006, p.267). Na Idade Média, sofre alterações importantes por causa do sistema feudal, uma das bases dessa sociedade (Amorin, 1986, p.247-8). Portugal, com suas leis, transfere o sistema para o Brasil. A Igreja como parte do Estado, como braço deste, poder-se-ia dizer, cuida de organizar os estabelecimentos urbanos. Essa parece ser uma característica do Brasil, onde as terras urbanas têm privilégio de aforamento, e não as rurais.

> Entretanto nota-se em nosso país uma peculiaridade do instituto, que destoa de suas finalidades econômicas originais e nativas, é que a enfiteuse foi criada e desenvolveu-se mais em função da propriedade urbana do que da propriedade rústica. (Lopes, 1956, p.70)

O centralismo do império foi, de alguma maneira, rompido pela Igreja Católica, que acabava sendo a responsável pela criação dos povoados, o que também acontecia anteriormente em relação às brechas ao sistema sesmarial

---

fundar e ainda administrar a povoação (Enciclopédia dos municípios brasileiros, 1957a, p.447). O mesmo ocorre com Itapeva, em 1766, por Antonio Furquim Pedrozo, a mando do mesmo governador da província (ibidem, p.450).

2 Mesmo criadas sob circunstâncias diferentes e a mando da Coroa, muitas cidades coloniais paulistas tiveram a participação ativa da Igreja e das ordens religiosas na sua formação. Sorocaba teve seu solo doado para os beneditinos ainda no século XVII. Itu começou como capela em 1610, embora tenha sido legalizada administrativamente como vila apenas em 1657.

(Marx, 1991). A Igreja Católica se tornou válvula de escape que, às margens das leis maiores ou na ausência de leis específicas, de maneira ágil e independente promovia a expansão urbana, afinal, em São Paulo, mais de quinhentas cidades foram criadas no rastro da cultura cafeeira (Saia, 1978, p.248).[3]

Certamente foi a Igreja Católica a maior detentora de domínios de terras emprazadas no Brasil. Amorin (1986, p.2) nos dá índices dos terrenos aforados por particulares e seus senhorios, do país como um todo: "Igreja, 60% das terras aforadas; 30% são de terras públicas: 3% cabem à antiga Família Real, e o restante 7%, a particulares inominados".

Nesses números, percebe-se a prevalência da Igreja, muito maior que o somatório de todos os outros senhorios, incluindo o Estado. Entretanto, a Igreja limitava-se a ser a beneficiária na posse e no aforamento dos chãos das novas vilas ou capelas (de acordo com o termo eclesiástico), não podia arruá-lo sem a participação da Câmara "dona" do território.

As terras da nova vila, quando arruadas, seriam administradas e transmitidas pela fábrica paroquial, nome também ancestral que designa entidade ligada à Igreja que cuida dos bens, direitos e rendimentos de uma igreja matriz (Alves, 1897, p.564). A fábrica, que se constituía numa corporação formada por clérigos e leigos que administravam os bens da paróquia, disporia da terra doada em datas urbanas, cedidas por aforamento aos interessados em viver no patrimônio. A corporação era composta de pessoas da comunidade e quase sempre presidida por pároco indicado pelo bispo. O nome fábrica vem do fabrico da Igreja, de sua construção, aformoseamento e compra de alfaias, que era para onde deveriam, em tese, se dirigir os recursos do aforamento das terras urbanas.

A fábrica era uma corporação de mão-morta, ou seja, perpétua, assim como as igrejas, catedrais, ordens religiosas, ordens terceiras, confrarias, cabidos, misericórdias, irmandades, hospitais e hospícios (ibidem, p.433)

> [...] e que por uma subrogação de pessoas que se julgão sempre as mesmas não soffre mudança alguma pela morte de alguma dellas, ou de seus membros ficando seus bens em amortização e fora do commercio commum. (Gouveia Pinto apud Alves, 1897, p.432)

---

3 A afirmação de Saia (1978) parece conter um número superestimado, mesmo considerando as cidades mais recentes. É importante observar que muitas dessas vilas não prosperaram, nem chegaram a ser cidades e acabaram por desaparecer.

O aforamento, por sua vez, era instituto pré-capitalista, onde aquele que aforava, o enfiteuta, não possuía propriedade plena do bem, mais ou menos semelhante ao que acontecia com as sesmarias até o início do século XIX, que não eram propriedades privadas, mas concessão do rei para um súdito. Só poderiam, também por lei, ser objeto de enfiteuse terras rurais sem cultura, e, no caso dos patrimônios, apenas as datas urbanas livres de edificações, muito embora, mesmo após a construção, os diretos do aforador sobre estas permanecessem. A quem aforava área do patrimônio, competia o uso e gozo do bem, *in perpetuum*, desde que pagasse, anualmente, o foro, a pensão ou o cânon à Igreja: "O enfiteuta adquire efetivamente todos os direitos inerentes ao domínio, com exceção do próprio domínio, que remanesce, nominalmente, em mãos do senhorio" (Rodrigues, 2006, p.266).

O bem só voltaria à fábrica sob três condições: caso se tornasse comisso, ou seja, ficasse o enfiteuta mais de três anos sem pagar o cânon; caso falecesse e não tivesse herdeiros; ou se o imóvel se deteriorasse a ponto de não valer ao foro e mais um quinto deste (Amorin, 1986, p.247-8)

Em caso de transmissão do domínio útil para terceiros, deveria ser creditado o laudêmio à fábrica, administradora do patrimônio, tributo geralmente de 2,5% da transação. Essa transação deveria ter a aquiescência obrigatória da fábrica, pois esta respondia pelo domínio direto.

Embora a liberação mercantil e capitalista da terra rural aconteça a partir da Lei de Terras de 1850, a terra urbana estará ainda, por muitos anos, atrelada aos antigos preceitos de aforamento, ao menos até o advento da República.

O papel da Igreja e as doações

A doação poderia ser individual, formada por pedaço da gleba de um único proprietário, quase sempre marido e mulher, ou coletiva, quando mais de um se juntava para a doação de somatório de áreas contíguas, lavrando-se escritura comum. O primeiro caso foi o mais usual, mas classificam-se no segundo os patrimônios religiosos de Lençóis e Jaú, por exemplo.

Talvez pouco compreensível nos dias de hoje, mas que deve ser aceita como parte de sua época, é a concessão de terras por grandes e pequenos fazendeiros por motivos apenas ligados à fé, afinal a religião católica era uma constante na vida das comunidades. A doação de terras à Igreja ocorria, frequentemente, em razão de graças recebidas, eventualmente citadas nos termos de doação: uma doença curada, um filho que vingou, um parto bem-sucedido, colheitas sem geadas, um negócio que prosperou, e daí por diante. Outras se faziam por testamento especificando-se as missas para repouso da alma do doador (Deffontaines, 1944, p.300).

Assim como embrenhada no Estado, a religião estava presente no dia a dia da cultura caipira e dos fiéis,[4] as propriedades rurais levavam, por fé e gosto de seus proprietários, denominações santas, sendo raras as que fugiam delas. Dispunham junto à casa-sede de oratórios, capelinhas num de seus cômodos ou mesmo grandes capelas externas que homenageavam o orago de devoção. Nas cidades, a religiosidade se expressava pelo grande número de igrejas, capelas, oratórios de rua ou pelas capelinhas dos Passos da Paixão de Cristo.

Mesmo a parte mais mundana da vida dessas pequenas comunidades era movida pela religião católica (Marx, 1989, p.82), pois as festas e comemorações, até hoje, guardam sua base na tradição da fé: Santos Reis, São José, Cinzas, Divino, Paixão, Aleluia e Páscoa, Corpus Christi, Santo Antônio, São João, São Pedro, Todos os Santos, Finados e Natal, além das efemérides dos santos de devoção local. As festas que sincretizavam rituais eram momentos especiais, que regiam a cultura caipira desses pequenos arraiais.[5] Ianni (1996, p.77-86) mostra a importância para a coesão social dessas festividades e descreve as Festas Juninas, do Divino e as danças dos negros na região de Itu, onde uma mistura de magia e religiosidade estava presente.

Schwarcz (1999, p.292-4), em seu trabalho sobre o período de D. Pedro II, relata as diversas irmandades e as inúmeras festas patrocinadas por elas, mesmo numa grande capital, como a sede da corte, durante o século XIX: Divino, Reis, procissões diversas, congadas e cavalhadas.

Em 1846, o viajante americano Thomas Ewbank (1976, p.18) assim se refere à religião oficial:

---

4 A Igreja Católica participava até na escolha dos nomes próprios, sempre de santos ou santas referentes ao dia do nascimento. No caso das mulheres, os nomes vinham precedidos de Maria.

5 Na celebração do Divino, por exemplo, era eleito um festeiro que organizava, durante meses, as comemorações, e a Folia, para a arrecadação de fundos. Caso não se conseguisse o valor total para sua realização, ao festeiro caberia a cobertura, pelo próprio bolso, do restante. Na festa, que mistura crenças católicas e pagãs, uma pessoa ocuparia o trono, seria o Imperador do Divino, ganhando poderes majestáticos até o final das celebrações, no domingo de Pentecostes.

No Brasil, por toda parte encontra-se a religião ou o que receba tal nome. Nada se pode fazer, nem observar sem deparar-se com ela de uma forma ou de outra. É o mais importante detalhe da vida pública e privada que aí temos. As festas e procissões constituem os principais esportes e passatempo do povo [...].

Esse catolicismo praticado durante o Brasil colonial até o século XIX é o chamado tradicional ou popular, de bases luso-brasileiras, leigas e sociais, distante daquele europeu, triste, pesado e oficial. Foi muito presente nas cidades brasileiras, aumentando sua importância conforme maior fosse o isolamento das comunidades. O catolicismo popular ganha alegria e se adapta às populações mestiças distantes dos dogmas.[6] Os santos e as santas, a quem eram ofertados os patrimônios religiosos, cumprirão papel fundamental e serão os intermediários para rezas e pedidos, raramente feitos diretamente a Deus. O catolicismo popular tinha como ênfase, em seus parâmetros de atuação cristã, não o aspecto institucional, mas aquele social: "os sinais públicos da fé emergiam claramente como valores constitutivos da estabilidade e da sacralidade da própria vida social" (Azzi, 1994, p.89-90).

É uma fé fundamentalmente leiga, em que a celebração da missa tinha menor importância que as festas que a envolviam, realizadas pelas comunidades, trata-se, portanto, de um instrumento de coesão social. A figura do padre se identificava com a população e seu meio, incluindo as atividades políticas e mundanas e a propriedade de bens, onde até mesmo o celibato não era exigência social fundamental.[7] Em Morro Agudo: "o pároco conquistava facilmente a simpatia de todos. Era dinâmico e prestativo e todos o queriam por perto. Era o faz e sabe tudo: era conciliador, era médico, era árbitro, era advogado" (Barbeti, 1987, p.35).

Nelson Werneck Sodré (1971) nos aponta que a grande influência do clero durante o império se deveu à expulsão dos jesuítas no século XVIII e à consequente "nacionalização do clero secular". Somado a isso, o fato de a atividade religiosa, assim como a educação religiosa, pela sua gratuidade, se constituir em atrativo aos desafortunados, atraindo os elementos marginalizados e os de classe média.

---

6 Sobre a transformação dessa Igreja popular em romanizada, ver (Azzi, 1994).

7 A existência de padres com vários filhos era relativamente comum no século XIX e está registrado e presente também na literatura nacional.

Por força de sua função, o clero participa ativamente da vida política imperial. Esta participação e o processo de recrutamento, numa fase de mudança, permitem a presença, nos grandes acontecimentos, de padres que serão neles jornalistas veementes, tribunos apaixonados, rebeldes e mártires. Trazem aos acontecimentos, além disso, a sua capacidade de comando e de aliciamento, derivada do mister religioso e que encontra receptividade pela ascendência funcional que exercem. (Sodré, 1971, p.272)

Havia ainda, de acordo com Sodré (1971, p.270), adesão dos padres às ideias liberais e aptidão ao sacrifício devido ao seu vínculo com as classes mais pobres, das quais viriam parte deles e que se expõe durante a "Questão Religiosa", na década de 1870.

Não causam espanto, portanto, as doações de glebas à Igreja e o quanto esta, assim como o clero, parecia fazer parte da vida das pessoas, em particular nas comunidades mais afastadas, sem assistência e carentes.

Mesmo com a proximidade física e espiritual patrocinada pelo catolicismo popular, motivos menos pios relacionavam-se às doações de terras para patrimônio, como a necessidade de vila próxima à fazenda do concedente, o que garantiria mão de obra eventual para a abertura das lavouras, ou mesmo o poder de dispor, na região, de comércio e serviços típicos de uma vila ou cidade.[8]

Outra questão era que a doação de terras à Igreja Católica, a instituição encarregada pelo Estado de registrar os imóveis, ratificava, de certa forma, a posse como um todo, que nem sempre estava em conformidade com a lei. Se futuramente houvesse alguma dúvida ou demanda em relação à real propriedade da gleba original, o patrimônio e sua fábrica também estariam com a garantia de posse comprometida, e a escala de problemas daí advindos pesaria a favor do doador, ou seja, a doação de uma pequena parcela de terras compensava a garantia legal dada para o restante.

A valorização da propriedade do doador, ao redor do patrimônio, era outro aspecto a ser vivamente considerado, mesmo porque a doação de 30/40 alqueires, em média, representava parcela insignificante dessas imensas glebas rurais que, naquele momento, pouco valiam. Mesmo assim, as doações, mais para o

---

8 Sobre o bairro do Jaú e a formação do patrimônio, temos o seguinte: "Os habitantes já eram em número razoável, o que comportaria a criação de um patrimônio (Curato), onde se construiria uma Igreja, cemitério e alguns lotes urbanos para residência e comércio. Isto foi no segundo semestre de 1.851" (grifo nosso). Informação disponível em: www.jau.sp.gov.br/historia.asp. Acesso em: 24 jan. 2006.

final do século XIX, reduzem de dimensão para uma base de 10/15 alqueires, sobrando todo o restante de uma gleba maior, que poderia ser repartida em sítios ou pequenas fazendas para a venda, como em Bariri: "Os lucros foram fantásticos. As terras que foram compradas por 400 mil réis, excetuados os 30 alqueires doados, foram loteados, e vendidos, alcançando um montante 50 vezes superior ao preço da compra" (Zanotti, 1988, p.39).

As doações, por sua vez, reforçavam a posse do restante da gleba de seus doadores, boa parte das vezes amparadas em frágeis documentos. Afinal, se a Igreja, que emitia as escrituras de compra e venda, aceitava a doação, de alguma maneira ratificava a propriedade de todo o bem.

Percebe-se, com base em documentos, que, no geral, havia possibilidades de escolha de áreas para a ereção de patrimônio situado num mesmo bairro, em virtude do número de interessados em doá-las, o que demonstra cabalmente que a elevação do preço das terras contíguas era ótimo estímulo à oferta. A valorização das glebas anexas ao patrimônio favorecia o repasse da propriedade inteira ou seu retalhamento em sítios, destinados à venda.

Cabia, historicamente, à Igreja Católica no Brasil a educação nos colégios, a evangelização dos indígenas, a criação de aldeias (e também das vilas), o cuidado e a salvação das almas; assim se tornava parte do Estado. Ao Estado, em troca, por meio do padroado, competiam a nomeação e a remuneração do clero secular, a determinação constitucional do catolicismo como religião oficial e o impedimento da entrada no país de outros cultos, ao menos professados de forma pública. Marx (1991, p.12-3) nos fala que, em relação à formação urbana, a Coroa, na prática, delegava à mitra o desenvolvimento físico de nossas vilas e cidades, tendo arrefecido tal processo apenas durante a República.

As doações se faziam em nome de um santo ou santa da escolha do doador, a quem era "ofertada" a gleba de terra. Os termos das escrituras de doação para patrimônio variavam, faziam algum tipo de pedido relacionado à religião como compensação, por causa da virtude do ato, missas após a morte, um bom lugar para o enterramento ou algo semelhante, outras, além disso, davam diretrizes físicas para o futuro povoado.

Na doação, de 1868, para o patrimônio do Espírito Santo de Fortaleza, localizado na região de Agudos e atualmente desaparecido, é citado explicitamente a oferta de "um quadro de 200 braças quadradas, tendo por baliza a igreja, de onde seguiriam em linha reta, as ruas, até o fim do terreno; cada rua teria 60 palmos de largura e cada quarteirão 40 braças quadradas" (Bastos,

1994, p.26). Em Araras, a doação a Nossa Senhora do Patrocínio prescrevia: "um terreno para a dita capela, com quinhentas braças de comprido ficando a igreja ao centro e quatrocentas braças de largo [...]" (Almeida, 1959, p.7).

Para a formação do patrimônio de São João, futura cidade de Rio Claro, os doadores ofertam, em 23 de abril de 1830, "400 braças de terras" (Ferraz, 1922, p.21). Na doação da sesmaria das Cruzes, ainda no início do século XIX, para formação de Araraquara, foi definida uma área de "400 braças em quadra" para o patrimônio, e reservou-se uma parte, no pátio, para "casa e quintal" dos doadores (Correa, 1982, p.38-9). O mesmo se deu em relação a Limeira, onde foi doado ao redor da capela, já existente, e tendo ela ao centro, "um quarto de légua em quadra", dimensão que corresponde a mais ou menos 1.650 metros de cada lado.

Esse tipo de doação, no entanto, continha, quase sempre, um problema de origem, era uma área solta no espaço, nem sempre próxima a rios e córregos, o que inviabilizava a formação urbana. Tal situação foi, por vezes, resolvida com outras tantas doações contíguas, até os limites do curso d'água, como ocorreu com Araras, ou mais adiante, como veremos, por meio de oferecimento de glebas onde os rios ou córregos fizessem as divisas. Essa tradição das braças (ou léguas) em quadra, utilizada, num primeiro momento, para as doações dos patrimônios religiosos, parece vir do rossio que também era determinado dessa maneira, assim como as sesmarias, as quintas e os terrenos urbanos que sofriam adaptações na implantação para gerar formas quadrangulares, conforme Marx (1991, p.73).

A doação para Botucatu, em 1843, parece ter sido uma situação intermediária. Define-se também um quadro "de 200 braças para o arruamento e fazer-se bom assim os demais terrenos em roda deste quadro [...]", porém este estava inscrito em uma área doada maior, também demarcada e relacionada aos cursos d'água e ao relevo do local. Dessa maneira, os cedentes definiam uma gleba para o setor urbano e outra, ao redor, para chácaras, devendo ambas ser aforadas: "os terrenos dentro do quadro do arruamento e os terrenos em roda [...]" (Donato, 1985, p.60).

Houve casos, como na doação para o patrimônio de Lençóis, de 1858, em que se indicou que as posturas municipais fossem adotadas, "cujo terreno doado se dará nelles edificarem prédios, pagando-se a mil reis por braça cujo producto será aplicado nas obras da Igreja, regulando tudo mais pelas Posturas Municipais [...]" (Chitto, 1972, p.25).

No caso, as posturas citadas são as de Botucatu, responsável pela formação de Lençóis, que indicavam medidas para o arruamento, com vias de 60 palmos e quadras de 40 braças, em cada face.

Mesmo num documento que tratava do aforamento de terras com a Igreja, gestora do patrimônio, clamava-se pela ordenação urbana laica indicada nos códigos de posturas, numa evidente mescla de interesses entre as esferas de poder temporal e religioso. Mostra ainda o quanto os códigos deveriam ser obedecidos pelas comunidades, que os consideravam preceitos fundamentais para o estabelecimento urbano inicial.

Em algumas doações, a dimensão das datas, e apenas ela, era definida, como em Bariri. Porém, como o arruamento era criado a partir das datas, sua indicação já bastaria para elaborar o traçado. Houve doações condicionadas ao progresso ou à efetivação do patrimônio dentro de um certo período, e, caso isso não ocorresse, a gleba deveria ser revertida aos donatários, situação de São Manoel, Botucatu e Pederneiras.

Outras não traziam nenhuma referência quanto à forma do futuro povoado, mas davam indicações diversas, às vezes previdentes ou curiosas. Em 1895, um casal da região da atual cidade de Piratininga assim declarou para que se construísse um cemitério em sua doação: "para o agasalho de mais de 60 corpos de crianças ali sepultadas" (Rosa, 1981, p.46). Tal patrimônio recebeu o adequado nome de Santa Cruz dos Inocentes.

No caso de Bariri, os doadores impuseram uma condição: era proibido "fazer roças, plantar no patrimônio". Tratava-se de uma forma de garantir que, naquele espaço, se formasse uma cidade, sem atividades agrícolas (Zanotti, 1988, p.37-8).

Algumas tinham motivos bastante originais e insólitos, como na de Monte Alto, oferecida por Luis de Almeida Pimentel, que almejava para povoado um lugar alto, com igreja no topo, semelhante à cidade de Pirapora. Resolve procurar algum local parecido e, quando o encontra, compra quatro alqueires, ergue o cruzeiro, constrói uma ermida e instala, em 1881, o patrimônio de Bom Jesus de Pirapora de Monte Alto das Três Divisas (*Enciclopédia dos municípios brasileiros*, 1957b, p.157).

Alguns doadores pediam, posteriormente, para si ou para a família, o direito de escolher datas de terras para construção de moradias no patrimônio. Outros determinavam, na doação, o local aproximado onde seriam escolhidas as datas. Por causa do *status* do local e em virtude de ser o único ponto de referência sobre uma área que ainda ia ser arruada, era fatalmente citada a futura capela. É o caso da doação de Araraquara, que solicitava aos concedentes datas no "pátio", ou seja, no largo da capela.

Muitos patrimônios foram formados a partir de somatório de doações, efetivadas por interessados, de modo independente e não conjuntamente, em diversos períodos de sua existência, como no caso de Ribeirão Preto, resultado de oito doações, e São Carlos, que teve três doações: na Sesmaria do Pinhal, do Monjolinho e na do Quilombo. Houve casos em que, para se conseguir o título de vila, cidade ou mesmo de distrito de paz, era necessário ampliar o território urbano. Para isso, entravam doadores que acrescentavam ao patrimônio inicial mais um quinhão de terras, como ocorreu em Bauru.[9]

A doação de áreas para patrimônio foi ato relativamente corriqueiro nessa região paulista nos últimos trinta anos do século XIX, pelo que se depreende das diversas atas de Câmara, numa quantidade até superior à capacidade de povoamento dos territórios. Muitos patrimônios desapareceram[10] ou jamais foram ocupados, porém só nos daremos conta de sua existência pretérita a partir de uma necessária e atenciosa pesquisa nos registros das câmaras. Isso mostra que, caso tais patrimônios fossem adiante, o número de cidades do interior paulista seria bem maior. Significa ainda que o processo de doação era espontâneo, no sentido de uma ausência de definição prévia do poder central quanto a quem deveria fazê-lo, ou mesmo em relação à indicação de localização dos patrimônios em determinada região do Estado, embora dentro de uma lógica maior de urbanização territorial ditada pelo binômio café e ferrovia. O desenvolvimento e a efetivação como cidade, então, eram empíricos e relativamente aleatórios, dependendo de inúmeros fatores. Alguns prosperariam e se transformariam em cidades por causa das condições favoráveis, e outros não "vingariam". Entretanto, o número de patrimônios era tão expressivo que aqueles que não lograssem desenvolvimento pouco fariam falta, porque havia outros próximos. Essa causalidade era fruto e parte do sistema de urbanização do território paulista.

Questões como caminhos e ranchos, localização, topografia, proximidade da água, proximidade de outras vilas ou cidades (que às vezes poderia colaborar ou

---

9 Em Bauru, o distrito de paz foi obtido, em parte, graças ao aumento de área do patrimônio.

10 Como Espírito Santo de Fortaleza que chegou a ser sede de município, de onde surgiu Bauru, que deixou de ser cidade, foi abandonada e desapareceu em meio à fazenda da antiga Empresa Freudenberg, atual Duratex, no município de Agudos.

prejudicar), qualidade das terras da redondeza, apadrinhamento político, percurso fundamental de alguma ferrovia e, é claro, alguma sorte ajudavam na viabilização do patrimônio, transformando-o, futuramente, em sede de município.

Alguns patrimônios foram criados em áreas já utilizadas para a atividade tropeirista, particularmente pousos ou ranchos de tropeiros, cuja atividade foi bastante expressiva nos primeiros decênios do século XIX, crescendo no final do século por causa da expansão da agricultura da cana e do aumento do comércio (Bruno, 1966, p.111). De acordo com Bruno (1966, p.111), a necessidade de proteger as cargas, durante as longas jornadas, deu origem aos ranchos, "dos quais alguns foram núcleos de povoações".

Vários fazendeiros faziam mais de uma doação, de maneira a valorizar as suas diversas propriedades, utilizando eventualmente as de melhor solo para plantio próprio e outras, próximas a algum povoado, para parcelamento rural. Um dos primeiros ocupantes da região de Agudos, por exemplo, Faustino Ribeiro da Silva, chegou a doar vários patrimônios como o de Nossa Senhora da Conceição do Clavinote, Nossa Senhora Aparecida, São Faustino e São Paulo dos Agudos (Rosa, 1981, p.46).

Entendemos que a cláusula de doação que estipulava o retorno da terra ao proprietário, caso o patrimônio não fosse efetivado, tinha estreita relação com o fato de este não vingar ou, pior ainda, de as obras da capela não serem realizadas, passo primeiro do estabelecimento formal da povoação. O prazo para o início das obras da capela de Pederneiras, ou São Sebastião da Alegria, era de seis anos, sob pena de a gleba ser revertida a seus doadores (Penteado, 1988, p.9). Tal recurso garantia que, em caso de as obras não serem viabilizadas, as terras do patrimônio voltariam ao seu doador, sem maiores perdas.

A ocupação dos vários patrimônios formados era outra questão relevante, pois, embora a província crescesse celeremente no final do século XIX, boa parte das pessoas ainda vivia e trabalhava em áreas rurais. Em 1886, estimava-se que 90% da população economicamente ativa atuava nas profissões ligadas à agricultura, 5% no comércio, 1% nos empregos públicos e 4% em outros ramos (*Relatório da Commissão Central...*, 1888, p.233). De onde se conclui que havia um baixo grau de urbanização nas atividades econômicas e que o campo era ainda o local principal de moradia. A imigração será fator fundamental para o aumento das atividades urbanas, bem como para o povoamento desses inúmeros povoados em formação, embora quase sempre, num segundo momento, após a "escala" preliminar em alguma lavoura de café.

Mesmo após a República, por tradição, fé ou confiança, continuaram as doações de patrimônios para a Igreja, as quais foram sensivelmente reduzidas na segunda década do século XX, quando são formados patrimônios laicos, a partir de terras ofertadas às câmaras municipais ou de posse familiar, como no já citado caso de Jales. Quando esse sistema se esgota, e parece que houve poucos casos, institui-se, nessa mesma década, o loteamento privado propriamente dito, ainda que, por vezes, por causa da tradição ou mesmo das circunstâncias, seja tratado de "patrimônio".

Quando, mais adiante, apenas os loteamentos urbanos privados são comuns, algumas características do patrimônio religioso são mantidas, por oportunismo ou mesmo fé, como a do estabelecimento do cruzeiro:

> Da tradição religiosa, conservou-se o hábito de elevar uma cruz na clareira destinada à construção da cidade. Essa é uma ocasião de grande festa, de que o loteador fará o maior alarde possível, convidando os personagens importantes da região. Terminadas a festa e a benção da cruz, tudo se passa como em loteamento urbano qualquer. (Monbeig, 1984, p.236)

Mesmo no Pontal do Paranapanema, última região do Estado a ser ocupada, e em plena década de 1950, é criado pela Sociedade Civil Colonizadora Ponto Alegre o "patrimônio" de Ponto Alegre: "Primeiro construiu-se a igrejinha de madeira, e inaugurou-se o empreendimento com missa e churrasco. Grande parte dos lotes foram vendidos nos primeiros dias" (Leite, 1998, p.97-8).

Quase nada restou do patrimônio religioso nessa situação, apenas a tradição da missa e da capela, porém as terras eram vendidas livremente. Esse processo reflete o aumento populacional do Estado, e a urbanização, representada pelo crescimento das cidades antigas, bem como pela criação de novas, a partir do final do século XIX, será um mercado imobiliário urbano bastante ativo.

O costume de doação era tão arraigado que as pessoas das redondezas costumavam se reunir para comprar uma área e doá-la à Igreja para a formação de patrimônio, mesmo após a República. Foi o caso de Matão, onde uma comissão se reuniu, em 13 de fevereiro de 1892, para decidir pela compra de um área, por um conto de réis, com dimensão de 10 alqueires, para a formação do patrimônio do Bom Jesus das Palmeiras[11] (*Enciclopédia dos municípios bra-*

---

11 "Aos treze dias do mês de fevereiro de mil oitocentos e noventa e dois, em casa do Coronel João de Almeida Leite Moraes, as cinco horas da tarde, achando-se reunidos os abaixo-assinados,

sileiros, 1957b, p.120-1). Os moradores das cercanias de Bebedouro também se cotizaram e compraram o patrimônio que foi doado à vila de São João Batista de Bebedouro, cujo pagamento deveria ser feito em três prestações de porcos (*Enciclopédia dos municípios brasileiros*, 1957a, p.136-7).

O processo de estabelecimento de patrimônio religioso era desejável à elite cafeeira, à Igreja e ao Estado:

• Para os cafeicultores, pela necessidade de povoamento, a fim de viabilizarem-se as lavouras do centro e centro-oeste paulista, nesse momento, já tocadas pela mão de obra livre, durante a frente pioneira, que consolida o capitalismo por meio da produção em escala (Martins, 1971). Esse é aspecto fundamental na formação urbana, nunca se criaram tantas cidades em São Paulo (nascidas de patrimônios religiosos), como no final do século XIX, o que, em parte, se explica pela legitimação e valorização da terra rural ao seu redor; pela prática de mando e liderança política; pela efetivação de um solo urbano, próximo às lavouras, que disporia de comércio e serviços básicos, e se constituiria em ponto de atração para a ferrovia; e também em virtude das possibilidades futuras de aplicação em seu solo dos capitais excedentes das lavouras.

• Para a Igreja, esse processo representava ampliar seu espectro de ação e aumentar seu patrimônio imobiliário e eclesiástico.

• Para o Estado, pelo fato de o encargo da formação urbana poder ser repassado à Igreja e mais tarde à iniciativa privada. A Igreja até o império era parte do próprio Estado, portanto agia dentro de sua esfera. Após a República, essa instituição é substituída pela iniciativa privada, formada pelas mesmas elites que gerenciavam o governo. Caberia ao Estado a urbanização territorial de maneira "macro", responsabilizando-se pelas condições legislativas, de transportes e de oferta de mão de obra, que também serviriam para o povoamento.

---

foi convidado o Senhor Dr. Américo Franklin de Menezes Dória (Então Juiz de Direito da Comarca de Araraquara), para presidir e expor os fins da reunião. Aberta a sessão, o presidente mostrando as grandes vantagens que havia na criação de uma Capela e Cemitério, início de uma futura povoação, no florescente bairro do Matão, nomeou uma comissão para tal. A Comissão recém nomeada, adquiriu do Senhor José Inocêncio da Costa, então proprietário das terras onde futuramente se ergueria a nova Vila, dez alqueires de terras por um conto de réis e fez doação das terras para a fundação da nova povoação. Adquirindo o patrimônio, marcou-se o local onde se ergueria a Capela, dedicada ao Senhor Bom Jesus das Palmeiras, nome esse com que foi batizada a Vila recém fundada." Informação disponível em: http://www.matao.sp.gov.br/nova/index. php?id=11. Acesso em: 28 nov. 2007.

O sítio do patrimônio religioso

A água cumpria papel fundamental no desenho da propriedade rural, quase sempre centralizava a gleba, correntemente um vale, e atendia a duas encostas que poderiam se aproveitar de seu curso para o uso diário. Quando um fazendeiro doava área para formação de patrimônio religioso, escolhia a fração que oferecesse água corrente para os futuros moradores, afinal, sem ela, nenhuma vila seria formada. Era frequente, portanto, que, ao menos alguma das divisas da área concedida ao patrimônio religioso, extraída desse vale, fosse o curso d'água.[12]

Embora a água fosse essencial para a viabilização da vila, morar em suas proximidades representava perigo de alagamento, enchentes ou doenças provocadas por insetos, comuns em áreas brejosas. As regiões elevadas foram e são consideradas as melhores e mais salubres para habitação e mesmo para as demais construções, haja vista "as constituições primeiras do arcebispado da Bahia", do século XVI, que exigiam pontos altos para a ereção das capelas.

Em alguns casos, a posição do curso d'água definia a localização exata do patrimônio, como em Santa Rita do Passa Quatro, que deveria ser localizada entre três importantes fazendas, porém acabou por se instalar no atual local, na década de 1860. Isso ocorreu a pedido da doadora, que considerava melhor posição a proximidade dos braços do Córrego Santa Rita, que contorna a colina suave, onde está implantada a cidade (*Enciclopédia dos municípios brasileiros*, 1958, p.108-9). A água e o sítio privilegiado definiram a situação do patrimônio.

O abastecimento urbano também foi fundamental para Nossa Senhora da Ajuda, atual cidade de Salesópolis, que teve que mudar de local em virtude de não haver água potável para seus moradores no sítio original (ibidem, p.62).

---

12 No século XX, essa sistemática fica mais clara, pois, com a regularização geométrica da divisão rural, cada vez mais acentuada, o parcelamento de um vale seria feito em tiras paralelas, ortogonalmente ao curso d'água, tendo cada lote frente para a cumeeira e fundo para a água: "Cortam-se as vertentes de cada um dos pequenos vales em faixas perpendiculares aos ribeirões, todas com aproximadamente a mesma superfície" (Monbeig, 1984, p.221). A área destinada ao patrimônio ou, nesse momento, ao loteamento não se diferenciava muito desse sistema, seria mais um dos lotes cortados: "A planta do loteamento prevê, portanto, não somente a rede de caminhos, como a localização das aglomerações" (ibidem, p.235). Mas, no século XIX, ainda era costume a doação para área do patrimônio de maneira menos exata e regular, onde a água corrente cumpria função fundamental.

O nome da nova localidade a ser formada seria precedido da designação do santo padroeiro e, depois, da denominação que a localizava no espaço, como acidente geográfico, serra ou monte. Entretanto, de forma muito mais corriqueira, utilizava-se o nome do curso d'água, o que demonstrava sua importância no relevo e no mundo rural, e da água para a viabilização da vida urbana. É o caso dos povoados que se localizam perto do Ribeirão Preto, Rio Jaú, Ribeirão das Araras, Ribeirão Bonito, Rio Preto, Rio Bauru, Rio Claro, entre tantos outros.

A área por nós estudada, formada pelo polígono entre as cidades de São José do Rio Preto, Ribeirão Preto, Americana e Avaré, e que se fecha em São José do Rio Preto, está, em sua maior parte, no Planalto Ocidental Paulista e, outra bem menor, na Depressão Periférica, perto de Americana.

O Planalto Ocidental Paulista que ocupa, aproximadamente, metade do território do Estado situa-se entre o Rio Grande, ao norte; o Rio Paranapanema, ao sul; o Rio Paraná, a oeste; e a leste pela área central do Estado, onde está a "cuesta", que demarca o início da Depressão Periférica. Tanto o Planalto Ocidental como a Depressão Periférica têm relevo regular, plano, com certa uniformidade topográfica e geológica, sendo levemente ondulado; onde a paisagem natural não possui grandes variações, com raras exceções, como a própria "cuesta".

O solo é formado, em grande parte, pelo arenito Bauru com manchas de decomposição do basalto, as chamadas terras roxas, como aquelas que ocorrem junto às cidades de Ribeirão Preto, Araraquara, Jaú e São Manuel. Originalmente, o Estado possuía mata estacional semidecídua, especialmente junto à terra roxa e aos rios, salpicado por campos limpos e mata rarefeita de cerrado, que denotava solos pobres em cálcio e fósforo, bastante ácidos, portanto. O cerrado se prolongava do norte de Minas Gerais, acompanhando a linha de cuesta paulista, nas suas mais diferentes fisionomias, e, nos solos mais pobres de nutrientes, predominava a formação campestre, o campo de serrado ou a savana arbustiva herbácia.

O clima é Cwa de Koeppen, caracterizado por verões chuvosos no final de ano e invernos secos nos meses do meio do ano. A pluviometria média anual é de 1.000 a 1.800 mm. As geadas variam na frequência anual de 1,5 e 10 dias/ano, aumentando em direção à cuesta (*Enciclopédia dos municípios brasileiros*, 1964, p.15-6, 33). Os rios possuíam originalmente trajetos acidentados, com quedas e saltos naturais e longos trechos mais suaves e brejosos. Outra característica fluvial era a existência de grande quantidade de pequenos cursos d'água, riachos, córregos e ribeirões, ramificados em toda a área do Estado. Atualmente, essa configuração primária dos grandes rios já não existe em razão das diversas represas para produção de eletricidade.

Florestas de grande porte cobriam originalmente 82% do território paulista[13] e foram devastadas para dar lugar às plantações de café e às cidades. A paisagem original foi trocada por lavouras ou substituída por reflorestamentos de eucaliptos e pinus. Em nossos dias, encontraremos mata ombrófila densa apenas na serra do mar, preservadas, graças à impossibilidade de plantio do café em terrenos tão acidentados.

Em razão dessa uniformidade de relevo, poucas cidades da região estudada têm, nos elementos naturais, um fator determinante na paisagem e na vida urbana, como Piracicaba, por causa do rio. São todas bastante homogêneas em sua paisagem, por causa do sítio geográfico e do traçado reticulado executado para ser comercializado, o que torna a cena urbana do interior do Estado "monotonamente repetida e regular" (Marx, 1980, p.36).

Prado Jr. (1994) enfatiza a diferença de relevo na região oeste em relação ao Vale do Paraíba, com base na maneira como eram plantados os cafezais. Prado Jr. (1994, p.164) considera que, no Vale do Paraíba, o cafezal era desarticulado entre si por causa da topografia acidentada, e, no oeste, ocorria o contrário: "as culturas se estendem em largas superfícies uniformes de plantações ininterruptas que cobrem a paisagem a perder de vista. Verdadeiro "mar" de café: esse nome lhes foi dado e é merecido".

Em relação ao planalto ocidental paulista, onde nossa área de estudo em grande parte se inscreve, os geógrafos também são unânimes em afirmar:

> Daí a necessidade, ressalvadas as diferenças locais causadoras de modificações sensíveis no povoamento, de se insistir na relativa uniformidade desses fatores naturais em toda área estudada, o que justifica uma certa repetição dos fatos do povoamento e reforça a personalidade geográfica do planalto ocidental. (*Enciclopédia dos municípios brasileiros*, 1964, p.61)

As doações de terra, particularmente aquelas além dos meados do século XIX, se davam numa gleba única, sem acidentes geográficos a lhe cortar, córregos ou rios serviam como limites e raramente centralizavam ou cruzavam

---

13 Informação disponível em: http://pt.wikipedia.org/wiki/Geografia_de_S%C3%A3o_Paulo. Acesso em: 19 jul. 2006.

a área. Com frequência, dois dos limites eram feitos pela água, um pelo rio e outro pelo córrego que desaguava nele. O patrimônio formava, grosseiramente, o desenho de um triângulo, e os cursos d'água, o de uma forquilha. Os exemplos se repetem, como em Bauru, São Manoel e Ribeirão Preto, mas citaremos o patrimônio de São José do Rio Preto, doado em 1852:

> Dizemos nós abaixo assignado Luiz Antônio da Silveira e minha mulher Thereza Francisca de Jesus que entre os mais bens que possuimos livre e desembargado he bem assim humas terras no termo de San Bento de Araracoara com divisas que he principiando na barra do Corguinho do Canella e veio dagua assima athe as cabeseras e sua veretentes e dahi virando às direitas percurando as cabeseras do corgo Borá e descendo veio dagua abaixo athe donde fais barra no rio preto e virando as dereitas do dito rio preto athe chegar aonde teve comeso ditas terras doamos para patrimônio de San José de nossa devoção [...]. (apud Brandi, 2002, p.)

Significativas parcelas dessas áreas eram de encosta suave e tinham declividade pouco acentuada em direção aos cursos d'água. É interessante observar que o sítio destinado à doação possuía características semelhantes àquele escolhido para implantar a casa-sede das fazendas (Saia, 1978, p.189) e demais construções rurais anexas, ou seja, uma encosta acima de um curso d'água, do qual se valiam para utilização doméstica. Os doadores escolhiam boas glebas para a futura formação urbana, assemelhadas topograficamente às de locação para suas próprias moradias, porque, se fossem muito íngremes ou acidentadas, a casa-sede teria problemas para ser edificada, e a povoação, da mesma forma, não teria muitas chances de vingar.

A encosta possibilitaria maior salubridade por causa da boa ventilação e também do fácil escoamento das águas pluviais, que eram conduzidas naturalmente ao curso d'água por gravidade. Outro fator que determinava a encosta como melhor sítio era a inexistência de solos encharcados e alagadiços, péssimos para as construções e os focos de moléstias, como aqueles das várzeas e baixadas. Mesmo as geadas davam-se nas regiões mais próximas aos córregos, ficando livre destas as áreas mais elevadas.

A importância de uma área íntegra, sem o corte por cursos d'água, fica patente em Ribeirão Preto que teve de fazer divisão judicial das terras doadas para o seu patrimônio, processo esse findado em 1856. O juiz, em seu despacho, determina que o patrimônio deveria ficar localizado entre os ribeirões Retiro e Preto, num quinhão *único* de "sessenta e quatro alqueires, três quartas e meia e três pratos", conforme pedido encaminhado pelo fabriqueiro da capela, "a bem do cômodo desta" (Cione, 1992, v. III, p.26).

Situação como a de Araraquara, que tinha um rego d'água a cruzar o patrimônio,[14] era rara e certamente produto de período anterior, início do século XIX, longe da regra geral da maioria dos novos povoados. A escolha deveria ser feita de maneira cuidadosa, pois, do contrário, o patrimônio poderia desaparecer ou mudar de local.

A esse respeito, é significativo o relatório de uma Comissão de Higiene que verificou as condições da cidade de Bananal, situada no Vale do Paraíba, em 1850:

> A cidade situada em uma pequena planície, está cercada por altos montes, não podendo ser convenientemente lavada por ventos; edifícios sem regra, e a aglomeração de povo são já causas para os habitantes contraírem qualquer moléstia. O pequeno Cemitério colocado num lugar baixo, cercado por montes, pela Matriz, e uma casa alta, não podendo ser ventilado, além disso recebendo as umidades dum monte e descendo as deste e suas a um córrego, que dá serventia a diferentes moradores, servindo de pasto para cavalos, porcos e cabritos, catacumbas mal construídas e arrombadas, e o que mais? (Martins, 1990, p.77)

É importante frisar que Bananal, na década de 1850, era uma das mais ricas e importantes cidades da província, detentora do primeiro lugar na produção de café, com 554.600 arrobas em 1854, e ostentando ruas iluminadas por lampiões e palacetes senhoriais (Martins, 1990, p.75-7). Certamente, relatórios como esse devem ter alertado a Assembleia Provincial para que não se repetissem situações parecidas, pois isso geraria, de certa maneira, procedimentos diferenciados na criação de artigos e na aprovação dos novos códigos de posturas, com indicações mais precisas de higiene e salubridade urbana. Tanto é assim que os novos patrimônios da região estudada estarão situados em encostas, e não mais em áreas planas, como no caso de Bananal, pois, nesse caso, a umidade tendia a ser maior e a ventilação natural menor, como já havia identificado, *in loco*, a Comissão de Higiene. Embora as preocupações da comissão estivessem carregadas dos conceitos da época, que acreditavam que as doenças eram transmitidas por "miasmas", ou seja, elas se propagariam pelo "ar corrompido",[15]

---

14 Rego esse que foi canalizado ainda no final do século XIX (Correa, 1982).
15 As teorias de Louis Pasteur (1822-1895) trarão posteriormente o conceito de bacteriologia, em que

pelo ar parado (Bertolli Filho, 1996, p.12), deve-se considerar que os locais úmidos, planos e de baixada não eram (e ainda não são) os melhores, nem mais favoráveis sítios para as cidades.

Existiram circunstâncias em que a má escolha do sítio determinou o fim do patrimônio ou a transferência de seus moradores, como no caso de Itaqueri, freguesia em 1852, que foi criada no alto da serra. Por causa das difíceis condições topográficas e de acesso, outra vila é formada em seu sopé, chamada "Vila de Baixo". Aos poucos, a "Vila de Cima" é praticamente abandonada, e a mais nova se torna a sede em 1873. Porém, com a construção, em 1885, da estação Morro Pelado, da Paulista, o povoado muda de lugar novamente, agora por razões estritamente econômicas, e se fixa, definitivamente, com o nome de Itirapina.

Mesmo Piracicaba foi transferida do seu sítio original, estabelecido em 1767, para a margem esquerda do rio, por causa das melhores condições para a expansão urbana, pois era "alto, plano e não distante das águas".

Novo Horizonte deveria ter seu núcleo formado perto do Rio Três Pontes, mas a comissão responsável pela fundação, formada por cidadãos da região, achou que o local era propício à maleita e escolheu outro, mais alto, junto à Fazenda Estiva (*Enciclopédia dos municípios brasileiros*, 1957b, p.193). O nome da cidade provém exatamente do seu sítio agradável, parecido com o da nova capital mineira: Belo Horizonte.

Em um ofício enviado pelo cura de Morro Agudo ao bispo, datado de 1870, percebe-se o quanto a situação de salubridade do patrimônio religioso era importante, vista a partir da comparação entre dois povoados:

> [...] este lugar é muito mais salubre do que Sant'Anna, não resta dúvida alguma. Neste não se pode residir sem que esteja sujeito a febres intermitentes, à opilação e a malária, que anualmente produzem grandes estragos, aqui não aconteceu aquilo, onde eu respiro um ar seco e mais puro. (apud Barbeti, 1987, p.37)

A seguir, o ofício relata que, no centro de Sant'Anna, passa um rego, "a que se atribui o apparecimento annual de febres intermitentes" (apud Barbeti, 1987, p.37). A percepção do cura de Morro Agudo a respeito da salubridade do ambiente urbano já era de muito considerada para a formação das vilas, ainda que

---

se demonstrava que várias doenças eram causadas por micróbios. Claude Bernard (1813-1878) aperfeiçoa os métodos de estudo da fisiologia e traz nova luz sobre a metodologia das pesquisas laboratoriais (Bertolli Filho, 1996, p.12).

algumas apresentassem situações geográficas desfavoráveis. A posição de encosta evitava que cursos d'água cruzassem o centro do patrimônio, e, certamente, a melhor posição para o córrego urbano seria na divisa do patrimônio.

Batatais também foi trasladada, não sem antes haver desentendimentos entre grupos rivais: uns queriam permanecer no local inicial, entre os rios Pardo e Sapucaí, freguesia de "Senhor Bom Jesus de Batatais", formada em 1815, e outros desejavam transferir-se para o "Campo Lindo das Araras", área doada em 1822. Venceu o segundo grupo, liderado pelo padre Bento José Pereira (*Enciclopédia dos municípios brasileiros*, 1957a, p.129).

São Domingos foi outra vila mudada, porém com algumas exigências em termos de povoamento e edificações, indicadas pela Assembleia Provincial para sua efetiva transferência:

> Rio Pardo – Nas margens deste rio foi o governo autorisado, a tranpôr a sede da Freguezia de S. Domingos, no lugar para esse fim doado por diversos moradores; mas a Freguezia só se fará quando os moradores tenham construído a respectiva capella, e haja um núcleo de casas sufficiente para a mudança. Lei n° 35 de 19 de julho de 1867. (*Repertório das leis promulgadas...*, 1877, p.803)

Muitas outras, principalmente as mais antigas, tiveram que mudar sua localização, em função de má escolha dos sítios, definidos com maior cuidado a partir de meados do século XIX. Houve casos em que, na tentativa de salvar o patrimônio situado em má posição topográfica, outra doação vinha somar-se à primeira equivocada, agora numa melhor situação territorial.

Seleção criteriosa do local pode ser constatada no caso do patrimônio de Jaú, onde uma comissão se reúne para definir qual das áreas ofertadas seria escolhida para a cidade, sua localização no bairro e o tipo de arruamento.

> A ideia da criação do Patrimônio foi bem aceita por todos, criou-se uma comissão para este fim, composta dos seguintes cidadãos: Tenente Manoel Joaquim Lopes, Francisco Gomes Botão, Bento Manoel de Moraes Navarro, Lúcio de Arruda Leme e ele, Capitão José Ribeiro de Camargo (os fundadores); as reuniões realizavam-se na casa de Lúcio de Arruda Leme, onde eram tratados os seguintes assuntos: 1°) localização do Patrimônio; 2°) denominação do mesmo; 3°) doação de área escolhida ao Bispado; 4°) escolha da Padroeira ou Padroeiro; 5°) derrubada da mata e arruamento.[16]

---

16 Informação disponível em: www.jau.sp.gov.br/historia.asp. Acesso em: 24 jan. 2006.

Portanto, pensava-se antecipadamente se o sítio poderia receber o arruamento, de antemão considerado como a quadrícula. A gleba para o patrimônio deveria ser topograficamente boa e servida de água potável, pois, caso contrário, o patrimônio vizinho, situado a poucas léguas, poderia se desenvolver e o do bairro em questão não.

Monbeig (1984, p.343) foi um dos primeiros a atribuir à topografia do planalto ocidental o desenho dos patrimônios:

> Provinham da uniformidade dos sítios a monotonia da paisagem urbana e a repetição constante do mesmo plano de cidades. Entre as da franja pioneira, as diferenças de forma são mínimas e o papel das condições topográficas locais só influi por certos pormenores. Nem colinas, nem escarpas, para orientar o avanço, num sentido ou noutro, ou para modificar a estrutura urbana. Não falta espaço para que o núcleo se expanda. A própria planura não deixa aos urbanistas outro recurso senão repetir de fundação para fundação o mesmo traçado.

Outro aspecto considerado era a salubridade do local, sempre em ligeiro declive para garantir drenagem satisfatória e que fosse elevado o suficiente para fugir de enchentes. Embora os doadores não se manifestassem claramente, os novos preceitos higiênicos cada vez mais se incorporam à prática de formação das cidades, principalmente por meio dos códigos de posturas. Isso fica implícito na definição dos sítios doados para a implantação dos patrimônios e na incontestável salubridade destes.

A área livre de empecilhos naturais, declividade suave e íntegra até seus limites, pensada para o desenho em quadrícula, acaba também por reforçar a utilização sistemática desse tipo de parcelamento.

6
O TRAÇADO URBANO

Ordenação geométrica: o agrimensor, a metrificação e a salubridade do ambiente urbano

Depois de oferecida a terra para a formação de patrimônio, o primeiro passo para a efetivação deste seria a indicação de arruador para o seu traçado. A Câmara que indicava esse profissional era aquela responsável pelo termo ou município em que estava sendo formado o novo patrimônio. Havia, no final do século XIX, poucas câmaras com arruadores próprios que faziam parte de seu quadro, a maioria os contratava para trabalhos específicos. O arruador era normalmente um agrimensor prático ou formado que tinha como principal função profissional o corte da terra rural. Engenheiros ou arquitetos eram raríssimos nesses lugares. Sobre o traçado admirável de Botucatu, Pinto (1994, p.26) faz o seguinte comentário: "Foi um caboclo, o prático Alferes Franco, o autor dessa proeza e trabalhou apenas com corda e varas, sem teodolito, nem trânsito, nem nível ou outros aparelhos de engenharia".

A existência de especialistas numa região tão isolada da província era improvável, o que é demonstrado pela indicação de mais de um arruador numa única sessão de Câmara, ocorrida em 28 de janeiro de 1887, em Lençóis, onde são escolhidos três arruadores: um para a própria vila, outro para a Freguesia do Espírito Santo de Fortaleza e um terceiro "para a povoação em começo denominada São Sebastião da Alegria [...] [os três] deverão servir de conformidade com o Código de Posturas deste município hoje em vigor [...]" (Atas da Câmara Municipal de Lençóis, 1887).

O último arruador, que prestou serviços na nova povoação, deve ter trabalhado a contento, utilizando de maneira adequada as posturas de Lençóis, pois São Sebastião da Alegria, atual cidade de Pederneiras, segue em seu centro histórico, de acordo com os ditames dessa Câmara, "ruas a esquadro".

A partir da Lei de Terras de 1850 (Silva, 1990), que indica a medição, divisão e descrição das glebas rurais pelo Estado e pelos particulares, novas exigências são criadas para a obtenção da carta de agrimensor, que faria tais serviços para o Estado por meio de contrato. Há grande ênfase na regularidade dos procedimentos demarcatórios, aprimorada nas questões relativas ao desenho e à representação (Ghirardello, 2002, p.160-2). Isso fica claro num dos artigos componentes do regulamento para execução da Lei n° 601, Capítulo II, "Da medição das Terras Públicas":

> Art. 12. As medições serão feitas por territórios, que regularmente formarão quadrados de seis mil braças de lado, subdivididos em lotes, ou quadrados de quinhentos braças de lado, conforme a regra indicada no art. 14. da Lei n. 601, de 18 de setembro de 1850, e segundo o modo prático prescrito no Regulamento Especial, que for organizado pela Repartição Geral das Terras Públicas.

Mesmo que a exatidão pretendida, baseada na Land Ordinance, de 1785, dos Estados Unidos, criada para a ocupação dos novos territórios do oeste americano, nunca tenha acontecido, pois as terras mal chegaram a ser divididas pelo Estado, o fato é que ao menos os agrimensores foram obrigados, para que pudessem obter sua carta, a aprimorar os métodos de "corte" da terra, conduzindo a sua geometrização.

Os métodos utilizados nas divisões fundiárias, a partir de então, são transmitidos aos arruamentos dos novos povoados. Afinal, a área de um núcleo urbano nada mais era que a fração de uma propriedade rural maior, doada para a constituição de patrimônio. Em alguns casos, inclusive, junto com a doação do patrimônio, cortava-se seu entorno em sítios, ou seja, o mesmo profissional agrimensor faria o arruamento da terra urbana e rural. É o caso, entre outros, de Barra Bonita, onde o patrimônio foi doado à Igreja pelo coronel José de Salles Leme, em 1883, e as áreas restantes de sua gleba foram dividas em lotes rurais (Bolla & Stangherlin, 1999, p.3).

Com a participação do profissional agrimensor e também dos práticos, porém obedecendo às novas indicações, as terras rurais passaram, a partir de meados do século XIX, a ter contornos mais precisos, aproximando-se de formas geométricas, a fim de facilitar sua transmissão por venda ou herança. Aprimora-se, portanto, o procedimento de divisão e demarcação fundiária. Afinal, sua transcrição fiel nos documentos de registro exigia limites mais exatos para afastar dúvidas sobre divisas. Ao mesmo tempo que esse desenho simplificado, sem curvas ou muitos ângulos, diminuía o trabalho do agrimensor, facilitava a atuação de outros profissionais que lidavam com a compra e venda da terra, como corretores, advogados, notários etc.

Porém, entre as diretrizes utilizadas na divisão rural, será repassado ao arruamento urbano o desprezo pela tridimensionalidade do espaço, visto sempre de maneira bidimensional, onde nenhum levantamento de cotas de altura era tirado. Se para a gleba rural isso pouco importava, fazia grande diferença para uma cidade. A quadrícula era o método mais simples e rápido de demarcação urbana, pois poderia ser executada mesmo por práticos, sem profundos conhecimentos formais.

A regularidade geométrica do traçado urbano é marca presente nas cidades brasileiras desde seu início. As primeiras cidades, como Salvador, Natal, Rio de Janeiro e Porto Seguro, procuram um desenho relativamente regular. Tais urbes, mais adiante, quando se expandem da acrópole para as áreas planas de praia, acentuam ainda mais essa busca pela ordenação geométrica. A busca pela regularidade acontece também com as cidades paulistas mais antigas, cujos traçados possuem vias retas, se bem que nem sempre com paralelismo rígido entre elas, ou mesmo um desenho de quadra único e homogêneo.

Em algumas cidades de São Paulo do período colonial, havia variações de desenho na quadra, o que também ocorria com o número e a dimensão das datas, tornando cada quadra única. As exceções devem ser creditadas a Morgado de Mateus, que deixou claro o desenho regular de quadras e vias para Campinas, mérito desse governador do período pombalino, de ideias iluministas.[1] Mas, mesmo nesse caso, talvez pela tradição, pelo caminho e pela parada de tropas preexistente ou pelo pouco controle, as quadras iniciais implantadas na cidade fugiam às indicações precisas de

---

1 As indicações para a formação de Campinas do Mato Grosso: "em citio onde se axa melhor comodidade e hé preciso dar norma serta para a formatura da referida Povoação; ordeno que esta seja formada em quadras de secenta ou oitenta vara cada huma e dahy para cima, e que as ruas sejao de secenta palmos de largura, mandando formar as primeiras Cazas nos anglos das quadras, de modo que fiquem os quintaes para dentro a entestar huns com outros" (ver Santos, 2004).

Morgado de Mateus e à retícula exata,[2] característica das cidades e motivo desta pesquisa, mesmo porque não eram implantadas sobre um patrimônio religioso, mas sobre um rossio doado por Barreto Leme, de um quarto de légua (Badaró, 1996, p.20).

Nos patrimônios da área estudada, como modelo geral, e não mais particular, as quadras geralmente são iguais, com exceção daquelas cortadas pelas divisas da gleba, o que só vem a confirmar o uso do módulo. Esse módulo funcionaria como um "carimbo" repetível, conforme as necessidades. O desenho da cidade é agora uma justaposição de quadras separadas por vias, também de tamanho regular em cada sentido.

O arruamento das cidades paulistas, de meados do século XIX, difere de suas antecessoras, principalmente porque o traçado nasce da quadra, mais especificamente da data, ou do somatório delas, e a retícula tende a ser exata. No momento em que a quadra, a partir da repetição do lote (ou data), define a malha, estabelece-se um "módulo-base" para todo o arruamento, num procedimento novo e típico dessas cidades. A semelhança desses patrimônios é enfatizada por Deffontaines (1944, p. 302: "Todas essas cidades-patrimônios, desde as mais antigas as mais recentes, se parecem e dão ao Brasil uma vestimenta urbana desesperadamente monótona".

Embora as cidades em quadrícula tenham existido em diversos períodos da história, da Grécia às bastidas da Idade Média, passando pela China e pelo Império Romano, o fato é que a cidade reticulada do século XIX é uma experiência que faz parte da expansão capitalista e pode até possuir desenho assemelhado às suas antecedentes, mas sua lógica e seu princípio são outros. É a face urbana do que ocorria celeremente no campo e que só existe em decorrência deste. A cidade tem seu solo estabelecido como mercadoria, assim como acontecia com as glebas rurais, ao menos no seu princípio básico de parcelamento e desenho, pois, como vimos, contraditoriamente, até a República, o solo não estará totalmente livre para compra e venda, como objeto de aforamento.

Para o estabelecimento desse procedimento de retalhamento urbano, na escala e abrangência que aconteceram na província de São Paulo, acompanhando a frente pioneira, era necessário que leis o amparassem e incentivassem, como

---

2 Na descrição de Prestes Maia: "A planta é um reticulado mais ou menos uniforme de ruas todas estreitas e com poucos pontos notáveis" (in Badaró, 1996, p.66).

foi o caso dos códigos de posturas. O traçado a ser elaborado deveria obedecer aos códigos de posturas da localidade responsável pelo município. No traçado, habitualmente se fazia referência, e cada vez com mais ênfase, até o final do século XIX, a ruas em esquadro ou direitura de vias.

A seguir, apresentam-se alguns exemplos de determinações sobre "a direitura" das vias:

• Capital paulista (1886): "Todas as ruas que se abrirem nesta cidade, ou em outras povoações do município, terão largura de dezesseis metros. As praças e largos serão quadrados, tanto quanto o terreno permitir" (Código de posturas da cidade de São Paulo, 1886).

• São José dos Campos (1872): "Art. 23 – As novas ruas, que se abrirem dentro ou fora da cidade, serão sempre alinhadas exactamente de Norte a Sul e de Leste a Oeste, e terão 14 metros de largura" (Código de posturas de São José dos Campos in Andrade, 1966, p.176).

• Batatais (1872): os alinhamentos "serão sempre feitos em linha recta com a das mais casas do mesmo lado, se for em ruas já formadas, ou com o plano de Câmara, se for em lugar ainda não arruado" (Código de posturas de Batatais in Andrade, 1966, p.176).

• Araraquara (1871):

Capítulo I
Do Alinhamento das Ruas.
Artigo 1º. Todas as ruas e travessas, que forem abertas terão a largura de 60 palmos, e os quarteirões 45 braças. (Código de posturas de Araraquara, de 14 de abril de 1871. Arquivo da Assembleia Legislativa do Estado de São Paulo)

• Campos Novos do Paranapanema (1893): "Artigo 1º – Todas as ruas e travessas que forem abertas nesta villa ou nas povoações que se criarem neste Município terão des metros de largura. As praças e largos serão quadrangulares sempre que o terreno o permitir" (Código de posturas de Campos Novos do Paranapanema. Registros de leis municipais, livro de 1891 a 1905. Centro Cultural de Exaporã).

• Jaboticabal (1884):

Do alinhamento das Ruas:
Art. 1 – Todas as ruas e travessas que forem abertas nesta villa e povoações do município, terão a largura de 13m33.

• Código de posturas de Jaboticabal (1893), utilizado também pelo município de São José do Rio Preto, logo após a emancipação deste: "Artigo 1° – Todas as ruas e travessas que se abrirem nesta villa e povoações do município terão largura de 13m 33cm. As praças e largos serão quadrados ou retangulares" (in Brandi, 2002, p.398).

• São José do Rio Preto (1902):

Art. I° – As ruas e avenidas que se abrirem nesta villa e nas povoações do município de ora em diante terão pelo menos 25 metros de largura estas e 16 metros aquellas.

Parágrafo 1° – As praças que de futuro forem abertas não poderão ser de menos de 88 metros de largura. (Código de posturas municipais de São José do Rio Preto, Lei n° 48)

• Código de posturas de Botucatu, datado de 1867, responsável pela criação de uma grande quantidade de cidades no centro-oeste e oeste paulista:

Art. 1° – As ruas e travessas das povoações deste município terão 60 palmos de largura, e os quarteirões 40 braças.

Art. 2° – O alinhamento das ruas e travessas, será tirado a esquadro da rua principal, ou do melhor edifício que nella se achar. (in Antonini, 1985, p.162)

• A Câmara de Agudos, em 3 março de 1899, transforma em lei seu arruamento, como parte de seu código de posturas:

Art. 2° – Os terrenos do Patrimônio serão concedidos em datas que terão vinte e dois metros de frente para as ruas e quarenta e quatro metros de fundos.

Art. 3° – O perímetro urbano do município divide-se em quarteirão de 88 metros em quadra, por meio de ruas e avenidas.

Parágrafo Único – As ruas e avenidas terão a largura mínima de 13,20 metros e serão perpendiculares entre si. (in Ghirardello, 1998, p.57-66)

• Itatiba (9 de outubro de 1912):

Art. 1° – Todas as ruas que forem abertas na cidade serão retas e terão no mínimo 16 metros de largura. As avenidas não poderão ter menos de 25 metros de largura.

Parágrafo único – As ruas e travessas existentes ao tempo da promulgação desse código conservarão em seus prolongamentos a largura atual. (Código de posturas de Itatiba in *A Reacção*, 1917).

• Avaré (1916): "Art. 5º – As ruas que se abrirem nesta cidade, terão quatroze metros de largura; as avenidas, vinte metros; as praças cento e dezesseis por cento e dezesseis metros" (Código de posturas da Câmara Municipal de Avaré, 1916).

Em quase todos os exemplos, fica claro que as determinações sobre vias, largura e dimensões de quadra destinavam-se a todos os novos patrimônios formados na jurisdição do município, e não apenas à sede deste. Deve-se atentar, ainda, que muitos desses patrimônios originarão outros em seus municípios, transmitindo-se sucessivamente o modelo original com base em seus códigos de posturas, como foram os casos de Botucatu, Campos Novos do Paranapanema, Piracicaba, Itatiba e Jaboticabal, base para dezenas de novas vilas.

As novas cidades, por sua vez, habitualmente utilizaram o código de posturas da cidade-mãe por algum tempo. Como exemplos possíveis, e são muitos: Jaú utilizou-se, por indicação de sua primeira Câmara, o código de posturas de Brotas (*Correio da Noroeste*, 1955, p.9); Ribeirão Bonito[3] também aproveitou, quando se tornou município, em 1890, o código de posturas de Brotas; Rio Claro serviu-se, em seu começo, do código de Constituição, atual Piracicaba (Ferraz, 1922, p.25); Ourinhos serviu-se, em 1918, do código de Itatiba, datado de 1912 (Dantas, 1978, p.89);[4] e São José do Rio Preto valeu-se do código de Jaboticabal após sua emancipação, transformado na Lei nº 1, de 29 de outubro de 1894 (Brandi, 2002, p.398). Na primeira reunião da Câmara recém-empossada, era frequente a discussão dessa importante questão, como em Brotas: "Em 22 de agosto, reúne-se a primeira Câmara Municipal da Vila de Brotas. É decidido solicitar ao presidente da Província licença para utilizar-se em Brotas, provisoriamente, do Código de Posturas da Câmara Municipal do Rio Claro".[5]

---

3 Informação disponível em: http://www.amarribo.org.br/mambo/index.php. Acesso em: 29 mar. 2006.

4 Lei nº 3 que promulga o primeiro código de posturas municipais de Assis com base no código de Itatiba.

5 Informação disponível em: http://www.vemprabrotas.com.br/pcastro/crono.htm. Acesso em: 20 jun. 2006.

Quanto às medidas, boa parte delas se referia a quadras quadradas com dimensões de 88 x 88 m (40 braças; cada braça equivale a 2,20 m) e ruas de 13,20 m (60 palmos; cada palmo equivale a 22 cm). A abstração geométrica do traçado da cidade do século XIX será conduzida por outros determinantes também, como os vários parâmetros dimensionais antigos, substituídos gradativamente pelo sistema métrico francês, adotado pelo Brasil por meio da Lei n° 1.157, de 26 de junho de 1862, com prazo de dez anos para regular sua adoção por todo o império.

A cobrança era feita diretamente às câmaras municipais e também durante a aprovação dos códigos de posturas locais pela Assembleia Provincial. Em 1875, acontece a Convenção Internacional do Metro, ratificada pelo Brasil, e, por essa época, o sistema se generaliza no uso cotidiano e particularmente nos documentos oficiais, substituindo definitivamente as medidas antigas ligadas às dimensões humanas: palmos, braças, pés e outras de uso ancestral: martelo, côvado, vara, libra etc.

Podemos ver a mudança do sistema de medidas nos códigos de São Paulo, Campos Novos do Paranapanema, Jaboticabal, Agudos e São José dos Campos, já citados, em que o metro já aparece textualmente. Nessa última cidade, como em outras tantas, a Câmara fazia a aferição anual sobre o uso do novo sistema para todos que utilizassem pesos e medidas no comércio e nos serviços locais (Agê Junior, 1979, p.165). O trabalho de aferição era feito por aferidor indicado pela Câmara especialmente para essa função. Para esse trabalho, o governo da província providenciava padrões métricos para as municipalidades:

> Systema Métrico – Foi o governo autorizado a comprar por conta das câmaras municipaes tantos padrões quantas forem as mesmas câmaras a fim de serem por ellas distribuídas, pago na collectoria de cada município a sua importância – Lei n. 40 de 30 de março de 1871. (*Repertório das leis promulgadas...*, 1877, p.868)

As medidas antigas eram relegadas em troca de gabarito genérico e abstrato. A racionalidade como critério único representava ainda o triunfo do homem sobre a natureza (Benévolo, 1976, p.37).

> Na segunda metade do século XIX, essa codificação com pretensões universalizantes, esse sistema métrico para capacidades, pesos e dimensões vai se difundindo para atender a sua motivação, *o laissez-faire, laissez-passer.* (Marx, 1999, p.92)

Portanto, se ainda restavam, na cidade reticulada do século XIX, alguns laços que a aproximavam das primeiras cidades coloniais, como o módulo de medida, no último quartel do Novecentos, tais ligações deixarão de existir. A plena abstração do procedimento de arruamento e, ao mesmo tempo, o sentido de racionalidade geométrica serão favorecidos, com o propósito de buscar particularmente as "transações imobiliárias paulatinamente liberalizadas, seja no campo, seja na cidade" (Marx, 1999, p.92).

Aos poucos, a transposição literal do antigo sistema de medidas para o metro perde seu contexto inicial das dimensões humanas, passando a ter vida própria, porém absolutamente descontextualizada de uma realidade sensível. Tratava-se apenas de uma medida fria, sem base palpável ou materialidade.

Embutidas nesses paradigmas urbanísticos levados aos mais distantes sertões da província por meio dos códigos de posturas, estavam preocupações contemporâneas e sofisticadas, discutidas em todo o mundo naquele momento histórico, como o higienismo e a salubridade, que perpassam por toda a cultura urbanística de meados do século XIX em diante. Ruas largas, retilíneas, ventiladas e ensolaradas se tornarão o paradigma para as novas cidades do Novecentos.

A preocupação com as questões sanitárias surgia, em particular, por causa das doenças epidêmicas que grassavam nas cidades brasileiras, como febre amarela, cólera, tifo, peste, tuberculose, varíola e escarlatina, resultado da falta de infraestrutura urbana, saneamento e higiene pública. Para tanto, em 1850, foi criada a Junta de Higiene Pública com sede no Rio de Janeiro, e, a partir de então, a atenção se volta, embora lentamente, para os problemas de saúde pública das cidades e edificações nas províncias. Em 1884, formou-se a Inspetoria de Higiene na província de São Paulo, e, em razão da chegada cada vez maior de imigrantes, a saúde pública torna-se importante meta das autoridades, o que causará reflexos no processo de urbanização.

> O saneamento e a higiene no final do século passado e início deste passaram a ser uma das preocupações prioritárias das autoridades governamentais. A criação de infra-estrutura em função de se adequar à expansão urbana e melhorar as condições de vida nas cidades seria o destaque principalmente do governo de São Paulo. (Oliveira, 1986, p.113)

Em 1891, é formado o Serviço Sanitário de São Paulo, ligado à Secretaria do Interior. Porém, antes e depois da lei, várias instituições ligadas à área são estabelecidas na cidade de São Paulo: Hospital de Isolamento (1880), Instituto Bacteriológico (1892), Instituto Vacinogênico (1892), Desinfectório Central (1893), Instituto Escola de Farmácia (1898), Instituto Butantã (1899), Faculdade de Medicina (1913), Instituto Pasteur (1916) e Instituto de Higiene (1918). É nesse contexto de profissionalização do saber e valorização à ciência do século XIX que surgem a Escola Politécnica de São Paulo, em 1894, e a Escola de Engenharia do Mackenzie, em 1896. Em 1891, é formado o Serviço Sanitário de São Paulo, ligado à Secretaria do Interior, e, em 1894, cria-se o Código Sanitário Paulista. Todo esse processo é relativamente rápido, e a relação entre imundície nas cidades e doenças era consenso desde meados do século XIX. Era possível constatar que dejetos nas ruas, valas onde corriam águas servidas, matadouros sem regulamentação, águas paradas, vias sem insolação e ambientes pouco ventilados tinham responsabilidade direta pelas epidemias.

A rica oligarquia resolvera destinar altíssimas quantias à saúde pública: "Foram as maiores quantias até hoje investidas na saúde, em relação ao total de recursos anuais aplicados por um estado brasileiro" (Bertolli Filho, 1996, p.17).

Bertolli Filho (1996) relata que, a partir de então, podiam-se fiscalizar as ruas e casas, estendia-se a fiscalização a quase tudo e era obrigatória a notificação oficial dos casos de doenças infectocontagiosas nos residentes ou naqueles em trânsito no Estado.

Precedendo as claras intervenções republicanas na saúde pública, estavam os códigos de posturas que, por causa de sua aprovação centralizada pela Assembleia Provincial, se tornarão os maiores difusores, a partir de meados do Novecentos e em particular nas últimas três décadas do século XIX, de um padrão urbanístico mais saudável. Como parte integrante desses códigos, estabeleciam-se normas relativas à higiene pública e também doméstica para a imensa quantidade de cidades que estavam sendo criadas naquele momento. A tutela do Estado sobre as câmaras, no período imperial, fica expressa no traçado urbano, nesse "modelo" de cidade, que embute, embora não explicite, toda uma problemática sanitária contemporânea. Deixariam de existir ruas e travessas estreitas, sem isolação e ventilação, suprimir-se-iam os becos imundos. Os lotes exíguos, que resultavam em construções com áreas sem condições de conforto térmico e iluminação natural, como as alcovas, estavam fadados a desaparecer. Esses e outros indicativos se relacionavam com os novos procedimentos higiênicos para as cidades e as edificações, implícitos no longo rol de artigos que os códigos de posturas passam a conter, de forma cada vez mais incisiva, até o final do século XIX.

No primeiro Código Sanitário Estadual, aprovado pelo Decreto n° 233, em 1894 (Colleção das leis e decretos..., 1893, p.9-43) no final do período de formação das cidades aqui estudadas, são estabelecidas diretrizes estéticas, operacionais, administrativas e, principalmente, sanitárias para as cidades e edificações. Nessa lei, foram esmiuçados diversos artigos que, certamente, aprofundaram questões anteriormente colocadas nos códigos de posturas municipais, além de trazerem novos conhecimentos contemporâneos relativos à área de saúde pública. Em relação às vias, de maneira clara e direta, é determinado logo no artigo 1° que as ruas deveriam ter ao menos 16 metros de largura, e as avenidas, 25. Não deixando explícito qual o "desenho" delas. Entra-se ainda em minúcias quanto ao calçamento dos passeios, das vias, abaulamento, declividades etc. Indicam-se também o ajardinamento ou calçamento das praças e a arborização das vias, inclusive com a definição do tipo de árvore: "folhagem exuberante, persistente e raízes verticaes". Aponta-se também a energia elétrica como melhor forma de iluminação pública, assim como a limpeza urbana e remoção do lixo, essenciais à vida nas cidades.

Outro importante rebatimento urbano dava-se a partir de um tímido zoneamento que estabelecia setores distantes da "aglomeração" para as habitações coletivas, as vilas operárias, as fábricas insalubres, matadouros, cocheiras, estábulos, hospitais, maternidades, necrotérios e cemitérios. As escolas, da mesma forma, deveriam distanciar-se desses usos, incluindo aí as igrejas. Nesse aspecto, a lei parecia conter alguns indicativos acertados quanto ao afastamento de atividades incompatíveis com as áreas urbanas densas, entretanto distanciava as vilas operárias do centro, afastando preconceituosamente os mais pobres para longe das áreas nobres, e, mesmo assim, estas deveriam ser construídas apenas "de 4 a 6, no máximo", talvez no intuito de evitar, com um número maior de habitações, a organização ou mesmo a sublevação dos operários, que também pareciam, pela lei, ser agentes propagadores de doenças.

Os demais artigos enfocam, principalmente, as edificações, levando a minúcias aquelas determinações que, de forma menos científica e abrangente, já constavam nos códigos de posturas. Enfatizam-se, para as novas obras, os problemas relativos à umidade do solo, desde a base da construção, por meio do saneamento preliminar do terreno, até os porões que elevariam a obra do chão. Enfocam-se, de maneira determinada, a iluminação e a ventilação natural de todos os ambientes, além do revestimento dos pisos e das paredes dos cômodos molhados. Outro aspecto bastante detalhado são os serviços públicos e as instalações de água e esgoto, incluindo as peças sanitárias.

Para as construções de uso comum que comportariam muitas pessoas por longos períodos, como prisões, quartéis, escolas, hospitais e maternidades, é enfatizada a presença de pátios e jardins para iluminar e arejar os ambientes. Visava-se à abolição dos cortiços, particularmente aqueles formados por grandes casas subdivididas, no entanto não ficava claro se poderiam ser realizadas construções especialmente para esse uso, sob forma de habitações enfileiradas.

Portanto, diferentemente dos códigos de posturas que apontavam a grelha como desenho para as cidades, o Código Sanitário de 1894 não estabelece um padrão morfológico que comportasse a grelha, a cidade-jardim e os traçados policêntricos, desde que contivessem as vias largas e o padrão de cidade higiênica.

Como se percebe, o Código Sanitário do Estado adota e incorpora algumas medidas sanitárias e mesmo dimensões aproximadas, como aquelas relacionadas às vias, utilizadas pelas cidades do interior há algum tempo, por causa da centralização de decisões em relação à aprovação dos códigos de posturas durante o período imperial.

A República, portanto, aprofunda e dá parâmetros técnicos e científicos, por meio do Código Sanitário do Estado, a muitos procedimentos indicados quase como jurisprudência pelo governo provincial, relativos às construções e à cidade. Se, durante o império, as diretrizes do poder central se impunham por causa da obrigatória aprovação pela Assembleia, o "modelo", durante a República, permanece por força da lei que valia para todo o Estado. É certo que o Código Sanitário aprimora muitos dos artigos já elencados nos códigos de posturas e, até pelo enfoque específico, aumenta o rigor de muitas das suas exigências higiênicas.

Implantação do traçado no solo

Para a implantação do traçado reticulado, elaborado pelo agrimensor, que agora cumpria as funções de arruador, era necessário eliminar a mata. Dean (1996) relata como era impossível viver sob a mata e que o morador humano brasileiro vivia nas suas margens, nos campos ou perto dos cursos d'água, nunca debaixo dela. Quando a floresta existia, e essa era uma constante no planalto ocidental paulista, sua destruição seria a solução:

Quando sediam suas moradias na própria floresta, abrem uma clareira ampla de terra batida, larga o bastante para evitar o perigo de quedas de árvores e formar uma terra de ninguém onde insetos nocivos e répteis predadores possam ser avistados e eliminados. Para viver no meio da floresta, os moradores da floresta necessariamente a derrubam. (Dean, 1996, p.30)

A derrubada e queimada da mata, na área de todo patrimônio, eram práticas comuns que facilitavam a demarcação e, contrariamente ao pensamento contemporâneo, davam "civilidade" ao local, em contraste com a mata fechada ao redor, símbolo de selvageria e primitivismo: "Para muitos esse processo simbolizava o triunfo da civilização. As florestas tinham sido sinônimo de rusticidade e perigo, como nos lembra o termo 'selvagem' (de silva, selva)" (Thomas, 1988, p.232).

A transformação da paisagem natural e o seu controle eram ainda ideais caros ao homem do século XIX, que considerava sua conquista como desafio inerente a seu tempo. Significavam também sinal de ocupação, presença humana e de segurança, área demarcada que afastava os animais, principalmente as temidas onças e cobras.[6] Entretanto, a transformação e o controle facilitavam o aparecimento de erosões no futuro tecido urbano, e, nos dias de calor, não restaria uma única sombra de árvore para o homem se resguardar do sol.

As árvores da floresta virgem não podem viver isoladas, elas não se mantêm bem solidamente pelas suas raízes e seriam uma causa de perigo. Isso explica por que todas essas novas aglomerações, as mais das vezes conquistadas à floresta e que às vezes conservam ainda os restos dos troncos das arvores gigantescas que as precederam, estão expostas aos ardores do sol sem nenhuma proteção. (Deffontaines, 1944, p.303)

Pela relativa facilidade em lançar o arruamento em tabuleiro no solo, nem sempre se contava com o auxílio do agrimensor. Em algumas cidades, o próprio padre fabriqueiro, maior interessado na ocupação das datas, e algum auxiliar prático demarcavam o traçado urbano, como parece ter sido o caso de Jaú:

O padre Joaquim Feliciano de Amorin Cigar primeiro parocho de Jahu, e o capitão José Ribeiro de Camargo, juntos promoveram a demarcação ou alinha-

---

6 Os tempos são outros, porém, de acordo com as notícias dos jornais do começo do século XX, percebe-se como era comum, nessas pequenas localidades, o ataque de onças e cobras que matavam animais de criação e muitas crianças.

mento das ruas, serviço tão bem executado que hoje vemos todas as nossas ruas cruzando-se em xadrez perfeito. (Teixeira, 1900, p.14)

O desenho era feito em planta, no papel, de maneira bidimensional, sem levantamentos planialtimétricos, e ocupava toda a gleba doada, limite a limite. Sua implantação no sítio, em razão do próprio desconhecimento detalhado da topografia, forçava algumas alterações durante a locação. Existiam, portanto, um traçado ideal e outro real.

O traçado não era transposto integralmente ao solo, apenas parte dele, particularmente nas áreas de provável ocupação, como nos arredores da futura capela. O restante seria implantado com o desenvolvimento do local. Para tanto, piquetes, bem como as primeiras quadras e edificações estabelecidas, garantiriam o padrão e rumo do futuro alinhamento.

Nas margens do patrimônio, muitas quadras ficariam cortadas por causa das divisas da gleba, porém, quando eventualmente o patrimônio fosse expandido, estas poderiam vir a ser completadas a partir de áreas contíguas. Problema maior ocorria perto dos cursos d'água, onde as quadras não poderiam chegar até suas margens, pois, geralmente, eram áreas de baixada, brejosas, de enchentes, cheias de insetos, locais onde raramente as pessoas se sujeitavam a viver.

O fato de não haver guias, sarjetas ou qualquer tipo de pavimentação tornava o traçado elaborado quase irreal, porém, como se percebe nas áreas centrais e iniciais dessas cidades, os traçados foram, com raras exceções, obedecidos integralmente. A inexistência de vias ou passeios calçados, além de dificultar a marcação da cidade, causava problemas de drenagem das águas, pois as chuvas fortes colocavam em risco as construções e as próprias ruas, que poderiam ser levadas pelas enxurradas, sobretudo se as vias tivessem alguma declividade. O calçamento será um dos principais benefícios exigidos por essas populações urbanas, todavia é um dos últimos melhoramentos públicos executados, entre outros motivos, pelo fato de sua implantação ocorrer por conta da Câmara a partir de contribuição dos imóveis lindeiros.

O traçado em xadrez, diferentemente daquele que obedece à topografia natural, favorece o aparecimento de erosões, pelas precipitações torrenciais, especialmente em áreas com alguma declividade e solo arenoso. Até mesmo as plantações de café, no oeste do Estado, por esse mesmo problema, serão cultivadas de maneira a acompanhar as curvas de nível do terreno, de forma diversa da que se fazia no interior do Rio de Janeiro e no Vale do Paraíba.

Os arruadores optavam por iniciar o desenho do traçado de uma linha reta, integrante da divisa do patrimônio. Dela, tomando-se outra reta imaginária ou de divisa, em noventa graus, determinava-se a quadrícula nas dimensões estabelecidas no código de posturas da cidade "dona" do município. Se a reta correspondesse à direção norte-sul, melhor, pois era essa a orientação considerada mais adequada em função dos ventos e do sol, como vemos explicitamente citado no código de São José dos Campos. Certamente, não é uma coincidência o grande número de cidades que obedecem aos pontos cardeais: Bauru, Agudos, Araraquara, São Carlos, Botucatu, entre outras. Houve casos em que o arruador buscou, independentemente das divisas, essa orientação.[7]

Em algumas situações, o arruador teria que adequar o traçado a elementos já postos na paisagem, como a existência de estrada, alguma ocupação antiga, moradia, pouso, cruzeiro ou capela, que exigiam sua absorção ao arruamento planejado. É o caso de São Pedro, que se formou por volta de 1807 junto a um picadão que ligava Piracicaba a Limoeiro, com uma bifurcação para Araraquara. Na área onde está a atual praça da matriz, havia um pouso de tropeiros, incorporado ao desenho do lugar, que, com o tempo, passou a ser chamado de "Vila do Picadão" e depois Vila de São Pedro (Chiarini, 1981, p.18-9). Limeira foi criada diante da mesma situação, à beira de uma estrada e perto do chamado Rancho da Limeira, ainda na terceira década do século XIX.

A mesma situação parece ter acontecido com Jaú, em relação a duas vias que já serviam anteriormente como estradas:

> Conta a cidade 13 ruas longitudinaes, tomadas como tal as primeiras, que correm de Nordeste para Sudoeste, e 18 transversaes, que se dirigem de Suleste para Noroeste, 8 largos e mais duas ruas cujas conformações destoam completamente das outras por não se haver nellas observado nenhum plano de arruamento e taes são as que acompanham as estradas para Bocaina e Bariry. (Teixeira, 1900, p. 18)

A preexistência de capela ou moradias pode ter relação com cidades que se formaram a partir de arraiais situados em "vãos de sesmarias", "áreas sem dono", e que, por isso, abrigavam aqueles que não tinham lugar para viver. Mas, parece-nos, que se trata de situação anterior a meados do século XIX, mais rara

---

7 Algumas províncias criarão leis específicas sobre isso: "Art. 2º – Nos logares onde se não tiver principiado a edificar, a direcção das ruas se approximará o mais que fôr possível aos rumos cadeaes, sem prejuizo dos mais longos desenvolvimentos rectilíneos" (in Soares, 1885, p.165).

na região pesquisada. Mesmo porque áreas assim tinham maior dificuldade de se tornar patrimônios religiosos, em razão da inexistência ou indefinição de proprietários para legitimar sua doação. Muitas faziam parte de litígios, e a Igreja, acertadamente, preferia, para seus patrimônios religiosos, situações juridicamente mais claras. Casos houve em que, para definir a questão, um dos fazendeiros das redondezas doava área de sua propriedade para a formação urbana, "desprezando" e abandonando a antiga, irregular.

Entretanto, em situações assim, com alguma preexistência urbana, entraria, para elaboração do arruamento, um artigo como o segundo de Botucatu, que pedia para o traçado ser tirado "a esquadro" de uma rua ou edifício, o que, nos patrimônios novos, era raro.

É o caso da vila de Espírito Santo da Fortaleza, onde o traçado começou a ser determinado a partir da capela, provavelmente já existente ou em construção. Em outros exemplos, uma estrada, com alguma ocupação lindeira precedente, também seria considerada na demarcação. Contudo, no caso de não haver nenhum elemento "urbano" anterior, as divisas, principalmente se houvesse as que formavam ângulo de 90° ou ao menos uma das divisas retas, tornavam-se o melhor e mais lógico parâmetro para o início do desenho do arruamento.

Os arruadores dividiam a gleba "a esquadro" em quadras de 80 x 80 m[8] ou 88 x 88 m[9] (40 x 40 braças), e vias de aproximadamente 13,20 m (60 palmos). As datas eram o menor módulo do arruamento e por definição mediam 10 braças[10] (22 x 44). O somatório de oito delas, quatro em cada face da quadra, perfaria o tamanho total da quadra. Embora, por princípio, a dimensão das datas fosse essa, encontramos datas de 20 x 40 m em São Carlos, 17 x 44 m em Bariri e 17,5 x 44 m em Avaí. Nos últimos dois casos, as quadras teriam 5 datas para cada face ou 10 no total, por quadra.

As datas tinham frequentemente suas testadas voltadas para duas ruas da quadra, e suas laterais se davam para as vias consideradas menos importantes. O somatório dos lotes resultaria na dimensão da quadra, portanto pode-se dizer

---

8 É o caso de São Carlos.
9 Caso de Agudos.
10 A dimensão de 10 braças de testada para lote urbano é de utilização bastante antiga em Portugal, era chamada de sesmaria de chão. Na cidade do Rio de Janeiro, logo no primeiro século, elas foram distribuídas nessa dimensão, mas apenas para as pessoas importantes, conforme Abreu (2005, p.201). Observa-se ainda que a profundidade não era determinada, apenas sua testada, fazendo que as quadras que as continham tivessem desenhos variados.

que é a partir delas que o desenho da cidade é gerado. É do módulo individual e privado que a cidade será formada.

O aforamento era feito por data, porém, em alguns casos, conforme exigência dos doadores do patrimônio ou por outro motivo qualquer, tomava-se por base a dimensão por braça de testada, ou seja, o tamanho da frente do lote poderia variar conforme as possibilidades e os interesses do enfiteuta, como foi o caso de Botucatu, em 1843 (Donato, 1985, p.60). Rio Claro também teve parte de suas datas concedidas, na década de 1830, pela "Sociedade do Bem Commum", por braça de testada, mas a sua profundidade era sempre de 20 braças (Ferraz, 1922, p.22). Portanto, esse procedimento não chega a alterar a dimensão total da quadra.

Um dos muitos exemplos de transposição das práticas do corte da terra rural para a urbana se refere às dimensões das quadras, 40 x 40 braças ou 88 x 88 m, que somadas às antigas larguras das ruas, 60 palmos ou 13,20 m, ao redor de toda quadra e considerando-as em seu eixo, perfaziam 101,20 x 101,20 m. Essa área de 10.241,44 m² equivalia aproximadamente a um hectare, medida essencialmente rural utilizada no dia a dia do agrimensor. Sabia de antemão esse profissional, quando incumbido de arruamento, que, se dispusesse de área livre e regular de 30 hectares, teria por volta de 30 quadras disponíveis, já considerando as vias, bem como um total de 240 datas. De maneira rápida e simples, era possível estimar o número de datas a serem extraídas de determinada gleba, antes mesmo de lançá-las no papel.

Casos houve em que o traçado era divido longitudinal e transversalmente por ruas e avenidas, onde as datas fronteavam somente as últimas. Tratava-se de resquício das cidades mais antigas que possuíam ruas e travessas também de dimensões diferentes.

Mais para o final do século XIX, as vias se ampliam e chegam a 17 ou 25 m de largura, dimensões mais próximas das de uma avenida ou mesmo uma versão simplificada do *boulevard* europeu. Estavam agora sintonizadas às perspectivas higienistas presentes nas expansões ou reformas urbanas do velho continente. Nessa largura, ainda entrariam os passeios, algo que não fazia parte das ruas nas cidades mais antigas.

O trânsito urbano, à tração animal, formado por tílburis, charretes, carroças e carroções, é uma realidade nas maiores cidades brasileiras do final do século XIX, ficando mais evidente, mesmo para os cidadãos comuns, que as vias retas e largas eram as mais aptas a atender a ele.

No código de posturas da Villa de Fortaleza, cidade da qual se originará Bauru, datado de 1893, são prefixadas vias de 13,20 m, com "praças e largos quadrados sempre que a topografia permitir". O código de posturas da Câmara de Lençóis, datado de 1894, ordena vias o "quanto possível rectas" e de 16 m de largura.

O código de Bauru, aprovado em 1906, após a vinda da Sorocabana e Companhia Estrada de Ferro Noroeste do Brasil (Cefnob) para o solo urbano, exige ruas de 17,60 m e avenidas de 20 m, e, para os "quarteirões, 88 metros em quadra".

Em Itatiba, o código de 1912 indica: "Artigo 1° – Todas as ruas que forem abertas na cidade serão rectas e terão, no mínimo, 16 metros de largura. As avenidas não poderão ter menos de 25 metros de largura".

Portanto, as vias vão ganhando largura com o final do século XIX, e surge a distinção entre rua e avenida nas cidades estudadas, já no início do século XX. Obedecia-se expressamente, como no caso de Itatiba, ao Código Sanitário do Estado.

A cidade como mercadoria

No século XIX, há um novo procedimento em relação ao arruamento da cidade se compararmos àquele do período colonial, e isso altera a conceituação do espaço urbano. O traçado elaborado previamente fornece caminhos opostos ao alinhamento em etapas, a cidade tem quase uma camisa de força a guiá-la, ao menos dentro da área do patrimônio.

O desenho anterior dá diretrizes para o futuro e certezas para o presente. Atibaia, por exemplo, criada em meados do século XVIII, sob ordens de Morgado de Mateus, foi sendo desenhada conforme o tempo e desejo dos vereadores, rua de cima, do meio, de baixo. Mesmo Tatuí, formada na terceira década do século XIX, teve seu rossio e apenas uma rua determinada em seu início. Contudo, para as novas cidades de meados do século XIX, as perspectivas eram outras.

Embora o traçado prévio de cidades existisse no período colonial, como já vimos, era mais comum a cidade ser desenhada conforme a distribuição das datas. Mesmo as datas variavam quanto à sua testada, entre 2 e 4 braças (Reis Filho, 1968, p.149), o que dependia do porte da futura construção e das posses de seu ocupante. A manutenção de traçado preliminar em xadrez e seu respectivo alinhamento também seriam difíceis em épocas mais remotas, pelo fato de as marcações serem feitas precariamente à base de corda e estaca. A rigor, as edificações darão o definitivo alinhamento das vias. É também somente

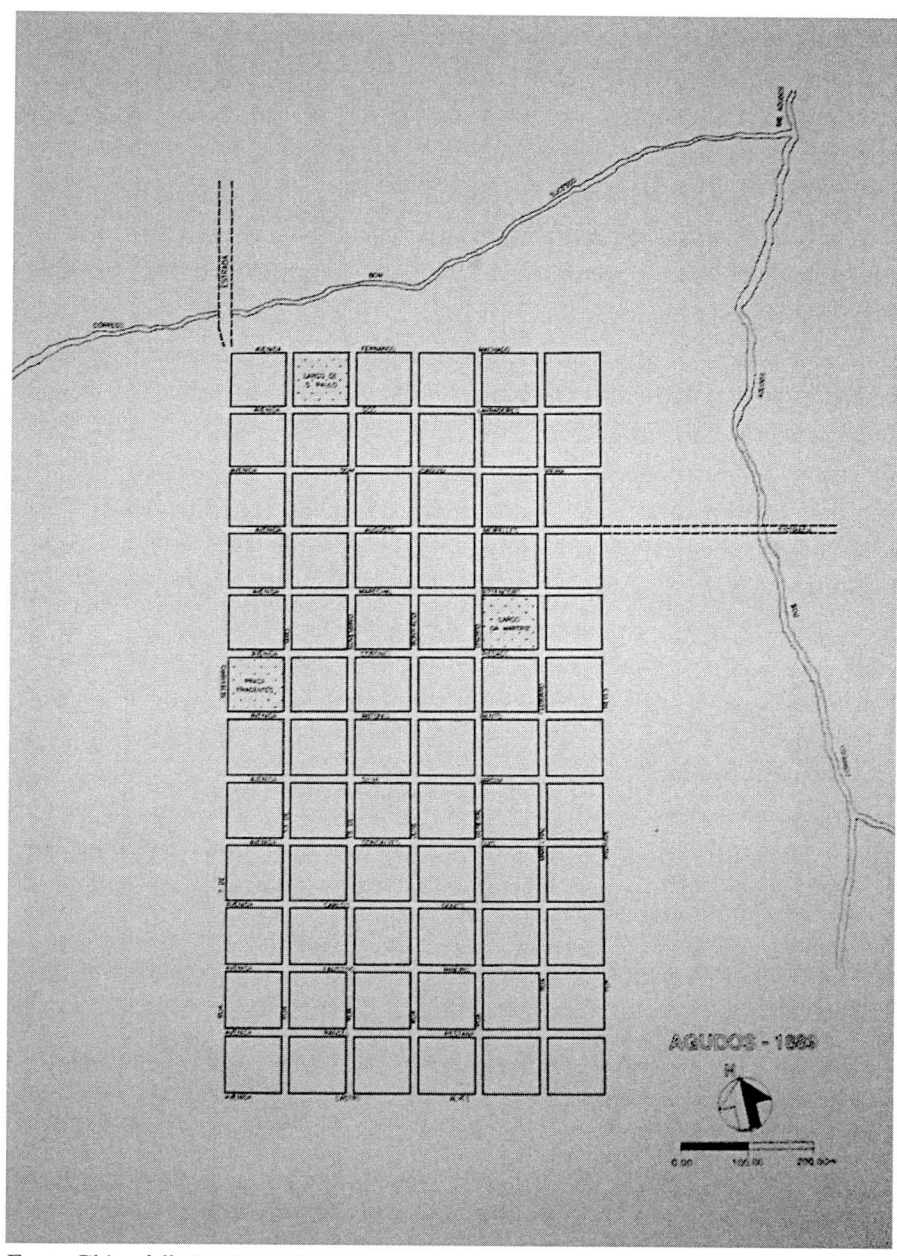

Fonte: Ghirardello (1998, p.16).

Figura 3 – Reconstituição da planta do Patrimônio de Agudos. Observar a presença dos cursos d'água em forquilha, demarcando a doação para o patrimônio. As áreas entre os córregos e o patrimônio, em diversos casos, e num primeiro momento, eram utilizadas para chácaras e pequenos sítios. Verificar, ainda, a extrema regularidade da quadricula utilizada nas cidades mais novas.

durante o século XIX que surgirão ou serão aperfeiçoados equipamentos de precisão que facilitarão o traçado preliminar, agora fixado por piquetes. São as fundações mais recentes, portanto, de outra implantação, diferentes daquelas coloniais, pois "são de traça mais regular" (Marx, 1980, p.25).

Mesmo que não houvesse ocupação imediata nos patrimônios religiosos, seu futuro estaria delineado e a expansão antecipadamente resolvida por meio de malha rígida e monótona, embora ainda virtual. Eles tinham um plano prévio, a rigor um traçado, ou uma intenção urbana, que deveria ser seguida. O desenho ia sendo obedecido, frequentemente sem cobranças sistemáticas, em especial nos pequenos patrimônios, porém, quando estes prosperavam, transformavam-se em sede municipal, o traçado inicial era rapidamente retomado por meio dos arruadores contratados pela Câmara, e os alinhamentos originais seriam exigidos de maneira severa de todas as construções locais, como veremos adiante.

Pierre Monbeig (1984, p.240) fala dos traçados das cidades mais novas do século XX, porém suas observações quanto à forma delas são também pertinentes para aquelas formadas a partir de meados do século XIX:

> [...] repete-se infatigavelmente o plano geométrico, pois é o que melhor satisfaz as exigências do loteador, bem como as condições topográficas. Se o patrimônio se desenvolve, é fácil prolongar as ruas todas retas, em detrimento das terras de lavoura, que recuarão sem ônus, em face da valorização dos terrenos.

O traçado em xadrez, por sua vez, poderia organizar esses patrimônios que, num primeiro momento, eram quase "acampamentos". Ele garantiria um mínimo de regularidade urbana em locais ermos, envoltos pela mata. Caso a vila prosperasse, poderia continuar sendo ocupada, por extensão, sem problemas. Ao passo que as edificações seriam precárias e soltas nos amplos lotes (diferentemente da compacta e densa cidade colonial), o reticulado garantiria o mínimo de civilidade e ordem ao espaço urbano. Porém, a bidimensionalidade do traçado deixava claro que se tratava de arruamento, jamais projeto urbano em que deveriam ser considerados outros fatores, como a tridimensionalidade de suas construções e da própria cidade. De acordo com Mumford (1982, p.459):

> Nenhuma planta de cidade passa de uma pretensão no papel, até que tenha sido estabelecida, como condição mínima, uma cobertura máxima de terra, uma densidade máxima de ocupação, em relação às funções projetadas e aos padrões de vida, e uma altura e volume máximos de constituição em relação à necessidade de

espaço aberto e movimento público: tudo isso encaixado dentro de uma seqüência, medida temporalmente, de renovações e substituições.

O projeto urbano seria algo muito mais sofisticado, pois exigiria estimativa de população, previsão de crescimento, zoneamento de setores, localização e projeto arquitetônico dos principais edifícios públicos, gabaritos, paisagismo etc., como acontecia em algumas cidades, não apenas na Europa e América, do século XIX, mas também na experiência brasileira de Belo Horizonte.

Novamente queremos frisar que essa prática, e esse modelo de cidade, não era exclusividade brasileira ou paulista, acontecia junto com a expansão dos territórios, nos países novos, como Estados Unidos, Austrália e Argentina, onde a grelha ou a *cidade comercial*, sem nenhum *setor pensado especificamente* (ibidem), se dava juntamente com a rápida ocupação. O que mais nos diferencia não é a forma ou seu desenho, por mais que as quadras e vias daqui e de outros países pudessem ter dimensões diferentes, mas sim sua ligação com a Igreja Católica e o aforamento das terras, ao menos até que o patrimônio religioso se expandisse por parcelamentos privados ao seu redor, como veremos adiante.

O traçado como efetivado nos patrimônios servia bem à expansão acelerada da ocupação territorial, no Brasil, dentro de São Paulo, e em outros países de situação semelhante. Afinal, o desenho era simples de ser implantado, poderia ser executado por qualquer agrimensor, mesmo prático, e era rápido e previsível. Principalmente, comportaria qualquer uso, sob qualquer forma; em essência, a demonstração cabal e física do *laissez-faire* no solo urbano.

A retícula, exata e ordenada, se transforma na marca registrada desses novos patrimônios religiosos, futuras cidades paulistas. É o resultado, mesmo que indireto, em países periféricos, como o Brasil, de leis sanitárias que começam com a Public Health Act, na Inglaterra, datada de 1848, ou a Lei de Melun, da França em 1850, paradigmas do higienismo para todo o mundo, e em que se apoiam as reformas urbanas de cidades como Paris e Londres, nos aspectos ligados à abertura de vias retilíneas e largas, e no estabelecimento dos serviços primários, como água encanada, esgoto, iluminação e transportes públicos.

O tabuleiro em xadrez, embora mecânico e esteticamente pouco inspirador, comportava de maneira racional e barata, como poucos traçados, tais serviços, implantados nas cidades antigas europeias durante as reformas urbanas do século XIX, com imensos dispêndios financeiros decorrentes de caríssimas desapropriações, demolições de porções e/ou frações inteiras das cidades.

Abrigará ainda, pelo fato de possuir quadras com lotes amplos e regulares, uma nova arquitetura dotada de ventilação e iluminação naturais em todos os ambientes. Era a base física ideal para a cidade moderna e salubre, desejada pela ciência e pelo capital no século XIX, embora muito aquém, conforme Sitte (1992), das expectativas artísticas e da imaginação humana.

Esse desenho, rápido em sua execução, fácil de ser implantado e compreensível por todos como espaço urbano, será repetido às centenas em São Paulo, o que comprova seu sucesso comercial, independentemente das condições topográficas específicas do sítio, do tipo de solo, da paisagem natural ou de quaisquer outros fatores, considerados irrelevantes, em vista do lucro imediato. Deffontaines (1944, p.302) assim se refere aos patrimônios: "Todas as cidades-patrimônios [...] foram concebidas previamente, segundo um plano quase sempre em geométricos tabuleiros de xadrez, como todas as cidades novas da América Latina, tanto espanholas quanto portuguesas".

Entretanto, antes mesmo da República, em meados do século XIX, as ideias do império para os novos núcleos urbanos ficam expressas. No Decreto n° 1.318, de 30 de janeiro de 1854, que manda executar a Lei n° 601, de 18 de setembro de 1850, mais conhecida como Lei de Terras, em seu capítulo IV, "Das Terras Reservadas", é enfatizada a regularidade para aquelas glebas destinadas à formação de povoações, tanto em seu setor urbano como no rural:

> Art. 77. As terras reservadas para fundação das Povoações serão divididas, conforme o Governo julgar conveniente, em lotes urbanos e rurais, ou somente nos primeiros. Estes não serão maiores de 10 braças de frente e 50 de fundo. Os rurais poderão ter maior extensão, segundo as circunstâncias o exigirem, não excedendo porém cada lote de 400 braças de frente sobre outras tantas de fundo. Depois de reservados os lotes que forem necessários para aquartelamentos, fortificações, cemitérios, (fora do recinto das Povoações), e quaisquer outros estabelecimentos e servidões públicas, será o restante distribuído pelos povoadores a título de aforamento perpétuo, devendo o foro ser fixado sob proposta do Diretor-Geral das Terras Públicas, e sendo sempre o laudêmio, em caso de venda, – a quarentena.

Nesse artigo, ficam claras algumas questões fundamentais em relação às diretrizes do Estado, ante a formação das novas cidades, entre elas a regularidade do lote que é a base do traçado, nesse caso com dimensões de 10 x 50 braças. Outro aspecto que levantamos é o aforamento laico das áreas urbanas e rurais, conforme fica expresso no artigo 79, cuja renda deveria ser utilizada exclusivamente para utilidades públicas, aformoseamento e abertura de estradas, até que a área adquirisse foro de vila. A partir de então, o aforamento e laudêmio viriam das vendas e seriam geridos pela Câmara. Outro ponto que merece destaque é a indicação de implantação do cemitério "fora do recinto das povoações". Porém, tornam-se mais explícitas as intenções quanto à regularidade do traçado, no artigo seguinte:

Art. 78. Os lotes, em que devem ser divididas as terras destinadas à fundação de Povoações, serão medidos com frente para as ruas, e praças, traçadas com antecedência, dando o Diretor-Geral das Terras Públicas as providências necessárias para a regularidade, e formosura das Povoações.

Nesse artigo, é fundamental a ideia do "traçado antecedente", ou seja, a indicação de arruamento preliminar, a ser executado pelos agrimensores, no qual os lotes obrigatoriamente deveriam se dar para ruas e praças, nunca para travessas, becos e vielas, organizados durante o crescimento da povoação, como se encontravam corriqueiramente nas cidades mais antigas. Quando se alinham às diretrizes relativas à dimensão única do lote aquelas de *regularidade, antecedência* e *abertura de ruas*, o que indicava vias de largura mais generosa, advindas do artigo 78, aponta-se obviamente para quadrícula como traçado urbano.

Embora o Estado diretamente quase não tenha criado povoações no período, deixa claro, nesses artigos, como elas deveriam se dar. Esse processo, na província de São Paulo, aconteceu a partir da Igreja Católica, ou seja, sobre áreas de patrimônios religiosos, mas obedecendo, de maneira bastante fiel, às diretrizes emanadas pelo Estado em relação ao arruamento considerado "ideal", que era executado pelas câmaras municipais.

Quando o Estado resolve criar os núcleos coloniais para abrigo dos imigrantes, também recorre ao tabuleiro de xadrez para as sedes "urbanas", de acordo com os padrões estabelecidos para as povoações descritas: quadras regulares dotadas de 10 lotes voltados para duas faces, como no caso do Núcleo Colonial de Campos Salles (Costa, 2003).

Mesmo nas cidades que, porventura, não houvera cuidado inicial maior em relação aos alinhamentos das construções e direitura das vias, percebe-se o quanto nas leis de posturas, no final do século XIX e início do XX, era quase obsessiva a correção e retificação da situação julgada indesejada.

Nesse período, e conforme suas posses, as câmaras terão arruador contratado para regularizar obras anteriores fora de alinhamento, inclusive demolições, e cuidarão para que as novas edificações adotem os alinhamentos determinados nas posturas. Tais procedimentos eram tão importantes que deveriam estar assentados em livros próprios, denominados termos/autos ou assentamentos de alinhamentos e nivelamentos, além de haver plantas de levantamentos cadastrais bastante precisas.

A eficiência e o sucesso do traçado reticulado podem ser atestados pela manutenção de tais parâmetros para as cidades criadas durante o século XX, onde as quadras não sofrerão modificações relevantes em suas dimensões, apenas no posicionamento e fracionamento dos lotes.[11]

Entretanto, se a bidimensionalidade implantada pelos agrimensores, transformados em arruadores, serve perfeitamente para a divisão da terra rural, para o arruamento urbano, sobretudo após a República, ainda mais sob a ótica estrita do mercado, era esterilizante e grosseiramente plana. Constituía-se em traçado urbano, jamais projetos urbanos, que pressuporiam clara tridimensionalidade espacial.

Tais cidades em tabuleiro, criadas para serem vendidas, serão basicamente loteamentos urbanos ou, nas palavras de Lewis Mumford (1982), "uma aventura comercial privada". Estão longe de ser exclusividade brasileira, aparecem, sobretudo a partir do começo do século XIX, em países onde o capitalismo estava presente. Isso nos permite reproduzir e validar, para essas cidades brasileiras, a seguinte passagem de Lewis Mumford (1982, p.457):

> Tais planos não serviam para nada que não fosse uma pronta divisão da terra, uma pronta conversão das fazendas em terrenos de especulação e uma rápida venda. A própria ausência de adaptações mais específicas à paisagem ou ao propósito humano apenas aumentou, pela sua própria indefinição e falta de desenho, sua utilidade geral para troca. As terras urbanas também tornavam-se agora simples mercadoria, como o trabalho: seu valor no mercado era a expressão de seu único valor.

Sitte (1992), um dos primeiros e mais ferozes críticos do traçado em xadrez, refere-se com desprezo a esse tipo de parcelamento, considerado por ele resultado do *"genius loci"* do Novo Mundo, difundido, "lamentavelmente",

---

11 Poucas serão as cidades do interior de São Paulo que fugirão da quadrícula extensiva, em particular aquelas mais recentes que adotaram novas tipologias formais, construídas para abrigar operários para a construção de hidrelétricas, como Ilha Solteira, ou mesmo cidades de águas ou termais, a exemplo de Águas de São Pedro; aos moldes de cidade-jardim, tais exceções apenas confirmam a regra.

também no Velho Continente. Para alguém com propostas tão antagônicas à retícula é compreensível o horror perante a falta de referências históricas às características topográficas, a banalidade e a desconsideração pela arte e pelas relações humanas desses espaços urbanos: "Um traçado de ruas serve apenas à comunicação, jamais à arte, já que nunca pode ser apreendido pelos sentidos ou visto em sua totalidade, a não ser em uma planta" (ibidem, p.100).

No entanto, nos países novos e capitalistas, a cidade reticulada ou a "especulação fundiária sem desenho urbano" (Lamas, 1993, p.208) predominou com suas particularidades de implantação, destinação e diferenças de escala.

Luís Saia (1978, p.202), ao buscar a origem desse traçado na Grécia, assim se refere às cidades do interior paulista:

> A aplicação do reticulado hipodâmico, por exemplo como foi realizada, perdendo de vista a inteireza do conteúdo abstrato que cercou sua criação original pelo arquiteto Grego, memorizou apenas o xadrez que subdividia a área loteada, repartindo-a em quadras e lotes, sem a menor atenção para uma sistemática urbana destinada a amarrar o conjunto de quadras em torno de uma praça, onde se situariam os edifícios de caráter comunitário. Nesse sentido, nem foi atendida a sistemática prevista por Hipodamus, nem foi a mesma substituída por outra qualquer. Pura e simplesmente se acolheu o desenho de subdivisão das sucessivas glebas arruadas em quadras para que a área destas fosse subdividida em lotes.

Tais comentários, embora pertinentes em essência, podem parecer um tanto quanto injustos. Certamente, o tabuleiro de xadrez foi resposta bastante adequada à rápida expansão urbana na província, e depois Estado, passo adiante na ordenação geométrica (ou falta de) das cidades mais antigas, e significou ainda o atendimento a questões de ordem sanitária, presentes nas discussões sobre a cidade naquele momento. Era também resposta contemporânea e da livre iniciativa para a expansão capitalista que transformava tudo em mercadoria, incluindo aí os lotes urbanos e a própria cidade. Por último, deixava estampado claramente, por meio de um padrão de arruamento, o centralismo e controle das elites locais, durante o império, nas questões ligadas à vida urbana. E o sucesso do modelo, que unia simplicidade de locação, sanitarismo e mercado, permitiu que ele persistisse durante toda a República Velha e mais além.[12]

---

12 Até mesmo em nossos dias, nas frentes agrícolas do norte do país, o desenho escolhido para o arruamento das cidades é a quadrícula, porém elaborada anacronicamente e de forma menos

No *Relatório da Commissão Central de Estatística*, elaborado por uma comissão de peso, com auxílio da recém-criada Comissão Geográfica e Geológica, no ano de 1886 e publicado em 1888, é clara, na descrição das cidades, a distinção que se fazia entre aquelas consideradas bem arruadas e as outras frequentemente mais antigas.

Sobre Mogi Mirim, é mencionado o seguinte: "Suas ruas não são parallelas, mas o alinhamento é bom, em geral" (*Relatório da Commissão Central de Estatística*, 1888, p. 422). Sobre Sorocaba, enfatiza-se o caráter de suas "ruas tortuosas" (ibidem, p. 539). Porto Feliz é descrita como possuidora de "ruas tortuosas e estreitas, mas calçadas" (p.456).

Em contraste, são exaltadas as cidades bem traçadas, como no caso de Rio Claro: "Suas ruas, em número de 26, são rectas bem alinhadas, largas e abahuladas, os quarteirões perfeitamente iguais" (p.468). A respeito de Piracicaba informa-se que a planta foi dada pelo senador Vergueiro e executada por José Caetano Rosa, possuindo quadras de 88 m, ruas de 13 m de largura, cruzando-se todas em ângulos retos: "uma das cidades melhores arruadas da província" (p.445). Quanto a Jaú, "suas ruas são espaçosas e bem alinhadas" (p.402). A respeito de Jaboticabal, "suas dez ruas, formadas por umas quinhentas casas [...] são direitas e regularmente largas" (p.396).

Nessa breve transcrição, percebe-se, como produto do pensamento de sua época, o quanto o velho arruamento era identificado com o passado urbano: estreito, tortuoso e desalinhado. Ao passo que as cidades dotadas de vias retas, largas e com desenho racional estavam vinculadas aos novos tempos. No século XIX, o tabuleiro era considerado por especialistas uma proposta de arruamento eficaz e prática.

Sobre as críticas ao projeto de Aarão Reis para Belo Horizonte, datado de 1894, e formado por uma quadrícula cortada por diagonais, assim como a moderna La Plata, na Argentina, Heliana Salgueiro (1996, p.7) faz o seguinte comentário:

> O caráter rígido do projeto de Reis explica-se, de um lado, pelo peso dos códigos racionalistas em prol da regularidade geométrica, próprios de sua geração, que

---

racional, organizada e controlada que aquela do século XIX. Afinal, salvo algumas novas experiências morfológicas para a cidade do século XX, como Goiânia, Brasília, Palmas e outras menores do norte do Paraná, o tabuleiro de xadrez é o que vigorou, e vigora ainda hoje, para a maioria dos novos bairros e mesmo cidades.

recusa as ruas estreitas e tortuosas, e de outro, pela crença do domínio da natureza pela homem.

Ou mais adiante:

As ruas retas continuam na ordem do dia em termos da prática urbanística, apesar da longa duração na literatura especializada dos temas da variedade e do pitoresco. Os planos adaptados ao relevo e os traçados policêntricos, baseados nas curvas de nível, se generalizarão no cenário internacional somente após os anos 10. É anacrônico exigir isso de Aarão Reis no projeto de Belo Horizonte em 1894 [...].

Se a exigência de desenho mais livre, baseado nas experiências das cidades-jardim ou mesmo na crítica mais incisiva ao traçado reticulado, era algo que não se esperaria de um profissional do gabarito do engenheiro Aarão Reis, formado na Escola Politécnica do Rio de Janeiro, é justo imaginar o quanto era improvável o surgimento de novas experiências formais no "sertão" de São Paulo, naquele momento histórico.

Deve-se ainda levar em consideração que Reis fazia o projeto urbano de uma capital importante, com recursos e corpo técnico de primeira linha, experiência única na vida de um engenheiro, ao passo que os patrimônios do interior paulista brotavam às dezenas, pouco representariam como povoados durante sua criação e eram arruados por práticos ou agrimensores que certamente não possuíam conhecimento ou informações sobre as sofisticadas discussões formais da urbanística internacional.

Mais ainda, os códigos de posturas eram leis que deveriam ser obedecidas, pois seriam cobradas pelo presidente da província e Assembleia, e esses documentos, como vimos, se mostravam claros quanto às diretrizes urbanas para um novo povoado, direitura e dimensões das vias e quadras. Cabia ao arruador, simplesmente, sua aplicação.

Fonte: *Enciclopédia dos municípios brasileiros* (1957b, p.251).
Figura 4 – Foto aérea da cidade de Pederneiras, década de 1950. Ao centro, jardim público e igreja matriz.

Fonte: *Enciclopédia dos municípios brasileiros* (1957b, p.159).
Figura 5 – Foto aérea da cidade de Monte Alto, década de 1950.

Fonte: *Enciclopédia dos municípios brasileiros* (1957b, p.17).
Figura 6 – Foto aérea da cidade de Jaboticabal, década de 1950.

Fonte: *Enciclopédia dos municípios brasileiros* (1957a, p.162).
Figura 7 – Foto aérea da cidade de Botucatu, década de 1950.

Fonte: *Enciclopédia dos municípios brasileiros* (1958, p.343).
Figura 8 – Foto aérea da cidade de Taquaritinga, década de 1950.

Fonte: *Enciclopédia dos municípios brasileiros* (1957a, p.395).
Figura 9 – Foto aérea da cidade de Ibitinga, década de 1950.

Fonte: *Enciclopédia dos municípios brasileiros* (1957b, p.66).
Figura 10 – Foto aérea da cidade de Leme, década de 1950. Nessa imagem fica mais evidente a presença física relevante da igreja matriz no espaço urbano.

Fonte: *Enciclopédia dos municípios brasileiros* (1957b, p.72).
Figura 11 – Foto aérea da cidade de Limeira, década de 1950.

7
O INÍCIO DA VIDA URBANA

As edificações

O alvorecer de um patrimônio deveria se dar, principalmente, com moradores da própria região, parte deles de origem mineira ou seus descendentes já nascidos na província, que aí se estabeleciam para tentar a sorte com algum negócio urbano, uma venda, pequena hospedaria, ferraria, botica, selaria etc. Outra figura importante nesse começo era o pároco. É o que aconteceu em Santa Cruz do Rio Pardo, que pode exemplificar outros tantos começos, nesse caso, mais uma vez por um padre fabriqueiro que resolveu cuidar de "seu" patrimônio:

> Nessa epocha o padre João Domingos Figueira, visinho de Manuel Francisco Soares muito concorreu para o desenvolvimento desta povoação. Foi elle quem mandou fazer a primeira roçada nos terrenos doados para o Patrimônio, e, ainda sob suas vistas e conselhos, foi levantada uma capelinha. O Padre João Domingos foi ainda um dos primeiros sertanejos que fez um rancho de paos a pique, coberto com taquaras sobrepostas, em terrenos no Patrimônio mudando para ahi sua habitação. (*Correio do Sertão*, 19.7.1902, in Junqueira, 1994, p.57)

A partir de cuidados como esse, com o "seu patrimônio", entende-se a afirmação de Deffontaines (1944, p.302) sobre os párocos que administravam patrimônios e tiravam proveito pessoal disso: "ele participava dos benefícios e era muitas vezes um excelente negócio ser cura fundador de cidades [...]". O padre fabriqueiro tinha interesse direto no desenvolvimento do patrimônio, e seu empenho, nesse desabrochar inicial, pode ser atestado em várias localidades, pois, como veremos adiante, parte da renda do aforamento se destinava a ele. Nesse momento, em que o povoado não se constituiu ainda como sede de município, os párocos, de alguma maneira, administravam o patrimônio e certamente foram figuras imprescindíveis na tentativa de manter uma organização urbana e edilícia, e quem sabe até mesmo o acatamento do código de posturas da cidade "cabeça" do município.

Existem registros de padres fabriqueiros responsáveis por mais de um patrimônio. Segundo Deffontaines (1944, p.302), "certos padres italianos eram mesmo especializados na criação dos patrimônios", o que daria a eles domínio extenso, alguns mandavam mais que coronéis ou, de uma forma ou outra, eram os próprios. O exercício político partidário também poderia fazer parte das atividades do pároco como se percebe em Ribeirão Bonito, com o padre Antônio Álvares Guedes Vaz, segundo relato:

> Foi um mito em Ribeirão Bonito, serviços incalculáveis prestou a favor da comuna. Pode-se até afirmar sem medo de erro que foi ele quem fez Ribeirão Bonito. Ocupou cargos seja por nomeação, ou seja, por eleição, tendo sido pároco, chefe político, tenente coronel, chefe do estado maior do comando supremo da Guarda Nacional da Comarca, presidente da primeira Câmara Municipal, enfim, sempre presente em todos os momentos de Ribeirão Bonito, até sua morte, nesta vila, a 12 de julho de 1.896.[1]

O catolicismo popular tolerava tais manifestações, haja vista, em pleno século XX, mesmo com as significativas diferenças culturais e sociais, a liderança incontestável de Padre Cícero no Nordeste brasileiro, que, com uma mistura de messianismo e política, foi prefeito de Juazeiro, deputado federal e vice-governador do Ceará.

As edificações do novo patrimônio eram erguidas primeiramente junto ao largo do cruzeiro, marco inicial da ocupação, ou da capela, se esta já tivesse sido construída.[2] Jaú teve seu cruzeiro erguido alguns anos antes da construção da capela:

> A ereção do cruzeiro foi prontamente executado, abrindo-se em mata próxima ao Rio Jaú, no caminho do Pouso Alegre e do Sapé, uma clareira cuja roçada

---

1 Informação disponível em: www.amarribo.org.br/mambo/index.php. Acesso em: 29 mar. 2006.

2 A capela costuma trazer valor às datas ao redor. Na cidade de Pompeia, de criação mais recente, a capela de madeira chegou a mudar de local diversas vezes. O folclore local dizia que ela "possuía rodas" para vender com mais facilidade os lotes próximos à igreja (Gagliardi, 1996).

os Paixões e os Campanhas executaram com a ajuda de alguns escravos de bom comportamento. (Correio da Noroeste, 1955, p.5)

O mesmo se deu em Santa Cruz do Rio Pardo, que teve seu cruzeiro, origem do nome da cidade, plantado nas imediações do Rio Pardo como símbolo de ocupação inicial da terra urbana.[3]

Outro provável local para as edificações privadas era o caminho que se dirigia a alguma cidade maior, ao sertão ou às fazendas mais importantes, essa via, que futuramente seria absorvida por uma rua, por causa do movimento, teria prioridade na escolha daqueles interessados por datas para as construções de cunho comercial. Em geral, tornava-se a primeira via nomeada, e a mais importante, num primeiro momento.

O início seria penoso, e o povoado pouquíssimo atrativo teria. Escola das primeiras letras apenas se a Inspetoria Geral da Instrução Pública achasse que o povoado pudesse pagar professor. A aprovação das classes também se dava pela Assembleia Legislativa que, depois de muitos pedidos e longa demora, formava a primeira turma para um dos sexos, abrindo-se, em seguida, para o outro. Novas classes só seriam criadas caso a sala do sexo masculino ultrapassasse 60 alunos e 40 do feminino (*Repertório das leis promulgadas...*,1877, p.484).

Como o patrimônio, nesse momento, era experiência urbana muito frágil, facilmente substituído por outro vizinho mais bem-sucedido, as construções também respondiam a isso, eram precárias e pobres. Pode-se dizer que, nesse momento, o patrimônio seria um "acampamento" de fácil transferência e remoção. Os possuidores de capitais não se arriscariam a fazer grandes investimentos num solo urbano como esse, que poderia ser esvaziado por motivos diversos. Pouco havia a prender os habitantes ao local, sendo a população bastante móvel, quase nômade. Aliás, a própria cultura local estaria muito mais próxima daquela dos núcleos rurais, da sociedade caipira (Ianni, 1996), atestada pela diferença pouco significativa entre a vida na roça e no patrimônio religioso, seu modo de vida, de habitar, os cultos, as festas etc.

A população seria constituída de pequenos comerciantes e prestadores de serviços, a maioria sem posse de terra rural, donos de hospedarias, tabernas e pensões, de vendas e boticas, seleiros, barbeiros, ferreiros, marceneiros, gente

---

3 Informação disponível em: http://www.camarasantacruzdoriopardo.sp.gov.br/historico.asp. Acesso em: 20 ago. 2007.

pobre, que tinha o trabalho como única coisa a ofertar para os moradores da região, viajantes e fazendeiros. De acordo com Martins (1996, p.69-70), para a expansão da cafeicultura, e o preparo da gleba (desmatamento, queima e limpeza do terreno), necessitava-se de muitos trabalhadores, e estes quase sempre eram os "nacionais", "caboclos e caipiras", em contraposição aos imigrantes, e acreditamos que muitos desses despossuídos também vivessem nos pequenos povoados.

As edificações para moradia serão de duas ordens: aquela que nos parece ser de influência mineira, mais comum, e outra típica do final do século XIX; ambas térreas, as primeiras de pau a pique e a segunda de madeira ou mais popularmente conhecida como de "tábua". A inexistência de pedras nessas cidades, situadas, em geral, sobre o arenito Bauru, pode ser um dos motivos para o uso de tais materiais, que podiam ser facilmente encontrados, de obtenção gratuita ou barata, e simples de serem manuseados.

As de madeira, tábua ou barrotes, como eram chamadas em certas zonas do estado, dependiam da existência de alguma serraria nas cercanias, pois a madeira deveria ser mecanicamente cortada, portanto possuíam aspecto mais "contemporâneo" e eram também mais bem acabadas.

Esse padrão de arquitetura que carece de estudos é fruto da Revolução Industrial e de seus novos equipamentos mecânicos que possibilitaram o corte exato das peças. A casa constituía-se de estrutura de madeira, cujas vigotas individualmente se chamam barrotes,[4] de seção de aproximadamente 17 x 7 cm, e usava como fechamento pranchas pregadas no sentido vertical, do mesmo material, tendo as frestas resultantes entre elas vedadas com ripas. Esse tipo de construção, não existente até então no país, certamente foi trazido pelas empresas ferroviárias inglesas (Reis Filho, 1978, p.159) e por engenheiros estrangeiros que aqui aportaram e construíam estações, armazéns e vilas para seus funcionários com essa técnica.[5] A matéria-prima era baratíssima e facilmente encontrável por causa da existência abundante de madeira, decorrente da derrubada das matas. Mesmo nos patrimônios mais distantes, pode-se perceber, por fotografias e relatos escritos, que as casas de madeira existiram e

---

4   Essa vigota, o barrote, parece ter precedido no uso para pregar os assoalhos e forros, e acreditamos que o material acabou por ser transposto também para a estrutura da casa de madeira, resultando num dos nomes dela.

5   Quase todas as estações da Cefnob foram construídas de madeira num primeiro momento, incluindo a da sede.

em grande número, e, de certa maneira, representavam a entrada da tecnologia do século XIX no distante sertão.

Para a construção civil, empregavam-se as espécies disponíveis, usualmente a peroba, comum à época;[6] ipês amarelos e roxos resistentes à umidade; o guarantã bom para moirões e postes; angico para as construções rurais; e a canafístula adequada aos assoalhos e dormentes (*Enciclopédia dos municípios brasileiros*, 1964, p.43-4).

A "receita", com a quantidade de madeira para a construção das casas de tábua, era conhecida das serrarias e dos carpinteiros,[7] que as encomendavam conforme o número de cômodos, e não por metro quadrado. Com base no número de ambientes, a encomenda era tirada, com a quantidade exata de tábuas, vigotas, barrotes, ripas etc., suficientes para a execução do serviço.

A construção se dava sobre base ou baldrame, de alvenaria de tijolos, que se constituía em porão, de maneira que as tábuas não tocassem o solo, o que acarretaria seu apodrecimento rápido. Outra possibilidade seria a edificação ficar de 30 cm a 1,00 metro elevada do solo, apoiada sobre pilares de madeira, como uma palafita. Dessa forma, a casa tinha como ponto positivo maior proteção contra insetos, ratos e cobras.

Nas duas situações, o piso interno era de madeira, onde a cozinha, acessada por degraus, se rebaixava para encostar-se ao solo, de chão batido. Em caso de desmontagem, o que era bastante comum nesses patrimônios passíveis de ser abandonados, todo conjunto poderia ser reaproveitado em outro local.

A cobertura das edificações, de madeira ou taipa, era de duas ordens: principalmente de telhas capa e canal ou sapé. Também não era de todo incomum construção em tábuas, cobertas por folhas de zinco, conforme aquelas utilizadas pela ferrovia. À frente delas, o palanque para amarrar os animais.

As edificações de taipa de pilão ou pau a pique, embora mais toscas, guardam grande semelhança com aquelas de Minas Gerais, de base vernacular, no alinhamento da rua, porta e janela, beirais simples, quase sempre, sem forro ou cimalhas. Os beirais jogavam livremente a água da chuva na via, sem nenhum dispositivo de proteção ao passante, recursos já presentes nas cidades maiores, como calhas ou platibandas. A estrutura básica da construção era, se de taipa de pilão, formada por paredes de barro socado, sem nenhuma outra

---

6 Fácil de ser trabalhada em razão da pouca galharia, situada apenas na extremidade.

7 À época, também chamados de carapinas.

estrutura complementar. Caso fosse de pau a pique, bem mais comum nesses patrimônios, por esteios e vigas de madeira, a gaiola, com fechamento pela trama de paus roliços, ou uma espécie específica de bambu, amarrados por cipó, e barro batido pelos dois lados, interno e externo. O piso dos cômodos era de chão batido, e quase não existiam porões.

A singela modernização dessas construções poderia se dar com a eventual e bastante rara estruturação em alvenaria de tijolos, porém sua tipologia formal e espacial seria a mesma daquela de taipa.

Como as datas desses patrimônios possuem testadas maiores, em geral 22 m, em contraste com os lotes das cidades mineiras, entre 5 e 8 m, essas edificações são, frequentemente, dispostas com um de seus alinhamentos laterais junto ao limite do terreno, e o outro, livre para o restante do lote. Fechando o contorno deste, cercas que, além de demarcarem a área, evitavam a entrada de animais e o extravio das criações. Como constatamos pelas fotos, quando as construções eram centralizadas no alinhamento frontal do lote ou mesmo quando situadas nas esquinas, os telhados delas poderiam receber mais águas, em vez das duas habituais.

É situação inusitada em que determinada tipologia arquitetônica é transposta para uma base física diferente, porém sem resultar, ao que parece, em alteração maior nessa forma ancestral, pois, embora desconheçamos suas plantas, externamente, pelas aberturas, intui-se que é mantido o mesmo agenciamento interno tradicional.

A paisagem do patrimônio, nesse momento, era constituída por um pequeno número de construções, bastante espaçadas. Sua distribuição rarefeita e os espaços livres residuais entre as datas davam à paisagem aspecto quase rural. O indício mais claro do aglomerado urbano era a terra nua, em contraste com a vegetação densa e alta da mata do entorno, e as cercas ao redor das datas.

Embora a paisagem urbana desses pequenos arraiais fosse muito modesta, é forçoso lembrar que mesmo a capital da província, até o último quartel do século XIX, estava longe de ser uma cidade viva, moderna ou inspiradora: "Com ruas estreitas, sinuosas, ladeadas por pequenas casas e grandes quintais, cujo perfil é quebrado somente por uma ou outra torre de Igreja, sua população, ainda em 1872, não ultrapassa a modesta quantidade de 31 mil habitantes" (Macedo, 1987, p.14).

O governador da província Bernardo José de Lorena assim se refere às ruas da capital em 1792, situação que não havia se alterado até o último quartel do século XIX:

He tão grande a irregularidade, que se encontra, em quazi todas as ruas desta cidade, que não pode ter emenda sem a destruir, ainda p.a se formar um projecto p.a a continuação de novas ruas, com arte he bastantemente difficultozo [...]. (apud Lemos, 1976, p.107)

Os estrangeiros também citam a capital paulista como um centro urbano de aspecto ultrapassado, onde um cruzamento de ruas em ângulo reto era raro, a ponto de receber o nome próprio de "Quatro Cantos", como aquele formado pelas ruas Direita e São Bento.

A cidade, que é das mais velhas do Brasil, tem o aspecto de todas as velhas cidades. Na parte antiga as ruas são estreitas, tortuosas, ligadas em todas as direções e interrompidas por uma quantidade de praças pequenas, irregulares [...]. Há becos que não têm mais de 20 ou 30 passos de comprimento, pois casas ou igrejas levantadas no meio da rua a dividem em dois becos. Em resumo, o caráter de todas as velhas cidades, o que nos faz pensar nos tempos em que não havia câmaras com engenheiros e outros empregados do gênero. (Carl von Koseritz apud Bruno, 1981, p.94)

O autor do texto, escrito em 1883, contrasta os tempos urbanos antigos, de ruas estreitas e tortuosas, cheias de becos, daqueles do final do século XIX, direcionados pela técnica, por meio de seus maiores representantes, os engenheiros, que cuidariam de dar às novas cidades outras diretrizes, modernas e distantes daquele passado a ser, visivelmente, superado.

São Paulo, até a década de 1870, certamente não seria o modelo para as novas cidades quando crescessem. Além de possuir relevo onde predominavam as colinas, tinha sua morfologia urbana e arquitetura ainda atreladas à vida colonial.

A descrição das novas cidades da província (*Relatório da Commissão Central de Estatística*, 1888) reflete bem a simplicidade dos lugares que dispunham apenas de edificações térreas e poucas construções relevantes, mas enfatiza o bom alinhamento geral. É o caso de Espírito Santo do Turvo, que se forma no município de Lençóis e é elevada à vila em 1885, descrita no ano seguinte dessa forma:

A villa do Espírito Santo do Turvo acha-se collocada a ONO da capital da província. Possue igreja matriz e casa de câmara, recentemente construída, que também serve de cadeia. Suas casas são térreas na generalidade, mas regularmente alinhadas. (*Relatório da Commissão Central de Estatística*, 1888, p.370)

Portanto, mesmo modestas e recém-nascidas, as novas cidades já representavam, de início, configuração regular e contemporânea, e eram mais modernas, nesse momento e nesse aspecto, que a própria capital.

As primeiras "manufaturas" dos novos povoados eram a olaria e a serraria, que não dependiam de obras físicas ou investimentos relevantes, basicamente barracões improvisados. A olaria produzia tijolos e telhas cerâmicas do tipo capa e canal, bastante artesanais, sem nenhum equipamento mecânico. A serraria também atendia às obras civis, aproveitando-se da farta mata das redondezas. Tinha serra mecânica que desdobrava a madeira e plainas para seu acabamento, acionadas por rodas d'água ou mesmo algum motor tocado a óleo combustível ou querosene. Algumas dessas serrarias foram formadas por causa do mercado local, mas cresceram especialmente em razão do envio de madeira para as cidades maiores que absorviam parte significativa do produto. Quando a região era toda desmatada, "importavam" de mais longe as toras.[8]

Embora o povoado utilizasse um código de posturas, aquele da cidade possuidora do município ao qual estava subordinado, por causa da precariedade geral do lugar, da fiscalização inexistente e da distância da sede, ele era pouco respeitado, especialmente se alguém da comunidade, como o pároco ou o coronel, não reclamasse. Particularmente, exigências no tocante às normas edilícias, caso pedissem materiais construtivos ou elementos formais de obra, impossíveis de ser adquiridos ou executados por sua população de escassos recursos.

Já se esboçava uma característica usual nas cidades brasileiras: o povoado dava "costas" aos cursos d'água e tornava o acesso a eles bastante restrito. Afinal, era um fato muito comum as datas darem seu interior para os pequenos rios e córregos, que eram aproveitados para o banho ou para a obtenção de água de consumo privado. Percebe-se que, apenas nas cidades onde os rios têm grande volume e se tornam efetivamente marca na paisagem, o uso coletivo de suas margens é livre. Contudo, mesmo em situações assim, parece ter havido necessidade de desapropriações para acesso ao rio, como em Brotas, onde a municipalidade teve que solicitar ao presidente da província desapropriação de área para esse fim, junto ao Rio Jacaré, em 1875: "em que possa a população tirar água para o gasto, para a lavagem de roupa e bebedouro aos animais dos tropeiros e boiadeiros [...]".[9]

---

8 A partir da década de 1920, as serrarias começam a trazer toras ou instalar filiais nas zonas em abertura, entre elas as do extremo oeste paulista ou do Mato Grosso e norte do Paraná.

9 Informação disponível em: http://www.vemprabrotas.com.br/pcastro/crono.htm. Acesso em: 20 jun. 2006.

Fonte: Ghirardello (1992, p.68).
Figura 12 – Vista de Bauru, obtida pela Comissão Geográfica do Estado no ano de 1904. À esquerda a primeira rua ocupada, com maior densidade de construções. Notar as edificações rarefeitas, bastante precárias e as cercas que demarcam claramente as grandes datas. Ao fundo a mata nativa.

A capela era edificada de acordo com os modelos mineiros tradicionais: frontão triangular com óculo, janelas no coro, porta de entrada, telhado em duas águas, esteios de madeira, taipa de mão e sineira independente do corpo principal. As torres, quando existiram, foram construídas posteriormente, em momentos em que os recursos eram maiores. Não se vê nas capelas nenhum elemento ornamental ou estilístico, nem mesmo traços do velho neoclassicismo, já ultrapassado nas últimas três décadas do século XIX. Trata-se de uma arquitetura essencialmente vernacular e popular. Sua planta, percebemos pelas antigas fotos, deveria conter a nave principal, capela-mor, sacristia e, às vezes, naves laterais dotadas de telhados mais baixos. A capela, por sinal, representava o primeiro esforço coletivo na busca de objetivo comum. Embora a fábrica tivesse por responsabilidade erguer a capela, por causa da irregularidade de seus recursos, era fato corriqueiro os moradores organizarem quermesses, festas e livros de ouro para a compra do material do templo e mutirões para suas obras.

O passo seguinte seria o povoado ou capela se transformar em freguesia ou paróquia, sede de circunscrição eclesiástica. Para tanto, os moradores colaboravam anualmente com o salário, denominado côngrua, para o pároco local, conforme termos do padroado. A freguesia, título de cunho eclesiástico, quase sempre era o passo anterior à transformação do lugar em vila, denominação dada pelo governo provincial, de cunho civil, portanto.

Nesse momento, a figura de destaque era o juiz de paz, cargo estabelecido pela lei de 15 de outubro de 1827 para as capelas curadas. Cabia ao juiz, geralmente um homem importante do lugar, na maioria das vezes proprietário de terras, cuidar de testamentos, inventários, heranças, curatelas de órfãos, chegando mesmo a ter poder em questões policiais.

Fonte: Centro de Memória Regional da Unesp e Rede Ferroviária Federal S. A. (RFFSA).
Figura 13 – Primeira rua ocupada de Bauru, em foto de 1906. Observar as construções e suas áreas livres laterais.

A capela seria construída em local elevado do patrimônio, junto a um largo, ou mesmo no centro dele. Essa era indicação bastante antiga, estabelecida pelas constituições primeiras do arcebispado da Bahia, que determinava claramente que o templo deveria estar em "lugar decente, alto, livre de umidade, desviado quando possível de lugares imundos" e com espaço ao redor para as diversas manifestações religiosas, como procissões, celebrações campais e mesmo as prosaicas quermesses. Tais termos eram sempre citados na autorização conferida pelo bispo para a edificação da capela do novo patrimônio. Como a Igreja era a proprietária das terras, cabia-lhe a precedência natural na escolha da melhor e mais adequada posição para a capela. Contudo, boa parte dessas edificações se alojou não no ponto mais elevado do patrimônio, mas sim naquele intermediário à meia encosta e, quando possível, com sua fachada voltada ao norte, da mesma maneira que os mineiros implantavam suas sedes rurais (Saia, 1978, p.165-7). Portanto, a transmissão cultural não se limitava aos elementos da arquitetura e caracteres formais, ia muito além, em razão da maneira de locação do edifício no espaço.[10] Consideramos que, pelo fato de a área de patrimônio ser, quase sempre, uma encosta e um dos seus limites o espigão, não se elegia o ponto mais elevado, mas sim aquele à meia altura, para a construção da capela, pela possibilidade de o povoado se dar à sua volta com ocupação das datas e quadras de maneira radiocêntrica, situação impossível de acontecer caso a capela fosse ao alto e junto à divisa.

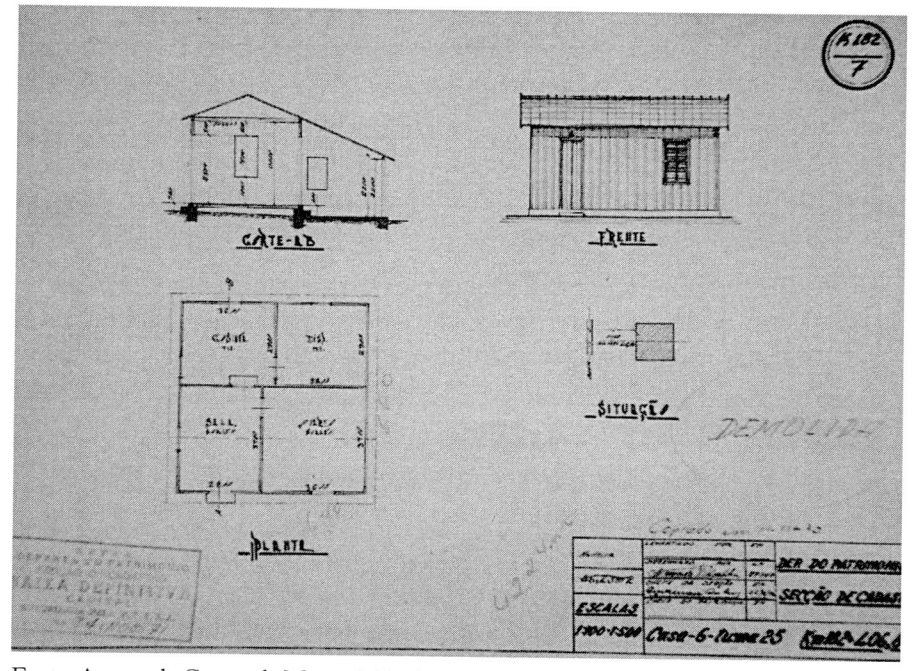

Fonte: Acervo do Centro de Memória Regional UNESP/RFFSA.
Figura 14 – As construções em madeira da ferrovia. Casa de "Turma" da NOB, nela observa-se à divisão dos ambientes, certamente, não muito distintas daquelas das casas "de tábuas" urbanas, encontradas em muitas das cidades do interior paulista. Levantamento executado nos anos 1950.

---

10 A implantação na encosta da casa-sede da propriedade rural era mais vantajosa pela facilidade de obtenção de água para as atividades domésticas e também pelo fato de as áreas altas poderem ser todas utilizadas para o plantio do café. Toda uma estratégia tecnológica envolvia a produção para modernizá-la e aproveitar o sítio geográfico, de forma a reduzir a quantidade de empregados. Nas grandes propriedades, era comum haver um sistema de transporte do café, vindo dos pés por gravidade, através de canaletas de tijolos com água corrente, previamente bombeada para o espigão. Dessa maneira, o café descia até os terreiros, situados perto da casa-sede, para secagem, região onde também estava localizada a tulha para armazenamento dos grãos.

Em diversos casos, percebe-se, porém, que mesmo a capela estando estabelecida num ponto intermediário da vertente, situava-se cuidadosamente no divisor de águas do patrimônio, portanto ainda obedecendo às antigas diretrizes da igreja, no tocante à umidade ou às áreas alagadiças.

Com isso, não desconsideramos a existência de patrimônios com capelas nos pontos altos, nos espigões, o que dependeria muito da doação e da movimentação dos terrenos. Caso a região fosse irregular, com mais morros, como na cuesta, haveria, sim, a possibilidade de os patrimônios conterem várias vertentes, às vezes mais de um vale, o que permitiria escolher para a capela o ponto mais alto, talvez o central ao sítio. Porém, essa não foi uma situação tão comum em nossa área de estudo, em razão da topografia relativamente regular do planalto ocidental paulista e das dimensões das doações, que, por causa do porte mediano, abrangiam apenas uma, mas extensa, meia encosta. Na cidade de São Pedro, por exemplo, pelo fato de a topografia ser mais movimentada, a capela foi implantada justamente sobre um dos morros do sítio geográfico.

Muitos patrimônios chegaram a pedir para o governo da província auxílio para a construção ou reforma de seus templos, pois, se, de alguma maneira, o Estado se valia da formação de cidades patrocinada pela Igreja Católica, esta se reportava ao Estado para a construção de seus templos, e o padroado assim o permitia. Encontramos uma das muitas solicitações nesse sentido, do padre de Lençóis, em 1870, endereçada ao diretor-geral de Obras Públicas do governo de São Paulo, a fim de ser entregue o valor de 2000$000, consignado pela Assembleia no orçamento da província (Donato, 1985, p.37-8).

A Assembleia, com a finalidade de ajudar as comunidades na construção do templo, permitia a criação de loterias para arrecadação de fundos, como ocorreu em Batatais: "Batataes – Para a respectiva matriz foi concedida uma loteria – Lei n. 51 de 23 de Abril de 1875" (*Repertório das leis promulgadas...*, 1877, p.113). As loterias foram bastante usuais e repetidamente permitidas pela Assembleia Provincial, com o exclusivo fim da ereção da matriz ou capela.

Se o arruamento fosse após a República, seria deixado um espaço para o cemitério municipal, laico, nas bordas internas ou extramuros ao patrimônio. Caso aberto no império, o enterramento seria problema eclesiástico e quase sempre o campo santo estaria próximo à capela. Essa questão de saúde pública é bastante discutida no Novecentos, pois, até sua metade, vigorava a teoria dos miasmas: acreditava-se que as doenças poderiam ser adquiridas do meio ambiente, por ar infectado ou gases originados de matéria orgânica em decomposição.

Em razão dos estudos de John Snow, pai da moderna epidemiologia, Pasteur e outros cientistas, as teorias microbianas se impõem, indicando que o contágio se dava por micro-organismos vivos (Reis, 1991, p.247). Porém, mesmo com as novas teorias microbianas nas novas cidades republicanas, o local do cemitério era afastado em razão de problemas de mau cheiro, insetos e da má relação cultural que se tinha, e ainda se tem, com a morte.

Não havia serviços de infraestrutura pública. A água era fornecida por aguadeiros, responsáveis por entregar, em latas ou barris, o líquido trazido de minas e rios aos domicílios. Os poços das casas também resolviam o problema da falta de água encanada, porém apresentavam problemas como a oscilação no oferecimento do líquido, por serem muito rasos. Em alguns raros patrimônios, havia chafarizes públicos para coleta de água de nascentes. Em outros, havia as curiosas casas de "banho de chuva", anunciadas nesses termos nos antigos jornais, onde se pagava para tomar banho de chuveiro.

Por causa da escassez de recursos, quando era necessária alguma obra mais vultosa, apelava-se à Assembleia Provincial que, em alguns casos, permitia a criação de novos impostos, como ocorreu em Jundiaí: "Jundiay – para a construção de um cemitério, reparos de chafariz, das ruas e becos [...]" (*Repertório das leis promulgadas...*, 1877, p.542). O imposto, criado pela Lei nº 98, de 26 de abril de 1865, duraria até o final das obras e incidiria sobre a arroba do café e açúcar vendidos, bem como sobre o trabalho dos advogados e cambistas.

As fossas negras, sob as "casinhas", nos quintais (Lemos, 1976, p.126) faziam às vezes, de maneira paliativa, de rede de esgoto pública. Substituíam, após a abolição, a mão de obra escrava que transportava os tigres até os córregos e rios. As fossas eram construídas sem nenhum revestimento, e os dejetos caíam diretamente no fundo, sendo decompostos ou absorvidos pela terra. A existência de poços e fossas negras, frequentemente no mesmo terreno, contaminava a água bebida pela população, provocando doenças bastante graves, fonte de epidemias que apenas se reduzirão com a implantação da infraestrutura básica.

Iluminação pública era inexistente, assim como o telefone. Proprietários de casas de repasto ou de pernoite costumavam pendurar em suas fachadas lampiões a querosene não para iluminar as ruas, mas para chamar a clientela. Nas noites escuras, os mais previdentes carregavam as lamparinas pelas ruas. Internamente, usavam-se velas e lampiões a óleo ou querosene.

No âmbito administrativo do povoado, o distrito de paz e o distrito policial, ou, ao menos, o subdistrito, seriam duas conquistas importantes para a comunidade, as primeiras a serem conseguidas no sentido de sua independência municipal.

Fonte: Ghirardello (1992, p.90)

Figura 15 – Capela de Bauru, construída em 1894. Foto da primeira década do século XX. Observar ao fundo, à esquerda, a sineira, construída em estrutura de madeira independente.

Tal tipologia era bastante freqüente em Minas Gerais e para São Paulo foi trazida pelos mineiros que ocuparam as terras do centro e centro-oeste paulista e formaram os patrimônios. Tinha como forte característica em relação ao sistema construtivo, a estrutura de madeira da edificação, autônoma à vedação, feita em adobe ou taipa de pilão.

Os modelos de capelas variavam pouco de uma cidade para outra. Dourado possuía uma semelhante à de Bauru. As de São José do Rio Preto e a de Espírito Santo de Fortaleza contavam com a nave principal e dois corredores laterais, percebidos claramente devido aos três panos do telhado.

Foram bastante raras as que continham torre junto ao corpo principal, como a de Santa Cruz, em Araraquara, que julgamos tenha sido construída posteriormente ao prédio principal.

Povos indígenas e a violência

Outra característica desses patrimônios "boca de sertão" era a facilidade em atrair criminosos e fugitivos de toda espécie, em razão do isolamento e da inexistência de força policial regular. É comum, nas narrativas históricas, encontrarmos referências a esses indivíduos ou bandos armados, que punham terror em toda uma região, mas que, ao mesmo tempo, veladamente ou não, frequentavam a casa dos homens mais poderosos do lugar. Em ofício encaminhado, em maio de

1857, ao vice-presidente da província, o capitão José Carlos Nogueira Bauman, de Itapetininga, em diligência na Vila de Botucatu, diz, entre outras coisas, que criminosos tinham fugido da Vila de Bauru depois de saberem da vinda do destacamento. O capitão fica estupefato: "o apoio que os criminosos aqui tem é extraordinário, sendo para lamentar que seja dado por pessoas que impossível é crer-se, atenta suas posições sociais" (Neves, 1977, p.9).

Esses bandos, bastante úteis, constituíam-se em braço armado a mando de coronéis para "serviços" na disputa da terra, eliminando antigos posseiros de glebas almejadas; com o mesmo intuito na dizimação dos "bugres", por meio das carnificinas alcunhadas "dadas" ou no "auxílio" para a solução de desavenças políticas.

O desalojamento dos povos indígenas era fundamental para o apossamento das terras devolutas, e esse trabalho vai ser feito pelos "bugreiros", grupos armados especializados nesse tipo de ataque, em parte, formado por criminosos e fugitivos que atuaram entre os meados do século XIX até 1912, quando se deu a "pacificação" dos poucos indígenas que restaram.

A população indígena encontrada no interior de São Paulo, durante o século XIX, era formada por guaranis, caiuás, xavantes e caingangues. As primeiras três nações eram consideradas "sociáveis", poucos "entraves" causaram à ocupação da terra rural e sempre estiveram mais próximas do homem branco, desde os primeiros séculos de presença europeia no país. Os caingangues, ou kaingang, população autóctone do grupo gê, eram arredios, em maior número, e tidos como grandes guerreiros, e habitavam grande extensão do centro-oeste e oeste paulista. Também eram conhecidos como coroados por causa de seu corte de cabelo, com uma espécie de orla em volta do crânio raspado.

Possuíam ampla mobilidade territorial, ocupando área estimada de 50.000 km^2, formavam grupos independentes, sem laços, e frequentemente conflitavam entre si (Barbosa, 1947, p.36-7). Suas atividades eram voltadas à caça, pesca, coleta e ao plantio do milho.

As sociedades indígenas não tratavam a terra como propriedade individual, era um recurso natural que dava suporte à vida social de todos, e, embora o produto do trabalho pudesse ser familiar, o acesso aos recursos era coletivo. O sentido de limites territoriais também era estranho às sociedades indígenas (Ramos, 1986, p.13-4).

A destruição dos caingangues pode ser dividida nas duas fases que acompanham a ocupação rural na província e sua abertura ao capitalismo: frente de expansão e frente pioneira.

Na primeira, pelo fato de haver apenas posses, sem grandes plantações, e onde a floresta mantinha seu aspecto natural, os conflitos eram frequentes, mas ainda sem poder devastador, atingindo parcela pequena das aldeias. Na frente pioneira, mais para o final do século XIX, com o avanço das ferrovias e das grandes plantações, os conflitos chegaram à barbárie, com participação continuada de grupos organizados de bugreiros, na dizimação das tribos, e com o beneplácito oculto do Estado.

A frente pioneira ainda será responsável pela criação imediata de propriedades com imensas plantações. Como, em boa parte das vezes, se tratava de ocupações feitas por grandes fazendeiros, possuidores de outras tantas fazendas na província, e com disponibilidade de capital suficiente para o estabelecimento de lavouras com centenas de milhares de pés de café, esses homens arrasarão de uma só vez as florestas e, ao mesmo tempo, os povos indígenas, ambos empecilhos à monocultura de exportação. A construção da Companhia Noroeste do Brasil, de 1905 a 1910, no Estado de São Paulo, será outro fator importante para o quase extermínio dos caingangues, pois os empreiteiros da ferrovia contratavam bugreiros para a "limpeza" das áreas a serem abertas, para a proteção dos trabalhadores durante a construção e a preservação das obras finalizadas.

Os povos indígenas, originais ocupantes das terras, principalmente os caingangues, que tentavam mantê-las com suas armas, eram sempre demonizados no sentido de serem caçados como animais. Os ataques indígenas sobre a população branca eram amplificados de maneira grandiosa na imprensa nacional e da capital, ao passo que reinava silêncio quanto à frequente destruição de aldeias inteiras, com crueldade raramente vista.[11] Os indígenas são mortos devido às "dadas" ou ao contágio de doenças trazidas pelos brancos; os que sobram são "empurrados" mais para o oeste, próximo à divisa do Estado com o Mato Grosso.

O tratamento oficial ao indígena no país, de certa forma, pode ser resumido em três períodos principais até a época estudada; durante a colônia, a partir de 1549, foram os jesuítas, por meio da Companhia de Jesus, os responsáveis pela catequese em aldeamentos e consequente imposição do cristianismo. Em 1759, a Companhia, por ordem do marquês de Pombal, é expulsa do Brasil.

Durante o império, os índios serão colocados na mesma proteção legal dos órfãos (Melatti, 1987, p187), e a prática da catequese permanece nas mãos da Igreja Católica, mas agora sob responsabilidade dos capuchinhos italianos. Em

---

11 Sobre o assunto, ver Lima (1978).

1843, o governo do império autoriza a vinda desses missionários e, em 1844, dá as regras para a sua distribuição nas províncias (ibidem, p.188-9).

Entretanto, com a República e o aumento dos conflitos entre brancos e indígenas, causado pela expansão das lavouras, o assunto ganha foros de discussão nacional, e cada vez mais a catequese é colocada em xeque. Gagliardi (1989, p.285) assim nos relata a impressão geral da população urbana do período ante a questão indígena:

> Nos centros urbanos, o problema era discutido a partir de três alternativas: extermínio, catequese ou proteção oficial. As três tendências procuravam a solução para os conflitos armados dentro do quadro institucional vigente. Todas valorizavam o desenvolvimento e o progresso das regiões inexploradas, divergindo apenas no método de ocupação.

A primeira opção foi descartada pelos setores liberais, a catequese era posta em dúvida pelos positivistas e pelo setor laico da sociedade, além de ir contra os ideais da República, que separaram o Estado da Igreja. O caminho escolhido, a proteção oficial, foi o mais coerente com o período: criou-se, em 1910, o Serviço de Proteção ao Índio (SPI). Porém, em relação ao Estado de São Paulo, o órgão parece ter chegado tarde demais (ibidem, p.285).

> [...] o Estado só intervém diretamente no trabalho de "pacificação" quando a violência armada já aproxima as tribos do limite do extermínio e retardava a própria conquista econômica da região. (Barbosa, 1947, p.54-5)

Em 1912, os caingangues foram definitivamente "pacificados" com a participação do Serviço de Proteção aos Índios e do então coronel Rondon. Em 1923, esse grupo indígena somava 173 indivíduos, dispostos em dois aldeamentos, Icatu e Vanuire (Lima, 1978, p.194-5), e as terras, por eles originalmente ocupadas, estavam totalmente livres para o homem branco e o capitalismo.

Os coronéis

O termo originava-se da patente da Guarda Nacional, criada em 1831, inspirada na similar francesa, uma milícia burguesa que vigiava as propriedades e estradas em substituição às forças tradicionais depostas pela Revolução. No

Brasil, o cargo poderia ser comprado ou concedido aos homens importantes, porém tornou-se sinônimo de chefe político e de poder privado, em particular, na República Velha.

A fragilidade das esferas federal e estaduais e a "rarefação do poder público" (Leal, 1975, p.42) abriam espaço aos tiranos paroquiais, sempre dependentes das elites de maior escalão político. O desaparecimento do poder unitário, representado pelo imperador, e o espaço cada vez maior do poder regional e local fizeram dos coronéis o centro da vida política dos municípios, manipuladores, por excelência, das viciadas eleições locais e da força policial dos distritos ou subdistritos.

Os coronéis garantiam votos seguros, de seu curral eleitoral, para políticos de seu grupo (Janotti, 1986, p.7), pediam, em troca, benesses para si e para a cidade, e constituíam-se em parte importante da lógica de ocupação territorial e econômica do Estado. Tornavam-se intermediários entre a população e o governo.

A centralização das receitas no governo estadual e a falta de recursos das comunidades eram outros fatores que exigiam um intermediário entre o poder maior e o municipal, e certamente as verbas se destinariam para aqueles municípios geridos pelos aliados do poder (Leal, 1975, p.44-5). O compromisso coronelista era o seguinte nas palavras de Leal (1975, p.50):

> [...] da parte dos chefes locais, incondicional apoio aos candidatos do oficialismo nas eleições estaduais e federais; da parte da situação estadual, carta-branca ao chefe local governista (de preferência o líder da facção local majoritária) em todos os assuntos relativos ao município, inclusive na nomeação de funcionários estaduais do lugar.

Enquanto a alta esfera política controlava a grande economia do Estado e dava todo amparo legislativo e logístico para que ocorresse uma célere ocupação dentro do território paulista, aos coronéis locais ou subcoronéis restaria o controle da vida nos aglomerados, que eram parte integrante de todo o sistema político, um não viveria sem o outro. O coronel, ao mesmo tempo que patrocinava melhorias para a comunidade ou para grupos, exigia fidelidade absoluta e, "[...] se necessário, eliminava os adversários com o mais notável desembaraço" (Monbeig,1984, p.142). Conforme a competência de comando ou mesmo de relações pessoais, galgaria outros níveis de hierarquia de poder na esfera estadual ou mesmo federal.

Era comum o perfil do coronel mudar conforme o porte da localidade: nas menores, era quase sempre o homem ligado à terra; nas maiores, poderia ser também o latifundiário; mas havia também o advogado,[12] comerciante ou médico, e até imigrantes[13] e seus descendentes.

Não era incomum que, numa mesma cidade, mais de um coronel quisesse todo o poder, o que provocava disputas bastante sérias entre rivais pretendentes ao posto, com mortes para ambos os lados. Ocorreram casos de criação de patrimônios contíguos a fim de que houvesse lugar de mando para o coronel preterido. A partir daí, estabeleciam-se rixas entre patrimônios anexos, onde as ordens de cada coronel ficavam restritas à sua área de influência.

Nas cidades mais antigas, contavam a tradição e o berço para a herança do cargo de coronel. No entanto, não bastava a origem, o coronel precisaria mostrar serviço e ser aceito por todos como tal. Afinal, sempre haveria outros interessados no posto.

Nos novos patrimônios, poderiam vir a mandar grandes coronéis, com poder em outras localidades mais tradicionais, e possuidores de diversas propriedades rurais pelo interior, porém, como estes raramente se fixavam nessas pequenas vilas, pois tinham perspectivas mais largas de poder, abria-se espaço para que outros assumissem o posto local, mesmo que ficassem, de alguma forma, subordinados aos primeiros.

Verdadeira "seleção natural" se instalava nas zonas de ocupação mais recente, onde, em tese, os concorrentes ao título começavam a disputa do zero. Uma boa definição para aqueles que chegavam a coronéis nesses novos patrimônios é a seguinte:

> Sobretudo nas cidades mais novas, povoadas de aluvião, cabia, entre, os primeiros chegados, aos que revelavam mais atividade e eficiência. Sempre, a conquista representava o consenso geral ou da maioria, em competições que eram seleções do mais forte pela tradição, pela fortuna, pela ação e pela inteligência. (Ruben Amaral, chefe político, in Carone, 1972, p.251)

Essa seleção se dava pelo prestígio do coronel ou pretendente ao posto em sua relação com os níveis hierarquicamente superiores de governo. A obten-

---

12 O advogado Manoel Bento da Cruz era o grande coronel da zona noroeste paulista durante a segunda década do século XX (Martins, 1968).

13 Francisco Schmidt, grande coronel de Ribeirão Preto, era imigrante, assim como Henrique Dumont.

ção do título de município e comarca ou a influência para a vinda da ferrovia contaria e muito para a ascensão do coronel na política citadina, o que lhe permitiria um controle amplo na vida administrativa local, no poder de polícia (indicado por ele, pois o delegado era voluntário e não remunerado até 1906) e inclusive no Judiciário.

Com a criação de novos patrimônios, haveria a possibilidade de o coronel estabelecer-se em outras áreas de futuro promissor, mesmo que, para tanto, fosse necessário solicitar à Assembleia Legislativa a mudança da propriedade rural para a circunscrição da sede do novo município, como foi extremamente comum no século XIX:

> Pinhal (S. Carlos do...) – As terras pertencentes à Carlos José Botelho, comprehendidas entre as cabeceiras dos ribeirões das Cobras e Geraldo, sitas no município do Rio Claro, foram delle desligadas e incorporadas ao de S. Carlos do Pinhal – Lei n. 30 de 28 de Março de 1865. (*Repertório das leis promulgadas...*, 1877, p.701)

Esse é um dos muitos exemplos acontecidos de transferência pontual de sede de propriedades rurais, anexando-as aos novos municípios, criados em sua vizinhança, durante o império, a fim de que os interesses de seus donos pudessem ficar mais diretamente ligados aos do recém-criado patrimônio e, dessa maneira, abrir novos espaços de mando. São Carlos tinha acabado de se tornar sede de vila no mesmo ano de 1865, e é desnecessário frisar a importância de Carlos José Botelho, pai do conde do Pinhal, na história política de São Carlos e Araraquara. Botelho chegou a ser presidente da Câmara de Araraquara.

Acreditamos que o desmando na administração municipal tenha sido muito maior na República, porém as práticas perniciosas já eram percebidas mesmo antes dessa nova ordem política, conforme se constata pelo texto do importante jurista do século XIX, Vicente Pereira do Rego, em sua obra sobre direito administrativo, datada de 1877:

> Outra causa do atraso, e quase abandono dos municípios, é certamente, a falta de elementos de boa administração que provêm da escazzez de homens aptos para o governo econômico das cidades e vilas em todos os municípios do Império cuja maior necessidade, como todos reconhecem é o de população.

Muito embora Vicente Rego (1877, p.83) atribua parte da culpa da má administração municipal à falta de pessoas preparadas (deve-se considerar a reduzida população urbana), mais adiante ele vai ao cerne da questão e explicita:

> Além de não haver no país abundância da população, de cujo seio se tirem homens bons que se incubam do regimento das cidades e vilas nos respectivos municípios, acresce que nem sempre se extrai, por assim dizer, da massa do povo o que há de mais idôneo para o governo econômico das localidades [...].

De onde se percebe que a gerência do município já era bastante vilipendiada, mesmo antes da República, e que a autonomia do município a partir dela, tendo como contraponto a liberdade de ação dos coronéis, apenas aguçou o descalabro. Além disso, o aumento da riqueza das cidades e do campo de ação para extrair lucros delas, como veremos adiante, só concorreu para aumentar a má gestão financeira da administração pública.

O futuro do patrimônio

Nesse momento, a estabilidade e o progresso do patrimônio estavam sujeitos a dois fatores: a transformação do patrimônio em sede de município e a obtenção de uma estação ferroviária.[14] Ambos dependiam da intermediação dos fazendeiros e coronéis com interesses na região, e do seu prestígio junto às altas esferas do governo provincial ou estadual. Se o período fosse imperial, seria reivindicada uma vila, sede de um termo, equivalente ao município na República, a qual deveria possuir Câmara, cadeia e pelourinho. O pelourinho representava a autonomia do termo que era a área da vila.

A Câmara e cadeia funcionavam num único edifício, porém foram raras as vilas que o possuíram, habitualmente os trabalhos se davam em construções alugadas, ou os vereadores realizavam as reuniões na casa de um de seus pares.[15] A cadeia, quando existia, até pelo uso, era improvisada em edificação mais sólida. Sobre esse edifício em particular, havia lei provincial específica:

---

14 A Câmara Municipal de Bariri solicitou diversas vezes a vinda de uma empresa ferroviária para a cidade, porém divergências políticas com Jaú impedem a vinda da Paulista, chegando ao município apenas em 1910 a Douradense (Zanotti, 1988, p.126-7).

15 De acordo com Marx (1980, p.75-6), era comum o nomadismo de repartições, sem sedes próprias, vivendo como inquilinos.

Cadeas – Só nas cabeças de comarca serão construídas novas, ou reparadas com perfeição as actuaes. Nas outras povoações as cadeas existentes soffrerão os reparos indispensáveis para a sua conservação e segurança, e nas que as não tiverem alugar-se-há uma casa que simplesmente se preste á detenção dos criminosos – Lei n. 45 do 1° de Abril de 1871, Art. 14 (Disposições transitórias). (Repertório das leis promulgadas..., 1877, p.157)

Portanto, apenas as cabeças de comarca teriam prisões adequadas, as demais teriam que se valer, inclusive, de casas alugadas, e muitas fizeram isso.

No período imperial, competia à Casa Imperial dar às vilas a designação honorífica de cidade, contudo esse título em quase nada mudava suas funções ou categoria. Durante a República, essa atribuição é transferida aos Estados, que criam cidades com suas respectivas áreas, geridas por intendentes escolhidos entre os vereadores e depois governadas pelos prefeitos municipais.

Contavam, para obtenção do título de vila ou cidade, além do peso político dos seus líderes políticos, a distância da sede do termo ou município e o número de habitantes, eleitores, bairros rurais, propriedades agrícolas, estradas e picadas. Tudo isso poderia ser considerado pela Assembleia, o que demonstrava que não apenas o povoado se desenvolvia, mas também a região. Nesse aspecto, a proximidade da ferrovia era algo fundamental.

A obtenção de um ramal ferroviário para o patrimônio dependia da produção cafeeira da região, no momento ou estimada, pois os pés de café depois de plantados demoravam cerca de cinco anos para produzir. Se novas fazendas fossem abertas por meio de investimentos de produtores locais e de outros cafeicultores, produtores em áreas mais antigas, a obtenção da ferrovia seria certa, desde que a ponta dos trilhos não estivesse muito longe.

A simples aproximação da estrada de ferro, junto a uma cidade da região, já se constituía em motivo de vitória, pois atrás dela viriam novas lavouras de café. A seguir, era momento de tentar junto ao governo a transformação do aglomerado em sede municipal, enfatizando, nessas solicitações, as perspectivas de progresso do lugar.

O prolongamento das linhas-tronco e especialmente de ramais, os chamados "cata-café", era algo corriqueiro para as empresas que buscavam os novos pontos de embarque e desembarque, tornava-se, portanto, interesse das partes envolvidas, companhias, produtores e povoados. Os decretos estaduais que permitiam o funcionamento das companhias ferroviárias também asseguravam privilégio de área às empresas, porém a construção nessas áreas dependeria dos fatores já elencados. Portanto, as vilas, para se desenvolverem, dependiam da ferrovia, da mesma forma que as lavouras, ou seja, "não foi a estrada de ferro que criou a lavoura de café. Pelo contrário, foi a lavoura de café que criou a estrada de ferro" (Ellis Junior, 1951, p.396).

Na região estudada, as cidades não foram criadas pelas linhas, mas, certamente, cresceram por causa delas. Nesse alvitre, contava muito o prestígio dos grandes produtores que abriam fazendas nessas áreas novas de São Paulo, afinal, os capitais de muitas das companhias eram lastreados na fortuna desses latifundiários, e nenhum deles formaria lavouras sem possibilidade de escoamento da safra.

Aos subcoronéis ou coronéis locais também interessava a vinda desses grandes latifúndios pertencentes à alta esfera política, pois poderiam atrair outros investimentos para a "sua" região ou patrimônio, em particular a ferrovia. Pode-se dizer que a ocupação rural, nessa área, era formada por imensas fazendas da grande elite paulista, tendo ao seu redor propriedades das elites locais e gravitando, à sua volta, pequenos sítios e fazendolas. Havia, portanto, uma convivência de interesses e poderes, em que se sabia tacitamente qual era o lugar e a hierarquia de cada um.

É o caso da formação do patrimônio laico de Piratininga, doado pelo coronel Virgilio Rodrigues Alves, que cede, em 1905, 15 alqueires de suas imensas terras à Companhia Paulista de Estrada de Ferro (Rosa, 1981, p.46-7). Virgilio foi senador estadual e era irmão de Francisco Rodrigues Alves, presidente do Estado e depois da República, de influência política indiscutível e grande acionista da Paulista, o que tornaria a vinda da companhia ao patrimônio mais que certa.

Outro povoado que cresce em função de político de renome nacional é Barra Bonita, por causa dos interesses do presidente Campos Sales, que ali possuía a propriedade denominada Santa Maria. Tanto é assim que Sales consegue a bela ponte metálica sobre o Tietê, que acabou por levar seu nome, bem como o aporte da Companhia Paulista na cidade (*Enciclopédia dos municípios brasileiros*, 1957a, p.116).

Tanto Piratininga como Barra Bonita tiveram seus coronéis locais, os quais sabiam que, se fossem da mesma facção política, poderiam, caso precisassem, recorrer aos grandes nomes da política republicana. Mesmo que para isso pleiteassem indiretamente por intermédio de seus parentes, que, na maioria das vezes, eram responsáveis pela administração dessas propriedades, fato corriqueiro junto às altas esferas pelo fato de possuírem diversas unidades produtoras.

8
A CHEGADA DA FERROVIA

A implantação da estação

Quando alguma companhia ferroviária definia[1] o patrimônio em que se instalaria uma estação, os ânimos locais certamente mudavam, novas perspectivas surgiam em vista de um futuro melhor para o lugar.

A notícia chegava com antecedência, trazida pelos grandes proprietários e coronéis que habitualmente atribuíam a si a conquista da ferrovia. Por vezes, a informação se dava pela vinda da equipe de engenheiros que faria o levantamento do percurso dos trilhos e o local da estação ou até mesmo após conhecimento dos relatórios das companhias, aprovados anualmente pelas respectivas assembleias gerais. Neles, havia a previsão de extensão de linhas para o ano seguinte, normalmente cumprida de forma rigorosa.

O período entre a informação da chegada da estrada de ferro e sua instalação propriamente dita era momento de intensa especulação imobiliária tanto urbana como rural. Os coronéis pressionariam ou mesmo doariam áreas para as empresas instalarem-se perto de suas terras, a fim de valorizá-las mais. Uma estação em gleba rural, às margens do patrimônio, dava novos horizontes de aproveitamento a ela, como parcelamento urbano ou mesmo destinada a pequenos sítios.

As terras rurais mais que dobrariam de valor, e toda sorte de *self-made man* e aventureiros era atraída para o lugar, considerado o novo "Eldorado", a ponta de linha de uma região em abertura, zona de enriquecimento rápido e fácil.

---

1 Essa definição dependia dos privilégios de zona que gozavam as companhias em São Paulo.

Novas fazendas seriam formadas e parte das glebas repicada e colocada à venda. Essas novas paragens, de terras rurais em valorização, mas ainda baratas, por serem distantes, atraíam famílias de imigrantes com algum dinheiro, vindas das zonas de ocupação mais antiga, dispostas a investir num pedaço de chão, pago a prazo, e começar uma nova vida com algo próprio.

Caso a elevação à sede de municipalidade ainda não tivesse sido alcançada, rapidamente poderia ser conseguida em razão das boas perspectivas futuras para a localidade. Esta necessitava de personalidade jurídica, só adquirida na emancipação: "Antes de sua emancipação, o território do município se constitui em simples circunscrição administrativa, sem personalidade jurídica e sem autonomia, mesmo constituindo um distrito" (Uchôa, 1984, p.179).

Os coronéis locais buscariam a ajuda dos seus líderes para tanto, um exemplo é Barra Bonita, que recorre a Manuel Ferraz de Campos Sales, proprietário de terras na região e ex-presidente da República entre 1898 e 1902, para a transformação do patrimônio em sede de município. Campos Sales, atendendo ao pedido, escreve ao senador Lacerda Franco para que este intercedesse:

> Estação de Campos Salles, 29 de maio de 1904.
>
> Lacerda,
>
> Não sou político e no entanto venho tratar de um assumpto que anda muito próximo das espheras da politicagem. A minha fazenda esta comprehendida no Distrito de Barra Bonita, à meia légua da povoação. Tenho por isso muito interesse no seu desenvolvimento. Trata-se de crear um novo município, desmembrando-se o seu território de Jahú. A representação será apresentada ao Congresso, isto é, a Câmara, pelo deputado Francisco da Costa Carvalho, com os dados e esclarecimentos que justificam a pretensão.

Na carta, Campos Sales deixa claro que Jaú perderia parte de seu território em função do desmembramento de Barra Bonita e que já havia entrado em contato com o chefe político da região, Edgard Ferraz, o qual não se oporia à pretensão do patrimônio (Bolla & Stangherlin, 1999, p.25). Ou seja, muito embora Sales fosse figura de envergadura nacional, um acordo preliminar com o coronel da região era uma atitude gentil e prudente por causa de seus interesses na zona. Essa prática de arranjos antecedentes parece ter sido muito comum, e, dessa maneira, líderes da mesma região poderiam conviver, porém sempre controlados de uma forma maior pelo Partido Republicano Paulista (PRP). Mas, também, outras tantas vezes, os interesses entre comunidades não eram tão pacíficos, levando a discursos inflamados nas praças, nas páginas dos jornais locais, a muita violência e, frequentemente, a mortes.

Conseguida a sede, na primeira reunião da nova Câmara, após longos discursos proferidos pelos vereadores que enfatizavam os passos dados pela comunidade até aquele momento e seu futuro venturoso, tratava-se das questões básicas do município, como as leis estruturais. A principal era o código de posturas, muitas vezes absorvido integralmente, mesmo que por algum tempo, de outra comunidade.

A partir da conquista da sede de municipalidade, ou seja, da autonomia administrativa como cidade, o termo "patrimônio" deixava de ser utilizado em favor da palavra "cidade", pois, de maneira mais comum e popular, patrimônio estava relacionado à posição hierárquica de "vila" ou "povoado". Porém, mesmo com a elevação administrativa, mantinham-se todas as regalias da Igreja e fábrica perante o solo urbano, ou seja, o sentido legal do patrimônio, aquele relacionado à posse da área foreira, permanecia intacto.

Se diversos estudos nos mostram a importância da ferrovia pra a produção do café, não são muitos aqueles que fazem ligação entre as companhias e o desenvolvimento dos patrimônios do interior paulista. Contudo, acreditamos que os trilhos urbanos eram tão relevantes para as comunidades como para as lavouras. A partir dos patrimônios, poder-se-iam galgar outros estágios de crescimento.

Matos (1990, p.197) é um daqueles que se referem ao valor da ferrovia para as cidades:

> A chegada dos trilhos é quase sempre um marco na história de uma cidade. Com a estrada de ferro vem todo o aparelhamento que ela exige, especialmente quando a cidade, por alguma razão, é escolhida para sede de qualquer atividade especial da estrada: armazém, oficinas, escritórios, ponto de cruzamento de trens ou local de baldeação.

Contudo, mais que a implantação física da companhia e os rendimentos diretos gerados por ela, devem-se considerar os reflexos indiretos na economia urbana, bem como a confiança nos destinos locais provocados por esse verdadeiro "lastro" do desenvolvimento citadino. Muito embora nem todas as cidades que recebessem a ferrovia se desenvolvessem como o esperado, o fato é que as perspectivas para seu futuro eram favoráveis; o problema certamente estaria aonde a ferrovia não chegasse, como atesta de forma profunda a poética obra de Monteiro Lobato, Cidades mortas, editada em 1919: "onde tudo foi e nada é: Não se conjugam verbos no presente. Tudo é pretérito. [...] cidades moribundas arrastam um viver decrépito. Gasto em chorar na mesquinhez de hoje as saudosas grandezas de dantes".

É o caso da antes importante e promissora cidade de Campos Novos Paulista, "boca de sertão" de toda a região do Paranapanema durante meados do século XIX, que não obteve uma ferrovia, motivo de sua decadência e quase desaparecimento durante o século XX. Platina chegou a ser município, porém, em virtude de a Sorocabana não passar por ela, voltou a ser vila em 1934. Também em função da ferrovia, Ibirarema transferiu-se do seu antigo sítio (Pau d'Alho) para o local onde estava sendo construída a estação da Sorocabana, em 1913 (Tobias, 1990, p.25), e os exemplos são muitos.

Em *Álbum illustrado da Companhia Paulista de Estradas de Ferro – 1868-1918* (Perez, 1918, não pag.), fica explícita a relação entre desenvolvimento do Estado e de toda a rede urbana com a companhia, e, por extensão, a dívida do Estado para com as empresas ferroviárias:

> Toda a zona chamada "Paulista", todas essas numerosas cidades, toda essa população activa que habita ao lado das linhas férreas da Companhia Paulista, tudo isso em todas as suas relações de vida depende substancialmente da prompta, regular e rápida circulação offerecida pela viação férrea. De outra forma não se conceberia a existência de todas essas lavouras, de todas essas cidades, de todas essas indústrias, de toda essa população activa. Tirem a estrada de ferro e tudo isso desapparecerá e se desorganizará, desapparecendo a população inteira que se expandia ao lado dos seus trilhos.

Por esse motivo, os pequenos patrimônios recebiam a ferrovia como uma dádiva de vida, o que implicava a aceitação sistemática do traçado férreo proposto, executado conforme os interesses das companhias que buscavam os melhores locais, seja no espigão, seja junto aos vales, o que dependia da empresa.[2] Como as companhias tinham, em cláusula contratual com o Estado,

---

2 Situações como a de Ribeirão Preto, cuja Câmara oficia a Companhia Mogiana, em 4 de junho de 1883, para ela não construir sua estação no local onde construiu, mas sim "em qualquer lugar dentro da povoação ou pelo menos além do Córrego do Retiro [...]", diziam respeito à disputa entre as Companhias Paulista e Mogiana pela precedência de chegada em Ribeirão, e à pública preferência da Câmara pela Companhia Paulista (Lages, s. d.). Brotas chega a sugerir local para a estação, de forma a ficar mais próxima da cidade ou, quem sabe, valorizar a área privada, como no ofício dessa municipalidade datado do ano de 1884: "Pedido a Cia. Rio Claro para que a estação do ramal da Estrada de Ferro que vai ser construída em direção a esta vila seja colocada

o direito de desapropriação dos terrenos necessários à construção da ferrovia, exerciam o privilégio de maneira plena e conforme seus interesses e conveniências tanto em áreas rurais como nas urbanas. Como exemplo, citamos um raro documento, no qual a Sorocabana informa à Câmara de Bauru de que forma se instalaria no patrimônio, enviado em 27 de fevereiro de 1905, dias antes da inauguração, acontecida em março de 1905, o que demonstra seu caráter apenas formal:

> Aproximando-se o momento da chegada dos trilhos dessa estrada a essa localidade, venho solicitar de vossa senhoria a cessão do terreno do patrimônio, necessária a installação da estação e dependências, figurada na planta annexa, limitado de um lado, pela linha azul MN, de 770 m de extensão, que corta pelo centro as quadras 138, 141, 144, 147 e, de outro lado pelo córrego. (Ofício enviado à Câmara... 1905)

A companhia, além de solicitar áreas do patrimônio à Câmara, as quais não lhe pertencia, mas sim à fábrica, determina a mutilação de quatro quadras, apoiada no seu direito de desapropriação. O intuito era criar uma esplanada, local absolutamente plano como sugere o nome, no melhor ponto possível para o meio de transporte, sem necessidade de grandes cortes ou aterros, e com pouco investimento.

No documento, que infelizmente não possui mais a planta, ainda consta o seguinte:

> Entre a linha azul MN e a parallela a tinta vermelha que limita o páteo da Estação, ficará uma avenida ao longo desse páteo, com grande proveito para essa localidade. A estrada tomará a si indenizar as propriedades particulares já existentes no terreno de que carecem, mas espera que essa municipalidade lhe fará cessão gratuita dos seus direitos sobre os terrenos [...]. (ibidem)

Como se percebe, a Sorocabana intervém no solo urbano com sua implantação e, a partir de sua proposta, projeta e sugere a construção de uma avenida margeando a esplanada, ou seja, desenha, ou melhor, redesenha, por meio de seus engenheiros, o entorno imediato.

---

em local mais próximo que for possível desta vila, indicando o pasto pertencente aos herdeiros de Francisca Bruna [Bueno?] da Silva" (informação obtida em http://www.vemprabrotas.com.br/pcastro/crono.htm).

As áreas a serem desapropriadas para o leito e as dependências da estrada de ferro ficavam a critério das companhias, e elas se reservarão o direito de escolher as áreas que melhor conviessem para o assentamento dos trilhos e das instalações, evitando grande movimento de terras, ou obras de arte, que poderiam elevar o valor das obras. As glebas eram baratas, e compensava fazer longas voltas com o leito da estrada, para mantê-la com a declividade máxima de aproximadamente 2%, do que executar cortes e aterros ou construir pontilhões.

Quando os trilhos vinham paralelos ao curso d'água, frequentemente uma das divisas do patrimônio, havia menores problemas para o futuro dessas cidades, pois apenas reforçavam um elemento de cisão urbana natural ao sítio. Porém, quando os trilhos cortavam o arruamento do patrimônio, uma nova realidade se interpunha para o crescimento urbano. Afinal, as esplanadas precisavam abrigar diversas instalações da ferrovia, como caixas d'água, depósitos e oficinas, além de pátio de parada e manobra. Portanto, mesmo que pequenas, tinham ao menos 200 m de extensão por, pelo menos, 70 m de largura, em média. Quando havia oficinas e rotunda para a manutenção de locomotivas e vagões, a área seria maior, por vezes o triplo ou quádruplo disso. Esse conjunto se configurava num corte ao tecido do patrimônio que dividiria a futura cidade em duas partes, "para cá" e "para lá" dos trilhos.[3] Isso reforçava o corte provocado pela esplanada, o leito da linha, o que representava, por causa de sua extensão significativa, a segregação futura de extensas áreas urbanas, após a expansão das cidades além dos limites originais do patrimônio.

Em algumas cidades, os trilhos situavam-se junto ao curso d'água, ao lado do arruamento, em outras, além do curso, em área externa ao patrimônio. Essa posição obrigaria a construção de ponte transpondo o córrego ou rio, e seria um estirão da malha, quase sempre feita por meio de prolongamento de via. É o caso de Araraquara, onde deveria ser transposto o Córrego da Servidão; Bariri, onde se cruzava o Ribeirão Sapé; mesma situação de São Manuel e Ribeirão Preto, entre outras.

A área ao redor da estação rapidamente seria loteada pelo feliz proprietário da gleba, parcialmente desapropriada, mas que via todo o entorno valorizar-se estratosfericamente.

---

3 Vários foram os patrimônios divididos pela ferrovia, como Agudos, no início do século XX, e Pompeia, nos anos 1930.

A estação obedecia às classificações das companhias: primeira, segunda e terceira classes, que correspondiam ao movimento e à arrecadação previstos. As de primeira classe eram maiores e arquitetonicamente mais requintadas, e recebiam todas as composições; em seguida, vinham as de segunda, mais modestas; e depois as de terceira, pequenas e simples, onde poucas composições paravam, e, dependendo da empresa, eram construídas em madeira. Em muitos casos, com o passar do tempo, a estação de última classe dava lugar a uma nova e de primeira, por causa do crescente movimento de cargas e passageiros do lugar. Até as cidades menos importantes tiveram suas estações antigas e iniciais demolidas, reformadas ou ampliadas, com outra roupagem, novas dimensões e porte, mas habitualmente no mesmo local.[4] Na reconstrução da estação, além da ampliação de instalações operacionais e gare, apelava-se para todo um arsenal de elementos ecléticos agregados à fachada principal: marquises metálicas, frontões semicirculares de inspiração *art nouveau*, novos relógios no frontispício, bossagens pronunciadas, aberturas com detalhes complexos de emolduramento, cornijas e, por vezes, um tratamento mais cuidadoso do espaço livre frontal de acesso.

As paralelas de aço eram tão importantes do ponto de vista urbano que geravam um largo ou praça da estação, à sua frente. Local livre de vegetação, com bebedouro de água para animais e estacionamento de tílburis, carroças, charretes ou veículos movidos a motor, que embarcavam e desembarcavam passageiros, ou faziam carga e descarga. Será também espaço para o primeiro ponto de veículos de aluguel, os significativamente alcunhados "carros de praça". Esse espaço, quase um *foyer* para a cidade, era definido pela companhia ou Câmara quando da implantação da estação, mesmo que para tanto fosse necessário cortar alguma quadra do patrimônio.[5] Caso não se formasse um largo, haveria a avenida da estação que, pela amplidão e importância, abrigaria os mesmos usos.

De pronto, a estação colocava-se como referência urbana do lugar em razão de seu porte arquitetônico e da imagem de modernidade e tecnologia representada por esse meio de transporte, evidenciada não apenas pelos equipamentos e pelo meio rodante, mas também pelas estranhas e delgadas estruturas metálicas

---

4 Kühl (1998, p.160) apresenta-nos uma lista onde são mostradas as estações construídas, consertadas, reformadas, pintadas e aumentadas, da Companhia Paulista, entre 1908 e 1918.

5 Na cidade de Agudos, a estação da Sorocabana gerou um largo e também um corte nos lotes de esquina de duas quadras frontais, a fim de abrir uma perspectiva mais ampla da rua principal de comércio para o edifício.

das gares. Era, em pleno "sertão" paulista, a mais visível e direta manifestação da Revolução Industrial. Com a estação vinha o telégrafo, importante meio de comunicação do período, cujos fios usualmente seguiam a via permanente da estrada de ferro por meio de postes de madeira.

Uma nova entrada era criada para a cidade, agora descortinada pelo trem. A estação, nesse momento, é um portal de acesso, quase único. Mesmo os textos mostram isso claramente, se antes o descortinar urbano se dava por solavancos a partir de uma estrada poeirenta e esburacada, agora escorrega sinuosamente até a parada, como nesta passagem de 1928:

> Ao aproximarem-se de São Manuel os comboios da Sorocabana, surge aos olhos deslumbrados do forasteiro a maravilhosa vista da cidade, colocada no alto da colina e descendo as encostas para o nascente e para o norte até os ribeirões denominados Paraíso e Santo Antônio, que deslizam junto à zona urbana. (Sanches, 1996, p.12)

Essa nova perspectiva dizia respeito também à avenida ou rua da estação que corria paralela à esplanada, pois, para aqueles que estariam apenas de passagem, avistada por dentro dos vagões, essa seria a lembrança e a marca do local, era a fachada urbana por excelência, por onde, de maneira justa ou não, se estimava o potencial de desenvolvimento da cidade.

A ferrovia trazia à cidade outro ritmo de vida, mais moderno, menos modorrento, controlado pontualmente pelo relógio da estação e inteirado das coisas do mundo pelo telégrafo. Os novos sons inundavam o lugar: apitos, sinos e estrondos furiosos dos engates de vagões. Formava-se uma nova elite local, na qual o chefe da estação tinha posição privilegiada e relevo compatível com o dos homens mais importantes do lugar. Para os invejados funcionários da companhia, construíam-se boas moradias de alvenaria, junto à ferrovia, atendendo à hierarquia funcional, privilégio antes impensável nessas pequenas localidades. O conjunto quase sempre era formado pela casa do chefe da estação, anexada no corpo da própria, ou independente e maior; e as casas de funcionários, todas iguais, boa parte das vezes geminadas, duas a duas, a primeira "vila operária" dessas cidades.

Se o comércio situava-se em outro ponto do patrimônio, migrava para o entorno ou eixo da estação, onde ganharia maior movimento. Caso as antigas áreas comerciais fossem distantes da estação, seriam praticamente esvaziadas por causa de sua, agora, má situação estratégica. Não foram poucas as cidades que tiveram suas antigas ruas comerciais esvaziadas em função desse novo polo atrator junto aos trilhos.[6]

Novos estabelecimentos acorriam a se concentrar ao redor da estação.[7] Farmácias, casas de secos e molhados, e o que era mais comum nessas localidades, lojas que vendiam de tudo um pouco, revelando nos "reclames" dos jornais da época a forte relação entre o mundo rural e urbano dessas cidades: chapéus, calçados, fazendas finas e "grossas", ferragens, louças, talheres, vidros, armas e munições, máquinas de costura, sal, açúcar, farinhas, arame farpado, formicida e máquinas para sua aplicação, colchões, camas "patentes" ou "soberanas", querosene e gasolina. Os proprietários iam junto com os estabelecimentos comerciais, moravam no andar superior ou, nos casos mais modestos, no fundo do comércio.

Os trilhos, além de trazerem melhorias urbanas, atraíam compradores de terras e cafeicultores para a região, novas fazendas eram abertas, e as mais antigas aumentavam sua plantação. A economia do município, certamente, daria um salto demonstrado pelo aumento da arrecadação do imposto ligado à produção do café e, a reboque deste, das próprias atividades urbanas, numa espécie de bola de neve de crescimento. A partir de então, os investimentos começavam a acontecer em solo urbano, pois havia segurança quanto à viabilidade do lugar. O lastro que garantiria economicamente a cidade já estava lançado e, com ele, a possibilidade de investimentos a serem efetuados nela. O aspecto de acampamento rapidamente dava lugar ao de uma cidade organizada e estável.

As cidades "ponta de linha" usufruíram dessa condição a favor de seu crescimento urbano, entre elas: São José do Rio Preto na Alta Araraquarense, Marília na Alta Paulista e Presidente Prudente na Alta Sorocabana, que se aproveitam do fato de serem polos de zonas de expansão, o mesmo ocorrendo com Bauru, que se torna a base de ocupação de toda a Noroeste Paulista. Enquanto é fim de linha, a cidade recebe moradores das zonas novas, interessados em embarcar nas composições e também nos serviços e comércio locais, assim como toda carga a ser transportada vinda da região em vias de abertura. Algumas companhias dispunham de oficinas complexas, quase indústrias montadoras que cuidarão do meio rodante, tanto das locomotivas, consertando-as no setor mecânico ou fabricando

---

6 Na capital, o crescimento seguiu o Vale do Anhangabaú e a região oeste em razão das estações da Sorocabana e Inglesa (Simões Junior, 1995).

7 Sintomática a respeito do desenvolvimento local era a chegada das Casas Pernambucanas, grande rede de varejo fundada no começo do século XX, ainda hoje existente, mas que, à época, vendia apenas tecidos e cuja presença era citada por todos como sinal de pujança comercial do lugar.

suas peças na ferraria e caldeiraria, como da construção de vagões e carros os mais diversos, erguidos pelas serrarias e carpintarias sobre *trucks* importados. Todo esse trabalho "industrial" gerava recursos ao município e uma grande oferta de mão de obra especializada, que formava escola e que se refletia na prestação de serviços local.[8] Quanto mais tempo essas cidades permanecessem como "ponta dos trilhos", maior chance teriam para garantir sua solidez econômica, amparada em outros setores além do agrícola, como os serviços e o comércio.

Concessão de serviços públicos e a infraestrutura básica

Os serviços públicos foram dos ramos preferidos para investimento do capital cafeeiro e iniciaram-se quase sempre a partir de pequenas empresas locais, patrocinadas por fazendeiros unidos a engenheiros e técnicos. Esse processo é repetido nas várias partes do Brasil em que se produzia café ou onde a economia regional possuía vigor, mas com maior ênfase e número no interior do Estado, em razão da quantidade de cidades em formação e da sua potencialidade econômica. Como exemplo do crescimento da infraestrutura implantada no país, temos os dados da potência elétrica que se eleva de maneira surpreendente: em 1890, era de 10.350 cv; em 1900, 17.441; em 1905, 60.778; em 1910, 203.901; em 1925, 475.652, conforme o recenseamento de 1920 (Silva, 1976, p.99).

A infraestrutura básica significava, além de melhores condições de vida para a população, a possibilidade de incremento da economia local, que poderia estabelecer ou receber manufaturas, bancos, comércio de grande porte e expandir todos os demais negócios urbanos.

Interessados em explorar os serviços de água encanada, iluminação pública através de óleo/querosene, acetileno (gás) ou energia elétrica, telefone e mesmo esgoto remetiam ofícios a Câmara Municipal no sentido de conseguir o direito de concessão, que se dava por licitação pública. Chegam também dezenas de petições destinadas à criação de empresas ou à exploração de serviços públicos de todo tipo, de transporte urbano por bondes elétricos a estradas de ferro ligando os lugares mais disparatados do interior paulista ou com destinos mais distantes ainda. Muitos faziam isso antes mesmo de possuírem investidores, indo em busca deles posteriormente. Muitas das propostas submetidas às

---

8 Por causa das características e dos materiais empregados na montagem dos vagões, formavam-se excelentes carpinteiros, marceneiros e serralheiros.

edilidades nada mais eram que tentativas frustradas, bem-intencionadas ou não, de viabilizar empreendimentos impossíveis ou impraticáveis, que, com a aprovação das câmaras, poderiam receber financiamentos bancários, parte do grande cassino em que se transformara o país a partir da década de 1890.

Entende-se, entretanto, o quanto essa especulação mexeu com o ambiente urbano e a primazia que tomava, cada vez mais, a cidade como local essencial das atividades econômicas. Os que conseguiam capitais, e realmente os aplicavam nas cidades, tinham como aval para o sucesso o número cada vez maior de habitantes, uma classe média ascendente que poderia pagar pelos serviços e o aumento do número das construções. A presença da ferrovia e o corpo técnico trazido por ela, ou que teve sua vinda para essas novas cidades ensejadas a partir dela, foram fundamentais para a viabilização da instalação da infraestrutura urbana que precisava, necessariamente, de especialistas.

Se os grandes latifundiários com seus capitais, investidos nos diversos ramos ligados às atividades urbanas dos grandes centros, como Rio e São Paulo, lucraram com o liberalismo econômico da Primeira República, no interior paulista os coronéis ocuparão tal espaço. O controle político, aliado ao poder de polícia e à persuasão, tornará os coronéis a nata privilegiada que usufruirá as benesses financeiras, transformando o poder público em extensão do privado. A facilidade de obtenção, pelas intendências, de empréstimos bancários nacionais e internacionais, avalizados pelos aliados do poder estadual e federal, e os recursos advindos dos impostos locais, ainda controlados de maneira elementar e precária pelo *staff* administrativo, a serviço do coronel, institucionalizarão, na vida pública citadina, verdadeiras quadrilhas que viviam do desvio de recursos ou das costumeiras propinas.

Esse é um dos motivos principais, durante a República Velha, por que se engalfinhavam grupos políticos rivais, de situação ou oposição, mas sempre ligados ao mesmo Partido Republicano Paulista (PRP), sem ideário político definido, "identificando-se menos pelos princípios de que pelas figuras exponenciais" (Janotti, 1986, p.63), que visavam chegar ao comando local à custa de muita disputa, e balas, se necessário. Se, em âmbito federal, o país era uma "democracia de arrivistas, especuladores e golpistas" (Sevcenko, 1985, p.40), nas cidades menores e nas fronteiras agrícolas, a habitual sutileza e elegância dos *smarts* da velha corte, transformada em sede da República, dará lugar à força bruta.

Mesmo que o coronel fosse advogado, comerciante ou médico, usasse terno de casimira, gravata e chapéu de palha, ou mesmo jaleco, portanto, longe

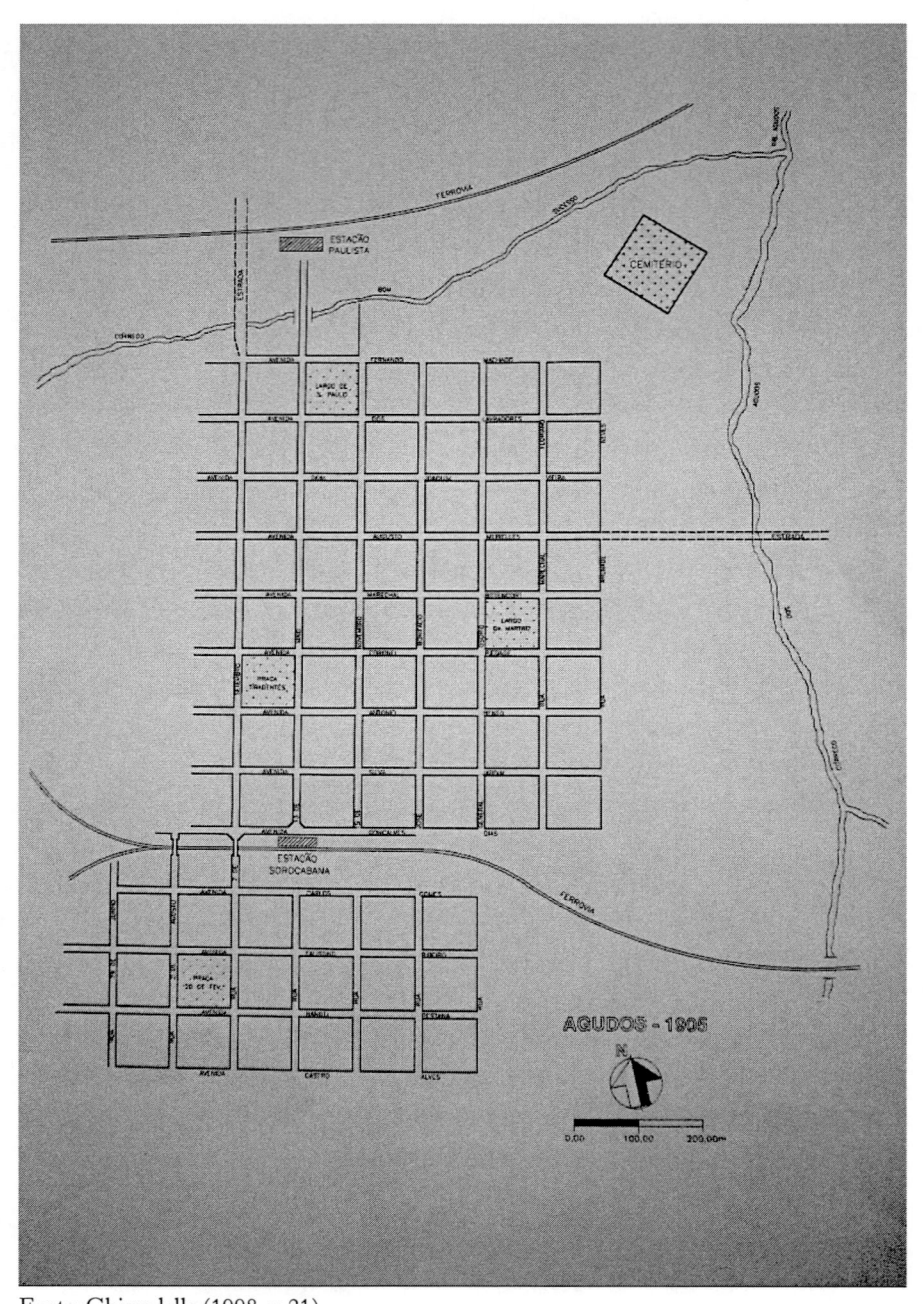

Fonte: Ghirardello (1998, p.21).

Figura 16 – Reconstituição da planta do Patrimônio de Agudos com as duas ferrovias. A Paulista implanta-se fora do patrimônio, ao norte, ao passo que a Sorocabana, instala-se de maneira que desmembra o traçado inicial, ao sul. Ao mesmo tempo, as duas estações, colocam-se numa situação singular, frontais, porta a porta, distanciadas em quase 1000 metros.

daquela imagem estereotipada do coronel de botas, chicote e chapelão, seus métodos pouco mudarão, terá a seu dispor grupos armados ligados à polícia ou mesmo privados, que auxiliariam em questões várias, das disputas políticas municipais até a remoção de posseiros ou a destruição de tribos indígenas para ocupação das terras.

Independentemente de serem os empresários "janotas" da capital ou os coronéis do interior, havia um interesse comum: enriquecer, ou enriquecer mais ainda, por meio de uma economia oscilante e vulnerável ou pelo assalto direto aos cofres públicos.

Mesmo após o encilhamento, a especulação não termina, o jogo de ações é substituído pelo jogo cambial: "Some-se a esse quadro, ainda, a alocação dos vultosos recursos estatais para as mãos de intermediários adventícios, sempre em proveito de aventureiros e especuladores de ultima hora" (Sevcenko, 1985, p.26).

Fonte: Foto do autor.

Figura 17 – Praça da Antiga Estação da Sorocabana em Agudos. Esse era um local de movimento constante, por onde chegavam e saiam às cargas, pessoas, e também eram transmitidas as noticias que vinham "de fora" pelo telégrafo.

Notar a existência, ainda nos dias de hoje, do bebedouro de água para animais.

Todas as rápidas transformações urbanas em zonas novas, desprovidas de qualquer controle público e democrático, darão ensejo à roubalheira generalizada por coronéis, sua parentela e grupo político, acobertados pela hierarquia de mando superior, em âmbito estadual e federal. Esse grupo terá nas mãos decisões que poderiam gerar ganhos imensos, como aquelas referentes à implantação dos serviços públicos urbanos, a expansão dos limites da cidade por meio do parcelamento do solo e a construção dos edifícios públicos. Podem-se imaginar as amplas possibilidades de negócios correlatos daí advindos.

Tudo estava por fazer, e do nada surgiram grandes e ricas cidades, não foi por menos que muitos morreram em conflitos por causa de cargos públicos e suas benesses.

Por vezes, as firmas de infraestrutura urbana tinham o coronel ou preposto como proprietário, em algumas circunstâncias como sócio oculto, porém, como norma, as empresas eram criadas às pressas e, sem estrutura adequada, prestavam serviços de má qualidade e com pouca eficiência, tendo seus comandos mudados de mãos muitas vezes durante sua existência. Contudo, davam início a um processo de melhoramentos *sem volta* e levavam a cidade a outro patamar de qualidade de vida, ao menos para as classes mais abastadas.

Os serviços eram sempre inaugurados com festas, particularmente a energia elétrica, em razão da novidade tecnológica e do efeito visível. Discursos, arcos comemorativos, bailes populares e privados, sempre adornados pelas estranhas e magnetizantes lâmpadas faziam parte dos rituais de ascendência dessas cidades, antigos patrimônios, a um novo estágio de progresso. A iluminação pública seguia quase sempre uma ordem, sendo a energia elétrica implantada nessas cidades após outro tipo de experiência em iluminação, embora a eletricidade fosse a forma desejável, inclusive indicada pelo Código Sanitário do Estado, de 1894.

A iluminação pública dos patrimônios começou a ser feita através de lampiões, abastecidos a óleo ou querosene, inicialmente fixados em algumas construções, depois em postes nas esquinas, e por último também no meio das quadras. Cuidava deles um funcionário, chamado zelador, que os acendia e apagava diariamente, ou apenas "nas noites em que não houvesse luar" (Mattos, 2004, p.34), dependendo do contrato. A iluminação a gás acetileno, vinda posteriormente, chegou a algumas dessas cidades antes da energia elétrica, mas também precisava ser acesa, poste a poste, pelo acendedor, e a manutenção do sistema tinha que ser regular, pois, do contrário, representava importante risco à segurança da população.[9] Sobre a iluminação a gás de carvão mineral, ou gás hidrogenado carbonado, produzida por gasômetros e abastecida por redes de dutos subterrâneos, como as do Rio de Janeiro e São Paulo, não temos conhecimento nas cidades estudadas.

O início da implantação da energia elétrica, na região estudada, foi na penúltima década do século XIX. De todos os serviços, era o mais complexo e caro, pois exigia a construção de usina geradora de força e luz, e, para tanto, grande trabalho técnico executado apenas por engenheiros, fosse movida a água, vapor ou óleo. A primeira usina hidrelétrica do Estado de São Paulo foi a de Monjolinho, construída em 1893, em São Carlos, pela Companhia Paulista de Eletricidade, sendo a segunda do país, pois mesmo a capital da província, que inaugurou a energia elétrica em 1888, tinha sua usina movida a vapor.

É interessante observar que a riqueza do café e o acúmulo de capitais trazem, nesse momento, inovações tecnológicas *a priori* para o interior, como a primeira usina hidrelétrica e a primeira cidade a receber eletricidade. Rio Claro a instalou em 1885, antes mesmo da capital, e atrás apenas da pioneira Campos, no Rio de Janeiro,[10] a primeira cidade da América Latina a ter luz elétrica permanentemente. Piracicaba teve tal melhoramento em 1893, gerada pela Empresa Elétrica Luis de Queiroz, São José do Rio Pardo em 1897, Amparo em 1898 e Ribeirão Preto em 1899 (Ferreira, 1990).

Em algumas cidades, o serviço era mais precário, e a energia era produzida por usina movida por geradores a óleo combustível. Porém, boa parte das cidades por nós pesquisadas tinha sua energia elétrica gerada por força hidráulica, vinda de pequenas barragens que, às vezes, serviam a mais de uma localidade. Botucatu, por exemplo, possuía uma barragem de 40 m de largura, construída em pedra e cimento. A partir desta, um cano de 130 m de comprimento e 1,2 m de diâmetro chegava à turbina geradora com capacidade para 200 cavalos de força, movimentando dois geradores, cada um com 67 kW, da General Eletric. A energia resultante servia a 250 lâmpadas incandescentes e 6 em arco voltaico (Centro de Memória Regional de Bauru, 1991).

A companhia de Botucatu, chamada Empresa de Força e Luz de Botucatu, foi a base para a criação de Companhia Paulista de Força e Luz, fundada em

---

9 Em Capivari, em 1905, uma explosão matou, na praça pública, o intendente e seu auxiliar (Mattos, 2004, p.34-5)

10 Campos recebe energia elétrica a partir de usina movida a vapor. A eletricidade na cidade de Rio Claro era produzida por usina movida a conjunto termoelétrico (Ferreira, 1990, p.21-2).

1912, em São Paulo, por quatro engenheiros e capitais da família Cardoso de Almeida, maiores acionistas. A empresa foi formada a partir da fusão de quatro companhias: Empresa Força e Luz de Botucatu, de 1905; Empresa Força e Luz de São Manuel, de 1908; Empresa Força e Luz de Agudos-Pederneiras, de 1909; e Companhia Elétrica Oeste de São Paulo, de 1910. Surge então um princípio de sistema integrado que servirá: Botucatu, Bocaina, Dois Córregos, Mineiros do Tietê, São Manuel e Lençóis Paulista. A mesma empresa incorporará adiante Bauru, Araçatuba e Pirajuí, passando a ser uma das maiores do Estado. Em 1927, a Companhia Paulista de Força e Luz acrescenta ao seu patrimônio a Empresa Força e Luz de Ribeirão Preto, que atendia a toda a região com uma série de pequenas usinas hidrelétricas e, no mesmo ano, é vendida ao grupo americano American & Foreign Power Company (Amforp) (ibidem).

Esse processo de criação de pequenas empresas, a partir de capitais locais que eventualmente se unem em uma maior, ainda de capital nacional, e posteriormente são vendidas para outra estrangeira, parece ter sido situação comum[11] no interior de São Paulo, tal como se deu com a Companhia Paulista de Força e Luz.

Quando instalada, a energia era vendida para a municipalidade com o intuito de iluminar as ruas e praças, inicialmente apenas em alguns dias por mês. Os particulares também recebiam a luz. Para tanto, contava-se, para fins de cobrança, o número de lâmpadas, bem como a quantidade de "velas" destas.

A iluminação pública das vias era feita através de postes de madeira, no século XX, frequentemente eucalipto, e a das praças, de luxuosos postes de coluna, em ferro fundido, com luminárias a arco voltaico. Em meados dos anos 1920, as lâmpadas incandescentes substituem as de arco voltaico, de difícil manutenção e tecnologicamente superadas.

A "luz" era fornecida em horários estipulados, geralmente do anoitecer até meia-noite. Os serviços dessas primeiras empresas eram péssimos, com interrupções frequentes, por causa da manutenção quase sempre precária, dos equipamentos de geração e da rede.[12]

---

11 O processo de internacionalização das empresas de energia parece começar em 1906, com o processo de expansão do grupo Light e também pela exploração dessas pequenas empresas locais por empresas nacionais de porte (cf. Saes, 1986, p. 174-5). Nelson Werneck Sodré (1971, p.310) também relata o mesmo processo de internacionalização de capitais que, segundo o autor, acontece por causa da necessidade de amortização de empréstimos estrangeiros.

12 A população atribuía vários apelidos a essas empresas, como "pisca-pisca" ou "vaga-lume".

Quando aparecem os medidores por residência, nos anos 1920, a fim de aumentar o consumo, as empresas fornecedoras de energia passam a importar e vender produtos eletrodomésticos a prestações, como ferros elétricos, fogões e geladeiras.[13] Essa prática terá vida curta, apenas como estratégia para elevar o gasto dos consumidores, em particular no período diurno, quando o sistema era subutilizado, pois, logo após, esse tipo negócio é absorvido pelos estabelecimentos comerciais, que ganham um novo ramo de vendas: o de eletrodomésticos.

A água encanada era serviço menos complexo de ser implantado que a energia elétrica, porém também demandava conhecimento técnico advindo dos cursos de engenharia, por intermédio de seus profissionais formados na Europa e nos Estados Unidos, que são atraídos para essas pequenas cidades para a implantação dos serviços. Muitos eram residentes nos grandes centros, especialmente São Paulo, e apenas executavam os projetos sob contrato de firmas locais, outros se estabeleciam definitivamente nessas cidades, cuidavam da manutenção do sistema e criavam uma clientela regional. No final do século XIX, o governo do Estado, por causa das epidemias frequentes e da necessidade de continuar recebendo as levas de imigrantes, cujos países acompanhavam o estado sanitário das regiões e cidades receptoras, chega a patrocinar com seus recursos a implantação dessa importante infraestrutura urbana no interior.

O presidente Rodrigues Alves, em sua mensagem de 1901, informa que a saúde pública "continuava a ser um dos mais sérios problemas da administração" e que "As municipalidades iam-se compenetrando da importância do assunto" com base em dois fatores: a eficácia do auxílio que o governo lhes deu para os serviços de água e esgoto, e a "verdadeira conquista" da "reforma domiciliar, que vai sendo muito bem aceita em todo o Estado, graças a exemplos de Santos e Campinas" (Costa, 2003, p.64). De acordo com Costa (2003), o antecessor de Rodrigues Alves, Fernando Prestes, em sua mensagem de 1900, já mencionava os ótimos resultados das medidas higiênicas adotadas pelas comissões sanitárias. Portanto, a implantação dessa infraestrutura representava mais que uma melhoria local, significava um potencial foco de doenças a menos, que poderia rapidamente se alastrar pelo Estado, agora que as cidades não estavam mais isoladas, mas ligadas entre si pela ferrovia.

---

13 Nesse momento, as caixas forradas de folhas de flandres, onde se colocava gelo em barra, começam a ser substituídas por geladeiras elétricas da marca Mascorte da General Eletric.

A preocupação do governo estadual é tanta que cria em 1893 a Repartição Técnica de Águas e Esgotos como um dos departamentos da Superintendência de Obras Públicas.[14] Em algumas cidades, o serviço de água inicia-se por meio dos chafarizes públicos, implantados em locais de fácil acesso à população, e posteriormente o líquido seria canalizado para os domicílios, como no caso de Itu, Itapetininga (Campos, 2007, p.195, 197) e Araras. Porém, na região estudada, percebe-se que o serviço de água começou, em sua grande maioria, diretamente nas residências.

No Estado de São Paulo, durante a virada do século XIX para o XX, 25 cidades já dispunham de redes de água encanada em operação, em 4 estavam em construção, e mais 14 com projetos aprovados (Vargas apud Motoyama, 1944, p.95). Todo o processo de canalização de água começava com a análise dos mananciais existentes, em que se avaliavam o volume disponível e sua potabilidade. A partir daí, era elaborado o projeto do sistema, prevendo reservatórios, dutos principais e rede geral. Em seguida, construía-se a estação de captação. A água era reservada numa grande caixa de alvenaria, e uma bomba elevatória movida a óleo ou energia elétrica a distribuía para uma ou mais caixas d'água, nos pontos altos da cidade. Daí, por gravidade, em tubos de aço adutores e caixas de derivação ramificavam-se em polegadas diversas, até chegar aos consumidores.

O Código Sanitário Estadual dava uma graduação para fornecimento de água nas cidades. Para uma população abaixo de 10 mil, 100 litros/dia/pessoa, para população acima de 10 mil, 150 litros/dia/pessoa, e para aquelas com mais de 50 mil habitantes, 200 litros/dia/pessoa.

Houve cidades em que o bombeamento de água vinha primeiro através da ferrovia, nas caixas d'água da esplanada, pois as companhias necessitavam desse serviço para o abastecimento das caldeiras das locomotivas e, para tanto, se valiam de "burrinhos", pequenas bombas, para a captação de água dos córregos próximos. Em algumas delas, o excedente do precioso líquido era fornecido para a população, através de torneiras, gratuitamente.[15]

A água encanada muda bastante a vida doméstica, pois cada residência deveria contar com reservatórios para seu armazenamento. Os serviços da

---

14 Decreto n° 154, de 8 de fevereiro de 1893.

15 A Cefnob, por ter precedido as povoações, teve isso como prática constante para o auxílio do início de vida desses pequenos lugarejos.

casa ficam mais práticos, o que torna dispensável os braços daqueles que iam até as bicas ou minas buscar o líquido, e praticamente acaba com a profissão dos aguadeiros. A cobrança do serviço, até certo período, se fazia por ponto instalado, mais adiante, lá pelos anos 1920, serão implantados os primeiros hidrômetros, obedecendo-se a uma tabela que variava de valor conforme o uso: doméstico, comercial, serviços ou industrial.

O serviço de esgoto frequentemente acompanhava a distribuição de água domiciliar, pois a água encanada sem seu esgotamento poderia trazer moléstias ocasionadas pelo encharcamento dos terrenos, particularmente quintais, pelo fato de águas servidas correrem livremente. Os esgotos passam a ser transportados *in natura* para os córregos ou rios através de tubos de cerâmica vidrada, chamadas manilhas, enterrados em profundidades variáveis. Para cada residência, havia um ramal de captação, geralmente de quatro polegadas. As valas por onde corriam as águas servidas são proibidas pelos códigos de posturas, por causa das doenças transmitidas. A ciência do século XIX já havia descoberto os invisíveis vetores que transmitiam doenças como cólera, febre tifoide, hepatite e verminoses. As valas serão alvo frequente dos códigos de posturas, pois atraíam animais e insetos, matando, por doenças infecciosas, particularmente as crianças que brincavam nas ruas.

Esse, assim como os outros, era um serviço caro, feito para aqueles que pudessem pagar. Os que não dispunham do sistema, por estarem fora da área abrangida, improvisavam fossas negras nos fundos das casas, onde ficavam os dejetos e as águas servidas. Para as populações mais pobres, que não podiam pagar pelos serviços, restaria abandonar as áreas servidas pelo sistema de água e esgoto. Os códigos sanitários do Estado, elaborados durante o século XX, exigiam a interdição do prédio que, dispondo dessas infraestruturas públicas, não se ligasse à rede. Os contratos dessas companhias com as câmaras reforçavam e citavam explicitamente o artigo dos códigos, de maneira a não restar dúvidas àqueles que, porventura, vivessem nas áreas onde o sistema estava implantado. Nem todos podiam arcar com as tarifas e as inúmeras reformas internas destinadas as instalações, bem como com o custo de canos, torneiras, hidrômetro e mesmo peças sanitárias. As empresas e a municipalidade tratarão a questão com rigor, a ponto de desalojar aqueles que não tivessem como arcar com os serviços.

A "ideologia da higiene", conforme Sidney Chalhoub (1996, p.35), era utilizada correntemente pelo poder público para justificar medidas impopulares e de exclusão social ou que significassem maiores gastos para os cidadãos: "Em suma, tornando-se possível imaginar que haveria uma forma 'científica' – isto é 'neutra' supostamente acima dos interesses particulares e dos conflitos sociais em geral – de gestão dos problemas da cidade e das diferenças sociais nela existentes".

Portanto, o discurso saneador apoiava-se numa base científica falsamente inquestionável que encobria toda uma sorte de violências contra os mais pobres. Chalhoub (1996) considera que essas premissas permitiriam aos médicos e engenheiros galgar posições na administração pública, particularmente após a República. E que os termos "beleza, limpeza, civilização, ordem, progresso", repetidos *ad nauseam*, seriam incorporados socialmente a partir de seus antagônicos "tempos coloniais, desordem, imundície" etc. E o que se pretendia era fazer a civilização europeia nos trópicos (ibidem, p.35).

Os serviços sanitários visavam, antes de tudo, ao lucro sobre o capital investido, e nem sempre as empresas prestavam serviços adequados, como se percebe em artigo publicado, em 1911, na *Revista de Engenharia*:

> [...] na actualidade [constata-se], o pleno domínio das idéias de saneamento e os esforços que se fazem sentir nas aglomerações mais importantes do nosso paiz para o estabelecimento dos serviços de higiene. Applaudidas pelas populações aprovados pelas facções políticas, os contratos de saneamento parecem de começo instrumentos claros, com obrigações recíprocas perfeitamente definidas... Todavia, são muito raros os serviços dessa natureza que chegam a bom termo sem penosos incidentes, sem lutas acirradas entre as partes contratantes. (apud Andrade, 1966, p.268)

No mesmo texto, apontam-se como causas para o mau serviço os problemas de ordem política, as imperfeições técnicas iniciais de projeto e contrato, e a ausência de fiscalização (Andrade, 1966, p.268). Nas pequenas comunidades, tais empresas eram mais deficientes ainda, pois tinham quase sempre a intermediação dos coronéis e de seus protegidos, que, em razão dos interesses envolvidos, faziam vistas grossas aos serviços deficientes e não os fiscalizavam adequadamente, o que gerava reclamações constantes dos usuários.

Em relação à rede telefônica, implantada comercialmente a partir de 1879 no Brasil,[16] parece ter havido, na área pesquisada, a precedência desse serviço,

---

16 Em 1879, D. Pedro II autoriza a criação da primeira empresa telefônica no Rio de Janeiro. Informação disponível em: www.museudotelefone.org.br. Acesso em: 10 jul. 2007.

destinado exclusivamente às linhas ferroviárias, através do telefone de linha, que punha em contato rápido as estações, informando-as sobre algum problema ou acidente ocorrido no percurso das companhias. A primeira cidade paulista a receber uma empresa de telefonia será Santos, em 1883, e, nesse momento, terá 75 assinantes, e somente no ano seguinte a capital terá sua companhia.[17]

Nas novas cidades da área estudada, a rede telefônica municipal foi criada para atender à área do patrimônio e às fazendas ao redor. Quase sempre, como incentivo à implantação do serviço, havia isenção dos impostos locais e das demais infraestruturas públicas. Os isoladores, por onde corriam os fios, ficavam dispostos em postes de madeira, com mais ou menos oito metros, junto às calçadas. O telefone era primeiramente a magneto, ligado a uma central. Uma manivela chamava a telefonista, que fazia a ligação, e a mesma manivela também servia para avisar sobre o término da ligação. Posteriormente, foram implantados os telefones com bateria, sem manivela, em que a comunicação com a telefonista era feita, imediatamente, a partir de tirado o fone do gancho.

Dos interessados no serviço, cobravam-se o aparelho, a assinatura e a instalação. No patrimônio, o custo da instalação era fixo, e variável para as fazendas, pois cobrava-se por quilômetro de fio e por todo o posteamento do percurso. Os assinantes eram conhecidos, bem como seus respectivos números, a partir de divulgação pela empresa telefônica por meio dos jornais locais, geralmente uma vez ao mês, conforme rezava a maioria dos contratos entre câmaras e companhias. Nas propriedades rurais, o telefone foi uma conquista, pois favoreceu a transferência dos fazendeiros para a cidade, reduzindo seu contato pessoal e direto com as lavouras, agora possível com menos constância por causa do aparelho.

As empresas telefônicas, aos poucos, expandiam a fiação para as cidades próximas, ampliando a rede. Em 1903, chega o sistema telefônico a Pederneiras, pela Rede Telefônica Bragantina, que logo o expande a Jaú, Barra Bonita, Bica de Pedra (Itapuí), Bocaina, Brotas, Dois Córregos, Mineiros do Tietê e Torrinha, cidades da região, para onde, a partir de então, poderiam ser efetuados interurbanos (Furlani, s. d.).

Na primeira década do século XX, em Rio Claro, o comendador Agostinho Prada cria a empresa Cruz, Prada & Cia. para a exploração dos serviços de telefonia que ligava, por interurbano, Campinas, Rebouças, Vila Americana,

---

17 Informação disponível em: www.museudotelefone.org.br. Acesso em: 10 jul. 2007.

Cordeiro, Limeira, Rio Claro, São Carlos e Corumbataí. Mais adiante, o mesmo comendador compra a Rede Telefônica Bragantina.

Da mesma forma que os serviços de energia elétrica, a rede telefônica estadual inicia-se por meio de empresa local que cresce e incorpora outras de cidades próximas, pois, caso não expandisse, seria incorporada por uma maior. Esse processo acabaria na internacionalização dos capitais em período não muito distante daquele por nós estudado. O crescimento da rede telefônica é expressivo no Estado. Em 1907, havia cinco mil aparelhos, e, em 1913, o número havia crescido para dez mil (Love, 1982, p.130). Em meados da década de 1920, as cidades mais importantes do interior paulista já estavam ligadas com a capital e o Rio de Janeiro, por meio das empresas concessionárias de telefonia, o que encurtava distâncias e facilitava os contatos.

O lixo urbano passa a ser recolhido em dias estipulados pelas prefeituras, por meio de carroções que o pegavam da frente dos imóveis, depositados dentro de latões, frequentemente grandes latas de óleo reutilizadas para esse fim. Seu destino eram os lixões improvisados, a céu aberto, localizados ao redor do limite dos aglomerados.

O setor de serviços

Serviço fundamental para as cidades, mas não de âmbito municipal, era o correio, vinculado, durante o império, à Secretaria do Estado dos Negócios da Agricultura, Comércio e Obras Públicas, havendo na província uma Administração Geral. No início da República, o correio passa a vincular-se ao Ministério da Indústria, Viação e Obras Públicas.

Até o último quartel do século XIX, em razão da carência de transportes e das más estradas, quando as pessoas viajavam com pouca frequência, e se o faziam era a pequena distância, o correio funcionava como dos únicos meios de comunicação. Sua atividade era baseada nos agentes locais que vendiam os selos e postavam a correspondência, e em estafetas que possuíam animais próprios e transportavam, periodicamente, malas ou malotes com as missivas em direção às cidades mais importantes, e, em seguida, eram subdivididas para outras, sucessivamente.

Quanto mais isolada fosse a comunidade, mais vital seria esse serviço. Os patrimônios repetidamente mandavam ofícios à administração provincial com o fito de criar agências postais locais, mas problemas com as estradas precárias atrasavam a implantação desse serviço. Resolvia-se paliativamente a questão levando as correspondências até as localidades mais próximas que dispusessem de agência.

A dificuldade de comunicação pela falta de estradas ou inexistência de agência afetará significativamente a vida urbana, e mesmo política, como se constata na ata da sessão extraordinária da Câmara de Jaboticabal, responsável pela freguesia de São José do Rio Preto, em 1892:

> Officio do Juiz de Paz de Rio Preto de 6 do mez pretérito, participando não ter n'aquella freguesia havido eleição para o cargo de presidente do estado, por ter recebido o aviso depois do dia marcado sendo demorado a recepção do mesmo pela falta do correio – Inteirada. (Brandi, 2002, p.331)

Mais uma vez, o trem praticamente resolverá tais demandas, pois o correio se tornaria simples consequência do aumento de importância da cidade, sendo os malotes levados por esse meio de transporte, e daí por cavalos até as cidades menores.

Geralmente, o correio iniciava suas atividades numa localidade com serviços de envio de correspondências semanais ou de três em três dias, passando gradativamente, com o progresso local, para diário, particularmente após a presença da ferrovia. Aos poucos, uma agência mudaria de classe conforme o movimento local,[18] que tendia a ser crescente.

A agricultura poderia ser a principal ou primeira fonte de recursos dos grandes fazendeiros, mas, aos poucos, sobras de capitais são investidas em outros ramos comerciais e de serviços, sobretudo nos urbanos. Sobre o período republicano, Prado Jr. (1994, p.208) faz o seguinte comentário:

---

18 Em Jaú, era esta a situação do correio na virada do século: "está actualmente na cathegoria de 2.ª classe, mas continua a funccionar, como nos primeiros tempos, quando era de 4.ª ou 5.ª em pardieiros acanhados e immundos, devido á exiguidade da verba concedida para aluguel de casa. Dizemos pardieiros, no plural, porque infelizmente vemos quasi diariamente a agencia ser mudada deste para aquelle pardieiro, deste outro para um terceiro, etc. Quanto ao pessoal do serviço estamos n'um grande atrazo: imagine-se que a nossa agencia tem um movimento extraordinario e que é servida por dous empregados apenas, agente e ajudante! Em 1899, por exemplo, a agencia expedio 360.296 cartas, 6.413 registrados, 428 officios diversos e emittio 1287 vales postaes" (Teixeira, 1900, p.49).

No terreno econômico observaremos a eclosão de um espírito que senão era novo, se mantivera no entanto na sombra e em plano secundário; a ânsia de enriquecimento, de prosperidade material. Isto, na monarquia, nunca se tivera como um ideal legítimo e plenamente reconhecido. O novo regime o consagrará.

Da mesma forma que na capital, os grandes fazendeiros diversificam seus investimentos, também no interior, e a abertura de estabelecimentos bancários será um excelente filão. A política de encilhamento, capitaneada por Ruy Barbosa, baseada em decretos que regulamentaram as sociedades anônimas e a organização de bancos emissores, resultou em orgia econômica que, no intuito de desenvolver o país com a criação de empresas, levou à formação de firmas de fachada com finalidades escusas e de tantas outras sem capacidade de gerenciamento ou estrutura mínima. O resultado foi inflação alta, intensa especulação e quebradeira generalizada. A criação de bancos e empresas foi uma febre nacional nos idos de 1890. Sobre a abertura dessas instituições na cidade do Rio de Janeiro, Taunay (1939-1943, p.60) observa: "Nada menos que de trinta e trez bancos e duzentas e uma companhias! Com cerca de um milhão e quatrocentos mil contos de capital".

A verdadeira jogatina financeira instalada no país, ainda segundo Taunay (1939-1943), chega a esgotar os nomes de empresas que, ao menos aparentemente, pudessem ser consideradas "sérias". Surgem, então, estabelecimentos com as denominações mais estranhas, como: Banco União dos Carroceiros, Bancaria Theatrel do Brasil ou Companhia Protectora das Costureiras (ibidem, p.8). Embora, na cidade de São Paulo, os efeitos tenham sido um pouco menores que na capital federal, mesmo assim, treze bancos foram criados entre 1890 e 1893, e apenas seis perduram até 1895: Banco de São Paulo, Comércio e Indústria de São Paulo, União de São Paulo, Crédito Real de São Paulo, Construtor e Agrícola e dos Lavradores (Saes, 1986, p.104).

Com esse ambiente como cenário, também no interior, parte dos lucros excedentes da lavoura cafeeira é transferido para o solo urbano, principalmente por meio da implantação da infraestrutura e de investimentos em empresas comerciais e de serviços, entre elas os bancos locais. Como exemplo, em 1891, membros da família Almeida Prado, de Jaú, abrem o Banco Melhoramentos com capital de 500:000$000, quatro anos depois elevado para 1:000:000$000. Em São Carlos, a primeira casa bancária foi fundada em 1890, pelo conde do Pinhal, figura de proa da economia local, o que gerou o surgimento de outras instituições, como o Banco de São Carlos e o Banco União São Carlos.[19] O mesmo ocorreu em relação a Araraquara, Bauru, Guaratinguetá, Mococa, Amparo, Ribeirão Preto, Piracicaba, Taubaté etc., com a criação de bancos locais.

De acordo com Saes (1986, p.105), a partir do início do século XX, surgem os bancos "italianos", em busca de depósitos de imigrantes dessa nacionalidade. Alguns são do interior, como o Banco Italiano de Ribeirão Preto, Banca di Sconti de Piracicaba, Banco de Comércio e Indústria de Mococa, entre outros, de onde se percebe, pelo número deles, que os valores disponíveis por essa comunidade já deveriam ser respeitáveis. No mesmo trabalho, é reproduzida a tabela do "Anuário Estatístico de São Paulo" com os capitais realizados pelos bancos paulistas em 1906. Dos nove bancos nacionais, os três iniciais são da capital, sendo o primeiro deles o Banco do Comércio e Indústria de São Paulo, com 10.000:000$000 de recursos, porém, do quarto ao nono lugar, todas as posições são ocupadas pelos bancos do interior, iniciando-se com o Banco Melhoramentos do Jaú, com 821:780$000 em capitais (ibidem, p.107).

Toda cidade próspera possuiria seu banco ou bancos locais, criados a partir dos capitais vindos da lavoura por meio de consórcio de agricultores ou de um isoladamente, em razão dos incentivos e da permissividade da política econômica federal. Boa parte terá vida curta e será eliminada pela incompetência administrativa, pelo *crack* de 1929 ou adquirida por instituições menos frágeis, de abrangência maior.

Entre os negócios de prestação de serviços, nessas cidades, algumas com características de "boca de sertão" e "chão de passagem", destacam-se os hotéis para todo tipo de clientela, de caixeiros viajantes a capitalistas interessados na compra de terras. Localizavam-se ao redor da estação, área nobre para esse uso, e de acesso fácil para quem estava em trânsito. Nesse ramo, apareciam novidades como banheiros coletivos para cada andar da edificação e supremo luxo: água corrente nos quartos. Os restaurantes dos hotéis serão pontos de referência para os forasteiros e mesmo moradores, em razão da raridade de restaurantes independentes à disposição. Muitas das festas e comemorações locais se darão nesses espaços, considerados nobres, que oferecerão mesa farta e boa carta de vinhos.

---

19 Informação disponível em: www.sescsp.com.br/memoriasdocomercio. Acesso em: 30 maio 2006.

A ventilação e iluminação naturais, a limpeza e o conforto tornam-se diferenciais importantes para esse tipo de serviço, como se percebe no "reclame" do "Hotel Familiar" de Santa Cruz do Rio Pardo:

> No ponto mais saudável da localidade, tendo todos os seus quartos janellas e ar suficientes acha-se em condições de offerecer aos srs. Viajantes e Exmas. Famílias a hygiene e conforto desejáveis [...]. (in Junqueira, 1994, p.100)

Se a cidade fosse ponta de linha ou houvesse mais de uma companhia ferroviária em seu solo, a baldeação deveria ser feita, e o pernoite era obrigatório. Os hotéis, nessas cidades, eram em grande quantidade, sendo alguns edifícios imponentes e nobres, mostrando o quanto esses espaços urbanos eram "rota de passagem" para muitos, que para aí ou para mais adiante se dirigiam a fim de fazer negócios. Tais cidades, também por esse motivo, serão mais receptivas aos forasteiros, pois, afinal, todos de alguma maneira também o eram, diferentemente de comunidades mais antigas e estabilizadas, onde o "berço" e a "família" contavam sobremaneira nas relações sociais e na política. São exemplos dessa diferença Bauru e Jaú ou São José do Rio Preto e Campinas. Nas últimas, as elites tradicionais e o "nome" pesaram sobremaneira nos destinos locais, ao passo que, nas primeiras, um "forasteiro" poderia se candidatar à personalidade local, desde que tivesse as condições necessárias. Já nos anos 1920, o jornalista Breno Ferraz (1924) expõe essa diferença de "caráter" entre as muitas cidades visitadas por ele.

Junto dos grandes hotéis, os populares e baratos, e as inúmeras pensões improvisadas em casas de família. No rastro dessa população em trânsito, uma série de casas noturnas se formava para atender a clientela masculina "de fora" e, claro, também a local, ávidas pela vida boêmia. As chamadas "zonas do meretrício", guetos morais, demarcados no espaço da cidade, eram situadas em locais de fácil acesso, mas relativamente segregadas dos bairros ditos familiares. Os cabarés ou as pensões ocupavam uma rua ou parte dela, e esse setor tornava-se restrito para crianças e outras mulheres, que não as prostitutas.

O cuidado com o nome do hotel de Santa Cruz, já citado, e a ênfase do anúncio, que se refere explicitamente às famílias, tinham como principal foco deixar claro que o estabelecimento não deveria ser confundido com uma pensão suspeita ou casa de prostituição. Leis locais, inclusive, forçavam um controle moral e policial, exigindo que os livros de registros dos hóspedes fossem rubricados, uma vez por semana, pelas autoridades de segurança na delegacia.

Em razão das epidemias que ainda grassavam nessas cidades, particularmente a gripe espanhola, ocorrida entre 1918 e 1919, são criados os primeiros hospitais. Se os mais ricos, em caso de doença, podiam se deslocar para as cidades maiores ou ter assistência de médicos particulares, as boticas e farmácias, bem como os curandeiros e as benzedeiras, eram as únicas referências de saúde para os mais pobres. Entretanto, com a instalação de hospitais, a população menos abastada passou a utilizar essas instituições. As primeiras casas de saúde são criadas pela Irmandade da Santa Casa de Misericórdia, instituição fundada em Portugal no século XV e tão antiga no país quanto as primeiras cidades.[20]

Para sua operacionalização, os "irmãos" colaborariam com quantia fixa anual, e a sua gerência ficava por conta da mesa administrativa, tendo à frente o provedor, quase sempre médico. A criação da Santa Casa mobilizava toda a comunidade com subscrições de valores pelos mais ricos, donativos pela classe média e caixas de esmolas distribuídas no comércio para os mais humildes, além de festas e quermesses beneficentes. O hospital será estabelecido em função do amparo à população local e principalmente por causa das doenças que grassavam nas cidades, como varíola, febre amarela e gripe espanhola, que poderiam atingir a população como um todo: ricos e pobres.

O edifício, habitualmente, era construído aos poucos, mas, quando terminado, colocava-se entre os principais da cidade, nem tanto pela ornamentação ou pelo luxo, mas pelo porte e pela metragem construída. Quase sempre era formado por corpo principal, com acesso frontal, capela, administração, consultórios e pavilhões dispostos perpendicularmente ao corpo prinicipal, intercalados por jardim, de forma que os quartos e as enfermarias, de generoso pé-direito, recebessem luz e ventilação plenas. Nesta, mais do que em qualquer outra construção, pelo próprio uso, as demandas de cunho sanitário eram cuidadosamente resolvidas. Nas décadas de 1920 e 1930, os espaços

---

20 No início, essas organizações de caridade existiam para amparar os enfermos e os necessitados, socorrer os presos e abrigar os órfãos. Entre os doentes, apenas se dirigiam às Santas Casas os pobres e solitários que teriam ajuda na morte, pois as demais pessoas expiravam na própria casa. Com o desenvolvimento da medicina, no século XIX, essas entidades passaram a ser utilizadas, realmente, para o tratamento dos doentes, tendo entre os procedimentos cirurgias e o próprio convalescimento.

tornam-se cada vez mais especializados, com salas de cirurgia, instalações "eletroterápicas", salas de raios X etc.[21]

As reformas urbanas

A República herda toda uma sorte de mudanças urbanas, acarretadas pela abolição, que a antecede e lança nas cidades, particularmente nas próximas às lavouras tocadas pela mão de obra negra, um número muito grande de ex-escravos que não têm onde morar ou trabalhar. Essas pessoas que, com seus braços, faziam às vezes da inexistente infraestrutura pública, carregando os "tigres" e os barris de água e transportando o lixo. As frequentes epidemias geradas pela falta de infraestrutura e o aumento populacional, também decorrente da imigração, levarão às reformas urbanas nas principais cidades brasileiras, em especial no Rio de Janeiro e em São Paulo.

As reformas não diziam respeito apenas às melhorias das condições de salubridade para a população, tinham como meta principal criar uma imagem de progresso e modernidade do país perante o mundo e os países vizinhos, como Argentina e Uruguai, que possuíam capitais recém-modernizadas.

O melhor exemplo de transformação urbana aconteceu na capital federal, no início do século XX, com a reforma de Pereira Passos, onde uma complexa rede de serviços públicos foi implantada sobre novos traçados viários, resultantes de extensas desapropriações e demolições. O sítio colonial central, formado por ruas estreitas e irregulares, dá lugar a amplos e retilíneos bulevares à moda parisiense. Mais ainda, novos edifícios são criados como representação do Estado e da própria burguesia ascendente. Tratava-se de um conjunto de melhorias viárias, edilícias e infraestruturais, uma verdadeira metamorfose urbana. A população mais pobre que ali habitava cortiços, estabelecidos em

---

21 Os hansenianos, considerados outro problema de saúde pelas câmaras, vagavam de cidade em cidad e em busca de auxílio. Eram, quando a municipalidade podia, recolhidos, ou melhor dizendo, presos, em lazaretos próprios, mantidos por irmandades ou mesmo pelo Estado, que, entre 1920 e 1930, cria vários sanatórios no interior. Os sanatórios estaduais construídos distantes das cidades e projetados criteriosamente com grande apuro urbanístico, com base em similares existentes no sul dos Estados Unidos, serão eles próprios minipovoações, dotadas de praças, bosques, igrejas, correio, salões de jogos e festas, casas unifamiliares, carvilles, áreas esportivas, cemitério etc., onde os doentes ficavam confinados e isolados do restante da população e de parentes, que se comunicavam com os internados apenas por parlatórios.

construções muito antigas, é desalojada, transformando a remoção da pobreza na "remoção dos pobres" (Reis Filho, 1994, p.15). A partir de então, a fachada atlântica e mesmo o centro serão reservados aos negócios importantes e àqueles que pudessem pagar por toda essa infraestrutura implantada.

Responsáveis pela execução das reformas foram as novas empresas de engenharia e construção que abriram espaço junto ao governo para imensos ganhos nas obras patrocinadas pela República. O novo regime, por meio da política de encilhamento, incentiva a criação de empresas para atuação no mercado interno, aproveitando-se de legislação específica. Muitas existirão apenas para finalidades escusas, porém outras serão as bases das primeiras companhias de construção civil do país.

As obras de remodelação urbana sobre sítios coloniais espalham-se pelas cidades importantes e pelas capitais brasileiras. São claramente visíveis as melhorias urbanísticas, resultado de investimentos nos serviços públicos que transformaram o quadro urbano, ao menos para aqueles mais ricos:

> As condições de vida para as classes dominantes, em cidades como Rio de Janeiro, Santos, São Paulo ou Campinas, tornaram-se, do ponto de vista de saúde, equivalentes às das principais cidades do mundo, à época consideradas como civilizadas. (Reis Filho, 1994, p.17)

Havia um célere crescimento urbano, sobretudo no Estado de São Paulo. As reformas e a implantação da infraestrutura pretendiam dar conta dessa situação de rápidas transformações. O aumento populacional do Estado como um todo era aspecto a ser considerado seriamente para a melhoria das cidades. Em 1826, São Paulo possuía 258.901 habitantes; em 1872, 837.354; em 1886, 1.221.394 (*Relatório da Commissão Central...*, 1888, p.227-9); e em 1900, 2.300.000, crescimento exponencial, portanto.

Em relação ao problema de aumento vertiginoso da população, as cidades do interior de São Paulo estavam numa situação privilegiada, pois tinham de origem traçado regular que outras tantas cidades antigas não dispunham, muito mais fácil para sua expansão urbana, e que abrigaria mais comodamente o crescimento de habitantes. Possuíam vias largas, cuja dimensão chegava a 25 m, frequente ideal viário para muitos projetos urbanos ambiciosos das cidades antigas, que almejavam alcançar modestos 17 m, como pretendido pelo programa de alargamento de ruas para o centro do Rio de Janeiro (Reis Filho, 1994, p.29).

Isso não significa que as novas cidades do interior paulista deixaram de ter programas de reforma, expansão ou mesmo de retificação urbana. Muitas, particularmente as mais antigas, criadas antes de meados do século XIX, contrataram profissionais para retificação e alinhamento de vias, ou mesmo abertura e alargamento de avenidas, porém raramente, naquelas mais novas, foi necessária uma reforma urbana complexa para atingir um padrão urbanístico considerado ideal. O traçado em xadrez, a largura generosa, o sentido retilíneo das vias e a dimensão exata das quadras, existentes nas cidades-patrimônio do interior de São Paulo, pareciam ser o ideal urbano, naquele momento, das cidades mais antigas, que possuíam quadras de desenho variado, vias tortuosas, truncadas e estreitas com dimensões reduzidas.

Nesse aspecto, as ferrovias também contribuirão para essas cidades, por meio do seu quadro técnico formado por engenheiros gabaritados que, por diversas vezes, conceberão projetos para o espaço urbano.

Na cidade de Bauru, como já citamos, a ferrovia cria uma avenida paralela à ferrovia e outra em eixo perfeito ao seu portão de entrada, duplicando para tanto uma via anteriormente existente no patrimônio.[22] Na região litorânea, a antiga cidade de Santos é palco de propostas e intervenção de diversos profissionais engenheiros (Bernardini, 2006) de grande gabarito técnico que saneiam o solo urbano colonial e expandem seu traçado, enfatizando a cidade como porta de entrada e de saída de toda riqueza do Estado.

As elites de Campinas, por volta dos anos 1920, percebem a demanda por um plano estruturador para a cidade de 70 mil habitantes, em função da expansão imobiliária desenfreada, do princípio de industrialização e dos surtos epidêmicos. Inicialmente, é contatado Anhaia Mello, porém, apenas em 1934, inicia-se a elaboração de um plano de urbanismo pelo engenheiro arquiteto Francisco Prestes Maia, apoiado pela recém-criada Seção de Arquitetura e Urbanismo e pela Comissão de Urbanismo, ligados à prefeitura local (Badaró, 1996).

A necessidade de planos gerais torna-se mais presente a partir da ocupação das áreas externas ao patrimônio, quando se perde o controle do espaço

---

22 No início do século XX, várias cidades têm sua formação e traçado definidos pela ferrovia, como Piratininga, projetada em 1905 pela Companhia Paulista de Estradas de Ferro, pelo engenheiro Adolpho Pinto. Na zona noroeste Birigui, Araçatuba e Avaí contaram com traçados elaborados por engenheiros ou técnicos ligados à Cefnob, entre 1906 e 1910. Nesse momento, uma nova realidade se interpõe numa outra parcela do Estado, e a ocupação rural passa a se dar pari passu com a urbana.

urbano, antes centralizado pela fábrica paroquial nas cidades mais novas ou pela Câmara, nas cidades mais antigas. Os loteamentos das áreas "externas" transformam o solo urbano numa colcha de retalhos desconexa e desligada do centro, o que gera a necessidade de planos para sua reagregação, uma das justificativas para o plano de Campinas:

> O parcelamento do solo urbano, anteriormente a cargo do poder municipal, havia se transformado em rentável empreendimento, subvertendo a ordenação do solo, agora sujeita aos interesses do capital e conduzida ao sabor do lucro das empresas de loteamento. (Badaró, 1996, p.57)

Futuramente se perceberá que o plano em si ou mesmo todo arsenal jurídico de leis e decretos atrelados a ele, embora melhorassem a vida na cidade, não conseguirão dar conta de questões maiores que envolviam o solo urbano, como o mercado de terras e a especulação imobiliária capitalista.

Nas novas cidades paulistas do século XIX, constata-se que, se porventura, em tempos anteriores, no início do patrimônio, construções tinham sido edificadas fora do alinhamento, a partir da República, em particular após a chegada da ferrovia, havia severa exigência quanto ao acatamento dele, resultando, por vezes, em demolição de obras irregulares e mal posicionadas, executadas no alvorecer do povoado. Ribeirão Preto tira sua planta urbana em 1884, pelo engenheiro alemão Artur Greisenheuer, que se baseia na ocupação antecedente. Nessa cidade, o rigor quanto ao traçado deveria ser grande, pois esse patrimônio chegou a ter um fabriqueiro assassinado em 1867, por exigir, conforme o arruamento existente, a abertura de uma via sobre o quintal de um rico comerciante (Cione, 1992, v.II, p.63, 351).

O alinhamento torna-se quase uma obsessão entre as câmaras municipais, que o consideravam as principais exigências urbanas. Mesmo nas cidades antigas, onde a regularidade do traçado não era uma constante, há demanda clara por ela, haja vista encomendas de projetos reguladores para engenheiros e arquitetos. Em 1892, a Câmara de Botucatu, por exemplo, regulariza o traçado da cidade por meio de um projeto de alinhamento e nivelamento do engenheiro Joaquim Diniz da Costa Guimarães (Donato, 1985, p.77).

Cidades mais antigas ainda e menos regulares farão intervenções mais drásticas, como Atibaia, fundada em 1769, que contrata o arquiteto italiano Luigi Pucci, um dos autores do projeto para o Museu do Ipiranga, da Santa

Casa de Misericórdia de São Paulo e também do projeto para o palacete do barão de Itapura em Campinas, para fazer novo projeto urbano, em finais do século XIX. Araraquara, entre 1908 e 1916, durante a administração de Bento de Abreu Sampaio,[23] tem seu traçado retificado e regularizado, além de sofrer outras tantas importantes melhorias urbanas (Vargas, 2000).

A regularidade era buscada com afinco, incluindo demolições considera-das irregulares, abertura de ruas e nivelamento das vias e calçadas, porém, por vezes, era conseguida sem necessariamente alterar o patrimônio original da cidade, e sim pela expansão deste, por meio de novo patrimônio ou lotea-mento privado contíguo. É o caso de São José do Rio Preto, onde o engenheiro italiano Ugolino Ugolini, em 1894, traça o novo patrimônio junto ao antigo, estendendo as vias do primeiro, mas obedecendo às suas diretrizes básicas. Une-se, então, o patrimônio de São José com o de Nossa Senhora do Carmo, separados fisicamente pelo Córrego Borá. A descrição das duas áreas, no final do século XIX, é a seguinte:

> A maior parte dos terrenos urbanos esta occupada; a parte de S. José o esta em sua toda totalidade e na N. S. do Carmo, os quarteirões vão sendo occupado de dia a dia: acham-se, porem, ainda hoje, posições centraes esplendidas, quarteirões devolutos e nem poderia ser por outra forma, considerando que o quadro urbano foi demarcado há poucos meses, contem 310 quarteirões regulares e mais de 100 quarteirões irregulares de grandes proporções nas margens dos três córregos e do Rio Preto. (Brandi, 2002, p.536)

É possível perceber que se trata de expansão urbana de patrimônio existente, que anexa outro, doado há muitos anos, mas não efetivamente ocupado, ao primeiro para atender à demanda de terrenos.

É o mesmo que acontecerá mais tarde com a cidade de Marília ou Presidente Prudente, onde mais de um patrimônio ou loteamento, nesse momento, parte das vezes, traçado por engenheiros, será unido para formar uma única cidade. Não se deve deixar de lado as rivalidades entre grupos e coronéis, que, por vezes, permitiam o surgimento de patrimônios vizinhos, numa inacreditável "queda de braços" entre ambos para saber qual deles progrediria mais. Certamente, a união posterior destes foi a solução lógica e sensata para o progresso de toda a comunidade.

---

23 Alguns anos depois, Sampaio será um dos fundadores de Marília.

Houve ainda reformas urbanas pontuais em alguns patrimônios por causa da implantação da estação, que, por vezes, como vimos, necessitava da criação ou extensão de avenida. Raramente foram necessárias reformas drásticas, o mais comum era a retificação do traçado em busca do alinhamento ideal, talvez aquele pretendido pelo primeiro arruador, que acabou sendo acatado parcialmente ou com algum descaso, enquanto a cidade era ainda um povoado insignificante e as suas posturas menos consideradas.

Porém, mesmo com a participação de profissionais preparados, como os engenheiros, parcela significativa dos traçados urbanos continuou a seguir, durante o século XX, a malha em xadrez, com poucas exceções como Araçatuba. Nela foi criada pelo engenheiro francês, a serviço da Cefnob, François Chartier, junto à estação que era o início da povoação, uma praça com vias raiadas, à moda de Haussmann. Mesmo assim, o restante do traçado volta-se ao velho reticulado.

A participação de profissionais gabaritados, parte deles formados na América do Norte ou na Europa, nos parece ser mais relevante por causa de questões infraestruturais e do próprio funcionamento da cidade, vistas agora de forma científica, realizadas por meio de cálculos exatos e com rigorosos critérios técnicos, do que necessariamente em relação a inovações na morfologia urbana (Costa, 2003, p.84).

A implantação da infraestrutura urbana terá um papel essencial no quadro de melhorias da cidade, reduzindo as doenças crônicas que as assolavam com frequência. A implantação de água e esgoto e a drenagem e retificação de córregos, fazendo-os fluir com maior rapidez e com isso evitando enchentes calamitosas, bem como o aterro de brejos, serão obras relativamente comuns nas cidades paulistas mais prósperas, demonstrando um bom grau de profilaxia urbana, ao menos para seus setores mais nobres e para aqueles mais bem aquinhoados.

Contudo, a construção de edifícios públicos relevantes como fórum, cadeia, grupo escolar e Câmara Municipal suscitará algumas mudanças especiais, de caráter pontual e na área mais nobre da cidade, boa parte referente à criação de nova praça pública ou conjunto delas, ou à organização dos elementos construídos com base em pressupostos clássicos de composição, caros ao urbanismo formal do entreguerras.

Parece haver, nesse momento de desenvolvimento urbano, uma necessidade de *qualificar* a retícula, ou seja, embelezá-la, aformoseá-la (termo usual nas atas e nos códigos de posturas da época), tornando-a menos vulgar e previsível. O tratamento dos espaços livres e sua relação com as áreas edificadas, particu-

larmente os edifícios de maior porte, serão a base dessa qualificação e ordenamento do espaço urbano. A tridimensionalização, a partir das construções
mais importantes, tentaria agregar valor estético a um traçado comum e pouco
inovador. Sem alterar substancialmente a quadrícula, pois era considerada um
padrão eficiente, buscava-se dar a ela maior substância plástica por meio de
cuidadosa disposição das edificações principais e dos vazios, ligados por eixos
de árvores configuradas em topiaria, num verdadeiro ordenamento visual.

O eixo entre estação e matriz, que englobava o jardim, os edifícios públicos
e as construções privadas mais importantes, será cercado de cuidados especiais
tanto na manutenção e fiscalização como no oferecimento de todos os serviços
públicos disponíveis, constituindo-se em área de referência no espaço urbano.
Será considerado o "centro" da cidade, local para se ver e ser visto, acesso aos
melhores estabelecimentos comerciais e serviços, e às casas mais ricas. Em alguns casos, serão espécies de "centros cívicos" locais, onde os poderes públicos
constituídos, pelo porte e significado, terão lugar de honra e destaque.

Nessas novas cidades, buscava-se o aformoseamento ou embelezamento urbano, como criação de praça ou conjunto de praças contíguas, arborização urbana,
alinhamento e implantação de edifícios públicos, estação e matriz, com critérios
precisos em relação às perspectivas, ao entorno, ao gabarito e ao uso de outras
construções próximas. Tentava-se um enlaçamento visual do conjunto edificado
e das áreas livres. Nisso, a infraestrutura tinha papel relevante, pois auxiliava na
ordenação da cidade, dotando-a de calçamento, guias, sarjetas, iluminação etc.

Há um cuidado excepcional no relacionamento entre áreas livres e construídas, eixos de perspectivas, por meio de vias públicas e critérios quanto aos
gabaritos do entorno imediato, e sua relação com os edifícios públicos principais. Nesse tipo de implantação, é relevante o papel do paisagismo, com suas
linhas de topiaria, caminhos, luminárias, bancos, bem como dos elementos
construídos, como coretos, monumentos e chafarizes que contribuíam para o
relacionamento entre as partes, amarrando-as.[24]

Acreditamos que, nas novas cidades, esse eixo entre estação e matriz, que
na maior parte das vezes englobava duas vias ladeando a praça e a igreja, teve
o mesmo peso, nas proporções locais, da avenida central para o Rio. Nesse
eixo, existente em cidades como Bauru, Campinas, Araraquara, Jaú, Avaré,
Agudos e tantas, e tantas outras, diferentes em porte e importância, gravitava

---

24 Nessas propostas, é possível perceber influências do movimento *city beautiful* americano.

o comércio mais seleto, as casas bancárias, os edifícios públicos, a igreja matriz e as melhores moradias.

Percebe-se, entretanto, nesse momento, que os procedimentos não eram os mesmos dos velhos tempos, pois agora o urbanismo (o termo aparece em 1911) adquiria autonomia em relação à arquitetura, e seu enfrentamento não se resolvia mais apenas tratando-o como um projeto de arquitetura em escala maior (Lamas, 1993, p.231). Novos elementos se colocavam na cidade do final do século XIX e início do XX, como a infraestrutura básica, as áreas industriais e ferroviárias, as moradias das diversas classes sociais, a higiene pública etc. Nesse aspecto, concorrerão os engenheiros que intervinham nessas cidades a fim de dotá-las de meios concernentes a seu tempo, bem como auxiliando na organização do espaço urbano, num princípio de zoneamento, amparado no Código Sanitário do Estado e no de posturas local. A reelaboração do próprio código de posturas, após a República, será outra tarefa confiada aos engenheiros nas maiores cidades da área estudada.

Todo esse processo de aformoseamento e implantação de infraestrutura pública, contudo, resultou em algo semelhante ao acontecido nas áreas reformadas das grandes cidades, embora em escala bem menor, ou seja, a expulsão dos mais pobres para áreas fora do patrimônio ou, quando muito, para as margens dele, junto a córregos e rios, onde as terras eram mais baratas, ou para novos bairros, além dos limites da área foreira. Embora as leis e o cuidado visual tentassem criar uma cidade ideal, na verdade as formas de produção imobiliária é que acabavam por determinar boa parte do desenho da cidade (Rolnick, 1997, p.13). Se os miseráveis da capital federal foram se alojar nos morros ou em bairros distantes, nas cidades do interior eles ocuparão suas fraldas ou habitarão os novos bairros, ou vilas populares fora do patrimônio, destinados a essa nova clientela, como veremos à frente.

A fábrica paroquial após a República

Na França, a partir do século XVIII, uma parcela do clero adere à ideologia liberal difundida pelos enciclopedistas, chegando inclusive a jurar fidelidade ao Estado. Como reação, outros clérigos defendiam a restrita obediência a Roma, considerando que a fé católica deveria ser universalista, e única, longe das idiossincrasias locais, estes ficaram conhecidos como ultramontanos, pois seguiam os dogmas emanados além dos alpes, das montanhas, onde se situava a sede da igreja, ou também como clero romanizado (Azzi, 1994, p.7). Também no Brasil, dentro dessa ideia de universalização da fé, por exigência do Vaticano, e confrontando o catolicismo popular, expande-se a nova doutrina católica, difundida como reação aos novos tempos das revoluções Francesa e Industrial: "Defendiam a primazia do poder espiritual sobre o poder político, a primazia da fé sobre a ciência, bem como a incompatibilidade da Igreja com a sociedade moderna laicizada" (ibidem).

Embora fruto do início do século XIX, o movimento ultramontano se propaga nas cidades maiores do Brasil a partir de meados do século XIX, gerando sérios choques junto ao governo imperial. Porém, nas regiões rurais, permaneceram os costumes que vinham dos tempos coloniais e a forte presença do catolicismo popular: "As missões populares, as breves visitas dos poucos padres cujas paróquias tinham territórios imensos, não conseguiam integrar a religiosidade popular nos esquemas da religião do catolicismo oficial romanizado" (Castillo apud Torres-Londonõ, 1997, p.100).

A chamada Questão Religiosa, acontecida na década de 1870, que se inicia como conflito entre Igreja e maçonaria, por causa do teor de um discurso de um padre maçom, apontava para a tensa convivência gerada pela união de Estado e Igreja, a partir da Constituição de 1824. No Brasil, o imperador nomeava sacerdotes e pagava seus salários, e, em última instância, tinha controle sobre a aplicação, até mesmo, das bulas papais, pois a Igreja dependia do Estado para sua manutenção.

A queda do regime imperial significou a possibilidade de expansão do movimento ultramontano para o país de maneira geral (Azzi, 1994, p.8). Com a romanização dos rituais e do próprio clero, os dogmas ganham relevo, ao passo que o poder temporal é reduzido, alterando, e de certa maneira distanciando, a relação da população mais simples com a Igreja Católica. Os padres são obrigados a deixar a antiga liberdade de lado e passam a ser fiéis aos bispos e submissos ao papa, tendo suas atividades voltadas, em tese, exclusivamente às questões religiosas.

> A conseqüência seria necessariamente um catolicismo pregado segundo esquemas europeus, com uma visão de coisa, com uma mentalidade e uma doutrinação que somente a duras penas se ajustava aos condicionamentos locais e às reais necessidades da Igreja do Brasil. (Lustosa, 1977, p.59)

Para esse enquadramento "a duras penas", a Igreja atuará firmemente no controle de seus quadros e na normatização dos métodos e ritualística. O Concílio Plenário Latino-Americano de 1899 é realizado para "uniformizar todo o continente" (Marx, 1988, p.40). Nas palavras de Marx (1988, p.40): "Trata-se de amplo esforço do Vaticano para a atualização de normas e procedimentos adotados pela Igreja em todo o mundo, ora tão mudado".

Era também uma clara reação ao anticlericalismo republicano que, mesmo antes de sua primeira constituição, ainda durante o governo provisório, desliga a Igreja do Estado e extingue o padroado que garantia receitas a ela, entre outras medidas, por meio do Decreto n° 119A, de 7 de janeiro de 1890. Nesse momento, os bispos cogitam em lançar uma condenação formal ao governo brasileiro, fato que não se efetiva, mas não deixam de proclamar a *ilegitimidade ética* do governo republicano (Azzi, 1994, p.19).

O desligamento do Estado em relação à Igreja, reafirmado na Constituição de 1891, acabou por dar independência a esta que se vê liberada de qualquer relação com o governo, passando a criticá-lo com frequência. Na Conferência Nacional dos Bispos, em 1890, era denunciada a separação "entre Igreja e Estado, bem como as reformas republicanas que haviam criado o casamento civil e a educação leiga" (Love, 1982, p.184-5). A República implanta ainda a secularização dos cemitérios, a liberdade religiosa e a proibição a subvenções públicas a qualquer culto (Scampini, 1978).

A autonomia em relação ao Estado acarretará a tentativa de unificação dos procedimentos religiosos, dentro das perspectivas reformadoras, mesmo nos pequenos patrimônios religiosos que professavam uma fé mais popular.

> Durante as primeiras décadas da República, os processos da romanização da Igreja brasileira iniciados na segunda metade do século XIX se intensificam, livres das ataduras do padroado. [...] [A Igreja] Pode preencher as paróquias vazias ou semi-abandonadas, aumentar o seu número, com objetivo de reformar a religiosidade popular tida pela hierarquia, e pelas mentes ilustradas, como fanática e supersticiosa, fruto da ignorância, desequilibradora e difícil de integrar a uma nova ordem social, política e econômica. (Castillo apud Torres-Londoñõ, 1997, p.100-1)

A romanização do clero parece ter significado a reorganização institucional da Igreja brasileira para enfrentamento de outras forças que emergiam com muito vigor no período, como a maçonaria, que professava o livre pensamento, a "defesa da liberdade de consciência" (Barata, 1999, p.148) e suas ideias contrárias aos dogmas religiosos. Além dessa instituição, as "novas" religiões que agora apareciam de forma clara e aberta, inclusive com templos no solo urbano, a imprensa dos imigrantes e as sociedades estrangeiras culturais, sociais e de ajuda mútua, boa parte delas constituídas ou controladas por anarquistas ou socialistas, formavam um ambiente social secularizado e bastante adverso à doutrina católica conservadora e hierárquica.

A República, de base positivista, maçônica (ibidem) e anticlerical, acreditava que a Igreja obedecia mais ao papa que às leis do país, e tal antagonismo levará a uma situação de confronto em nível federal, estadual e principalmente local. É clara a influência da maçonaria e de suas ideias, fortemente representada no governo republicano por "expressiva parcela da elite política" (ibidem, p.110) em todos os seus níveis.

Esse momento da *belle époque* local também se traduzia pela autocelebração das classes burguesas, numa autoconfiança sem limites, em que a sujeição às leis civis preponderava àquelas de caráter religioso: "Predominavam a euforia, o otimismo, a crença no progresso material e na secularização como portadores da felicidade" (Homem, 1996, p.197).

Deve-se ter em conta que esses primeiros anos de República foram confusos em função das mudanças estruturais ocorridas e por causa das várias forças políticas que se digladiavam, porém, um pouco mais adiante, a Igreja voltará a seu papel de parceira do Estado: "A Velha República se verá imersa num mar de instabilidade e de lutas políticas. Essa conjuntura será aproveitada pela Igreja, que passados os primeiros momentos de perplexidade, se apresentará como colaboradora da ordem estabelecida" (Castillo apud Torres-Londoñõ, 1997, p.101).

Embora a Velha República sentisse a importância da Igreja Católica e de sua parceria nos destinos do país, será apenas a Revolução de 1930 que celebrará o reencontro entre Igreja e Estado, com o seu reconhecimento quase oficial, benefícios em relação à sua ação ideológica e o retorno da educação religiosa nas escolas públicas (Della Cava, 1975, p.13). Na reconciliação entre Estado e Igreja, a inauguração da estátua do Cristo Redentor por Getúlio Vargas, na antiga capital federal, no ano de 1931, terá um peso mais que simbólico.

Porém, durante a Velha República, esse confronto entre mundo secular e religioso não se dará apenas no nível das ideias e da fé, mas também em outros menos "elevados". A enfiteuse das terras urbanas será a face economicamente mais visível dessa disputa nas cidades, em especial naquelas do interior, por nós estudadas.

A extinção do padroado que garantia recursos à Igreja Católica forçará a procura por outras fontes de renda, entre elas a criação de escolas confessionais para as elites (Azzi, 1994, p.13), particularmente pelas novas ordens religiosas romanizadas que aportam no Brasil, como salesianos, claretianos, Sagrado Coração de Maria etc. Nas cidades por nós estudadas, também houve a cobrança sistemática dos valores referentes ao aforamento, instituto que permanece em vigência mesmo após a constituição republicana. Esse é outro aspecto a se considerar, pois, muito embora tenha sido implantado um estado laico que acabou com uma série de prerrogativas imemoriais da Igreja, a enfiteuse passa incólume pela Carta de 1891. Se até então a Igreja nem sempre reivindicava seus direitos sobre os patrimônios religiosos, ao menos em relação àqueles menores, passará a atuar de forma taxativa após a República e o fim do padroado.

A implantação da ferrovia no solo urbano desses patrimônios, ocorrida nesse período, a subsequente valorização imobiliária do solo e a necessidade de outras fontes de recursos pela Igreja fazem aflorar o interesse pecuniário sobre as datas dos patrimônios. E as demandas das fábricas paroquiais ocorrerão em relação às datas ocupadas pelos particulares e aos espaços livres considerados "públicos". A inexistência, nessas cidades de meados do século XIX, do rossio, área comunal gerida exclusivamente pela instância municipal, presente nas cidades mais antigas, faz que as câmaras fiquem sem nenhuma área pública própria.

O rossio constituía-se na reserva de chão que poderia ser ofertada gratuitamente aos interessados em construir na aglomeração ou utilizada para uso comum da cidade (Marx, 1991, p.72-3, 81), como para pasto, obtenção de lenha, reserva para expansão urbana ou construção de seus edifícios públicos. Nos patrimônios religiosos do século XIX, o rossio não existia, e as áreas livres e as datas pertenciam à Igreja.

Esse é um momento de disputas pelo solo urbano, entre a administração municipal e a fábrica da Igreja, que controlava os direitos sobre as terras do patrimônio. A contenda passava da esfera eclesiástica para aquela econômica e política, tratava-se de discussões sobre o aforamento, um preceito imemorial e pré-capitalista, contudo em vigor, mesmo que flagrantemente contrário às diretrizes do liberalismo econômico empunhadas pela República. Era comum haver graves divergências entre as partes, particularmente após 1889.

Em muitas municipalidades, e certamente naquelas que mais se desenvolviam, pelos interesses imobiliários postos em jogo, questões fundamentais vinham à tona:

• De quem era o chão da cidade?

• Quem deveria administrá-lo?

• A quem pertenceriam as ruas, as avenidas e as praças?

• A Câmara deveria cuidar das áreas do patrimônio se estas pertencessem à Igreja?

Muitas câmaras levaram questões como essas à justiça (Alves, 1897, p.571) e perderam sistematicamente as demandas. O aforamento era perpétuo, portanto a discussão sobre seu fim não caberia, e a administração do espaço urbano competia mesmo às câmaras, inclusive sobre terrenos aforados. Ou seja, as câmaras deveriam administrar as áreas aforadas como parte do município embora não pudessem tratá-las como propriedade pública.

Sobre isso, os juristas eram claros:

> As Câmaras Municipaes não podem chamar a si a administração desses terrenos, nem alienal-os por qualquer fórma. Taes bens patrimoniaes têm por sua natureza o caracter dominical perpetuo, vistas como perpetuas são as necessidades do culto, ás quaes são destinadas as rendas desses bens patrimoniaes. (Alves, 1897, p.571)

E mais ainda, a administração dos bens pertencentes ao patrimônio era de controle exclusivo dos fabriqueiros, nomeados pelos bispos (ibidem, p. 571), por meio da fábrica paroquial.

Em Bauru, o prefeito, em 1913, declara de utilidade pública, e demole, a primeira capela construída dentro do mais importante largo local, com a finalidade de transformá-lo num jardim público. A demolição acaba por ser o ápice de longa discussão entre Câmara e fábrica sobre o domínio dos espaços urbanos da cidade, praças e ruas. A fábrica exigia quinze contos de réis por todas essas áreas públicas, mas a Câmara recusava-se a pagar, por considerá-las de seu exclusivo uso.

A fábrica, no intuito de assegurar seus direitos sobre as áreas livres, ingressa com processo de indenização na justiça comum. Vendo que perderia a ação, por causa da correta comprovação pela fábrica de seus títulos de domínio sobre toda a área foreira, a Câmara entra em entendimento com esta e paga o valor solicitado, conforme reza o acordo no processo judicial: "em relação ao prédio demolido e respectivo terreno, bem como sobre os terrenos do patrimônio, ocupado pelas ruas, praças e largos constantes da planta cadastral da cidade [...]" (Ghirardello, 1994, p.83).

Diferentemente do período colonial, aos patrimônios religiosos faltava o rossio, que desaparece em meados do século XIX (Marx, 1991, p.71). Nessas cidades, os espaços públicos serão todos pertencentes à fábrica, consistindo-se em situação *sui generis*, na qual o poder público não tinha autonomia em seu próprio espaço, como atesta o desfecho do processo em Bauru.

Em Bariri, da mesma forma, fábrica paroquial e prefeitura disputam, no fórum local durante os anos 1920, a posse dos terrenos já ocupados por edificações do município (Zanotti, 1988, p.191).

A Constituição republicana em nada alterou os direitos sobre áreas foreiras, apenas o Código Civil de 1916, conforme os artigos 678 a 694, modifica a enfiteuse, mas não a extingue,[25] embora crie para as novas a figura do "resgate" do aforamento após vinte anos, contudo as antigas mantiveram-se em vigência.

> O código civil conserva a enfiteuse, que é um dos cânceres da economia nacional, fruto, em grande parte, de falsos títulos que, amparados pelos governos dóceis a exigências de poderosos, conseguiram incrustar-se nos registros de imóveis. (Pontes, 1977, p.179)

As discussões públicas sobre o novo código em elaboração traziam propostas para a extinção sumária do instituto da enfiteuse, e esse momento parece ter sido o período na qual as fábricas paroquiais mais se empenharam em garantir seus direitos, que poderiam vir a desaparecer a partir do novo conjunto de leis, algo que na realidade não ocorreu.

Se de início a fábrica paroquial, por vezes, fez vistas grossas para o não pagamento do cânon, pois era interessante o incentivo à ocupação do patrimônio, a partir da valorização do solo, ele será insistentemente cobrado daqueles que o usufruíam. Um exemplo dessa ocupação praticamente gratuita dos terrenos, nos primeiros tempos do povoado, aconteceu na cidade de São Carlos, onde, para serem utilizados, bastaria o pagamento do selo de 200 réis, obrigatório para a obtenção da carta de datas.[26]

---

25 Sobre o assunto, ver Ghirardello (2002, p.129-43).

26 Em fins de 1855 e "Pelos dois anos consecutivos a Câmara de Araraquara passou a fazer doações gratuitas de datas de terras para quem se comprometesse a se fixar nesse novo núcleo urbano. A posse do terreno custava apenas o selo de 200 réis, obrigatório na carta de data" Informação disponível em: http://www.icmc.usp.br/ambiente/saocarlos/historia.html. Acesso em: 28 ago. 2007.

Houve casos, também no início desses aglomerados, em que a Câmara da cidade responsável por sua formação doou datas de terras do chão pertencente à Igreja, o que posteriormente provocou questionamentos pela fábrica, real proprietária do solo urbano dessas cidades e, portanto, única legalmente autorizada para aforamento ou cessão de terras. Parece-nos que situações como essas ocorreram num momento posterior à doação, mas antes da criação da capela e, claro, da freguesia quando o patrimônio parecia "terra de ninguém". Nesses casos, e nos primeiros momentos do povoado, a fábrica parece ter tolerado tais situações irregulares, que seriam cobradas posteriormente com o crescimento da cidade. O fim do padroado reforça tal cobrança.

A fábrica, portanto, a partir da valorização do solo urbano, abre frentes de batalha com as câmaras municipais, gestoras e administradoras civis do patrimônio, e também com os particulares que detinham datas aforadas.

Com o fim da côngrua, que era a pensão entregue aos párocos para sua manutenção, antes garantida pelo padroado, os ganhos advindos das fábricas paroquiais tornam-se relevantes. E os padres fabriqueiros visavam o interesse pessoal na cobrança, pois suas gratificações eram extraídas, em percentuais, dos valores auferidos pela fábrica, 10% das de primeira categoria, aquelas cuja renda não excedia a cinquenta mil réis, e 5% das de segunda, as que superassem esse valor, conforme as Instrucções Provisórias Sobre as Fábricas, da diocese de São Paulo, de 1893 (cf. Alves, 1897, p.565-8)·

As Instrucções, em seu Capítulo II, parágrafo 9º, também exigiam que, para o aforamento de terrenos da Igreja, os fabriqueiros publicassem edital nos jornais locais por 15 dias. Porém, esse expediente se tornou praxe por parte dos fabriqueiros para levantar a real documentação daqueles que já ocupavam áreas do patrimônio, numa espécie de recenseamento das datas aprazadas há mais tempo. Dessa forma, eram chamados todos os enfiteutas para que comprovassem, por meio de suas cartas de aforamento, a legalidade no uso das datas. Caso isso não ocorresse no tempo exigido, o pretenso enfiteuta poderia ser desalojado, por lei, e a data aforada para outro.

Em São José do Rio Preto, bem como em outras tantas cidades em desenvolvimento, a fábrica manda publicar anúncios como este, coletado no *Correio do Sertão*, de 7 de fevereiro de 1895:

Editaes
São José do Rio Preto (Estado de São Paulo)

O fabriqueiro da Parochia de S. José do Rio Preto (S. Paulo) avisa a todas as pessoas que tiverem cartas de aforamento de terrenos, urbanos e ruraes nos Patrimonios d'esta Parochia, à apresentar as respectiva cartas á esta fabrica para serem visadas até o dia 28 do mez de Fevereiro do corrente anno, decorrido este prazo os terrenos pelas quaes; não se apresentarem os respectivos títulos de aforamento, serão declarados devolutos e aforados novamente de conformidade com o regulamento sobre fabricas e Patrimônios das Egrejas da Diocese deste Estado.

O Fabriqueiro (in Brandi, 2002, p.67)

A retomada dos terrenos para aqueles que não comprovassem a posse ou que não tivessem pagado o cânon era medida comum adotada pelas fábricas, que passam, a partir de um certo período, a constituir advogado próprio para discutir tais questões. O Código Civil, aprovado em 1916, garantia os direitos antigos sobre o instituto da enfiteuse, e, portanto, as gestoras dos patrimônios resolveram buscar seus direitos, agora revigorados, com todo o respaldo da lei. É o caso da fábrica de Bauru que, em 1917, anuncia no jornal *O Tempo*:

Edital
Fabrica da Matriz do Divino Espírito Santo
Aviso aos Srs. Foreiros que tendo a fabrica dessa matriz constituído advogado para proceder a cobrança de jóias, laudêmios e foros atrazados dos terrenos aforados e dos que occupados indebitamente fica concedido o prazo maximo até 31 do próximo mez de outubro para os interessados liquidarem seus débitos.

Findo esse prazo, será fornecida ao advogado a relação dos Srs. Foreiros relapsos para os fins de direito.

Outrossim tendo sciencia de que diversos dos Srs. Foreiros tem feito transferencia de seus direitos sobre o domínio útil das datas aforadas, sem obedecer as prescripções dos respectivos títulos de aforamento, declaro que perante a fabrica não tem o menor valor semelhantes transferências, protestando a mesma valer seus direitos em tempo oportuno.

O Fabriqueiro (in Ghirardello, 2002, p.131)

Em Bauru, São José do Rio Preto e em tantas outras cidades, a fábrica cobra com muito vigor a posse das datas, chegando mesmo a contratar, nessa última, como vimos, os serviços do engenheiro Ugoline para demarcar o novo patrimônio contíguo. O objetivo desse trabalho era tirar "um registro cadastral com os números de lote, áreas em metros quadrados e em alqueires, valor do aforamento e nome dos foreiros" (Brandi, 2002, p.533). Ou seja, menos que projeto de melhorias urbanas para a nova cidade, o levantamento dizia respeito à demarcação das datas e seus respectivos ocupantes, visando à cobrança do cânon.

Mesmo numa cidade menor, a fábrica recorreria à cobrança das taxas devidas, ainda que sob o pretexto de necessitar de dinheiro para a construção da matriz (Tablas, 1987, p.62-3):

> EDITAL DA FABRICA DE DOIS CORREGOS
>
> Afim de acautelar os direitos da Egreja confiados a sua guarda, o abaixo assignado avisa aos srs. que occupam terrenos que fazem parte do patrimônio desta Matriz ladeados pelos Córrego Fundo e Lageadinho até a Capella de S. Benedicto, inclusive, conforme se vê do Mappa nos autos da divisão da fazenda "Rio do Peixe" archivado no cartório do 2º officio desta cidade, a não fazerem alienação ou troca dos prédios e terrenos sobreditos, sem primeiro requerer o consentimento da Fabrica e pagar os direitos que à mesma pertencerem, sob pena de nulidade de ditos actos. Em occasião opportuna serão recordadas as disposições da legislação pátria sobre o assunpto, e que ainda estão em pleno vigor.
>
> Dois Córregos, 29 de Abril de 1910.
>
> O Fabriqueiro
>
> Padre Francisco Xavier Costabile

No caso de Dois Córregos, o padre, em seu edital, "lembra" aos ocupantes das datas do patrimônio que a legislação sobre a enfiteuse ainda vigorava em nosso país e que os diretos da fábrica, inerentes a ela, precisavam ser quitados, sendo nulos todos os atos posteriores sem sua aquiescência. Tablas (1987, p.63-4) nos informa que o padre fabriqueiro, mesmo reconhecendo as reclamações da população, exigiu, num prazo de 40 dias, o pagamento de foro, transferências e laudêmios atrasados.

Em muitas cidades, para destituir a fábrica e por consequência a Igreja do poder sobre o solo urbano, demandava-se judicialmente contra a fábrica, o que colocava em dúvida a doação do patrimônio ou a sua localização exata. Tais demandas foram frequentemente vencidas pela Igreja, pois a comprovação da posse dessas áreas vinha de seus próprios cartórios paroquiais, o que tornava as situações dúbias "fáceis" de ser resolvidas.

Casos houve em que as escrituras necessitaram ser estabelecidas em cartórios civis, pois algumas doações nem sequer registro paroquial anterior possuíam, e tiveram que ser providenciadas nesse momento pelos concedentes, ou herdeiros, por solicitação da fábrica, algumas delas transcritas nos trabalhos históricos sobre essas cidades.

O novo catolicismo, com seu clero romanizado, ante o novo poder republicano, positivista, maçônico e de fundo anticlerical, atuará de maneira bastante agressiva em relação aos seus direitos sobre terras adquiridas em outro momento, em que a Igreja fazia parte do Estado e a religião estava mais próxima da população.

O descontentamento com a situação será geral, pois muitos moradores, das diversas cidades do interior paulista, não esperavam que um dia pudessem chegar a ser cobrados por datas oferecidas pelas fábricas da Igreja em tempos anteriores, direito muitas vezes nunca antes reclamado, mas demanda legítima dessa instituição. Houve casos em que a fábrica, para resolver a questão ou livrar-se do problema, vende os direitos foreiros sobre o patrimônio à Câmara, como ocorreu em Lençóis e Itápolis, que o compra da diocese de São Carlos e, em outros, os transferiu a terceiros, como na cidade de Bauru, mas na maioria das localidades permaneceu com tais privilégios.

Em algumas cidades, tentava-se chegar a um acordo entre proprietários e fábrica. Em Bariri, a Câmara Municipal votou minuta de compromisso entre fábrica e prefeitura. A primeira

> [...] obrigava-se a conceder títulos de propriedade aos ocupantes dos terrenos de seu patrimônio, mediante uma importância subscrita por cada um, num montante de 300 contos de réis, obrigando-se a fábrica a fazer a Santa Casa de Misericórdia desta cidade a doação dos demais terrenos do seu patrimônio dentro do município. (Zanotti, 1988, p.190)

O crescimento urbano e a valorização de seu chão expõem o que parece ser a maior contradição dessas cidades: o traçado dividido em quadras e datas, de desenho regular, pronto para ser mercadoria, e o tolhimento do livre mercado imobiliário devido ao preceito de aforamento. Essa é questão das mais intrigantes, pois a forma urbana explicitamente capitalista não correspondia aos plenos direitos de propriedade típicos de uma sociedade de mercado. Porém, em relação ao patrimônio, nada havia a ser feito, pois o aforamento era um direito reconhecido pelos tribunais. Apenas os novos bairros formados ao redor do patrimônio se farão como loteamentos ou então as cidades pós-republicanas das novas zonas do extremo-oeste paulista.

Porém, em virtude da realidade dos novos tempos, o Concilio Plenário Latino-Americano, realizado em 1899, extingue as constituições do arcebispado da Bahia, que perduraram por séculos para o país (Marx, 1988, p.40), e a Pastoral Coletiva dos Bispos do Sul, em 1910, mantém as normas sobre o assentamento dos templos nas cidades – locais altos e desembaraçados –, mas significativamente estabelece: "Que nos centros mais populosos, onde seja difícil a acquisição de terreno apropriado, conforme o Parágrafo 3, a Autoridade Ecclesiastica disporá o que lhe parecer conveniente" (ibidem).

Tal medida era bastante realista, visto que, a partir de então, será mais difícil a obtenção de terrenos. Tanto em relação aos centros maiores, por causa da escassez de terrenos nos melhores locais, mas também porque serão poucas, desse momento em diante, as cidades formadas como patrimônios religiosos, ou seja, onde a Igreja disporá de terras à sua escolha. Nas novas cidades originadas de loteamentos, o templo estará onde for possível, por graças de algum doador ou mesmo por compra direta. É o que ocorrerá no extremo-oeste paulista, aonde, por várias vezes, templos de outras religiões vieram primeiro ou situavam-se em locais mais nobres que o da Igreja Católica.

Em alguns casos, por tradição, os criadores do patrimônio doavam áreas específicas para a Igreja Católica, como no caso de Borborema, onde o proprietário das terras e demais integrantes da comissão de formação do patrimônio resolveram, em 1902, "doar dois quarteirões para a Igreja de São Sebastião e um para S. Benedito, esta doação por ideia do Sr. José Claudino, para o patrimônio de São Sebastião dos Fugidos, que teria 20 alqueires de terras",[27] ou seja, de um total de 20 alqueires, apenas três quadras seriam destinadas à Igreja Católica, e, claro, o restante do patrimônio seria laico.

A litigância entre comunidades e fábrica incentivará nas cidades o lançamento de loteamentos fora do patrimônio, agora chamado de forma mais constante de "área foreira". Esses loteamentos eram postos à venda e anunciados em "reclames" nos jornais, que diziam, textualmente, que se tratava de bairros de "domínio direto", deixando claro àqueles que quisessem adquirir lotes sua negociação com propriedade plena e desimpedida, dentro dos preceitos capitalistas.

As cidades da Europa também passaram por situação semelhante, embora não relacionada à Igreja. As terras urbanas anteriormente nas mãos do

---

27 Informação obtida em http://www.achetudoeregiao.com.br/SP/borborema/historia.htm.

Estado, durante o século XIX, em razão das teorias liberais, do capitalismo e das exigências do erário público, são transferidas à iniciativa privada: "o Estado e os demais entes públicos alienam quase em toda parte seus domínios, e o solo da cidade praticamente passa as mãos dos particulares. Desaparece, assim, qualquer obstáculo à livre compra e venda dos terrenos" (Benévolo, 1976, p.36).

Lá, como aqui, os entraves ao livre mercado são derrubados pelo capitalismo em franca expansão. Na Europa, o Estado e as comunidades negociam suas terras, aqui o patrimônio religioso se torna anacronismo em poucos anos de República.

Muito embora o texto seja bem posterior, dos anos 1940, observa-se o quanto a enfiteuse era renegada, conforme se depreende do parecer do deputado Plínio Barreto sobre o projeto que tramitava na Câmara Federal para a extinção desse instituto:

> Conquanto no Brasil nunca servisse de instrumento de opressão ou de exploração do trabalho alheio, o instituto foi pouco e pouco, perdendo a simpatia dos juristas e nos últimos anos, entrou a ser vivamente combatido. Acharam os seus adversários que as condições sociais não se compadecem mais com um instituto dessa natureza não só por se constituir um entrave a livre circulação das riquezas como também, e, principalmente, por manter o enfiteuta e os seus sucessores perpetuamente presos ao nu proprietário. A liberdade de trabalho e o direito que assiste ao indivíduo de se tornar proprietário daquilo que se conquista ou valoriza com seu esforço opõe-se à permanência de um instituto que ofende aquela liberdade e viola esse direito. (Cardozo, 1954, p.408-10)

Todos os discursos a respeito do tema se pareciam desde a República, sempre enfatizando a ideia básica do direito à propriedade plena, sem nenhuma amarra, e à liberdade de sua disposição para transmissão. Um jurista dos anos 1950 lembra que a enfiteuse no Brasil estava ligada à terra urbana, e não rural, distanciando do princípio para que fora originariamente criada, e que outros meios modernos de contratos tornavam obsoleto tal instituto:

> A enfiteuse não funciona, em nosso direito, como um instrumento adaptado às necessidades da cultura do solo, senão eminentemente da propriedade urbana. Ora, os meios modernos contratuais, como a promessa de compra e venda, a venda de terrenos em prestações, tudo isso torna obsoleta a figura da enfiteuse, com o inconveniente de sua perpetuidade, e com o entrave resultante de suas obrigações que se refletem na livre circulação das riquezas. (Lopes, 1956, p.83)

Embora o texto seja posterior ao período estudado, tais meios modernos de contrato citados pelo jurista já existiam de forma corrente no final do século XIX e começo do XX e não tardarão a ser utilizados nas cidades estudadas.

É também no principiar desse século que ocorre, para essas novas cidades, o início da laicização do solo urbano, como em relação às áreas tradicionalmente ligadas à Igreja e instituídas para tal, como os largos que se transformam em praças públicas (ver a seguir). A própria nomenclatura das cidades, com aprovação pelas câmaras municipais, deixará de utilizar o prenome santo, após muitas discussões acaloradas entre correntes favoráveis e contrárias à mudança. Em outras comunidades, o prefixo, com o passar do tempo, deixará de ser citado pela população, caindo paulatinamente em desuso.

Construções privadas, áreas livres e a administração pública

É importante observar o quanto as cidades se transformaram nesse período, o que pode ser constatado nas fotos. Antes e depois da chegada da ferrovia, tem-se a impressão de que as cidades se transformaram em outras num tempo muito curto. É como se capitais especulativos estivessem latentes para serem trazidos à luz, aguardando para tanto apenas um sinal para sua aplicação, e esse sinal era, certamente, a ferrovia. Esta se tornaria o melhor aval de sucesso futuro para a localidade. O reflexo mais claro dessas boas perspectivas futuras era o trato e o embelezamento urbano, algo aspirado pelos moradores de forma geral e elites em particular, que queriam ver sua cidade mais bela e próspera que as vizinhas.

Como uma disputa pela pujança e pelo brilho fosse inglória perante a capital estadual ou federal, as "adversárias" seriam as outras cidades do interior, das redondezas ou distantes, mas do mesmo porte, que se digladiavam em busca da mais ampla e vistosa matriz ou catedral, da maior estação, da mais imponente Câmara Municipal, do teatro mais luxuoso, do jardim público mais requintado e bem cuidado.

Até então, em razão da raridade dos meios de transportes e da insignificância desses núcleos urbanos, tal competição era pouco relevante, mas a estrada de ferro traz mais essa perspectiva por causa do acesso fácil às várias cidades ou mesmo pela parada obrigatória em muitas delas, conforme a escala dos percursos dos trens. O que não se colocava como disputa passa a acontecer com assiduidade, e a construção da matriz, por exemplo, antes de interesse restrito aos locais, é acompanhada por todos os viajantes em passagem nas composições.

Atrás de toda competição, sobressaíam os coronéis, representação política maior de suas comunidades e que, pelas obras, mostravam seu prestígio e acesso às verbas públicas do governo perante outros chefes do interior. Portanto, cabia ao coronel "mostrar serviço" e obter para a cidade uma série de benefícios, tratando-a com zelo, embelezando-a. Ou nas palavras de Pierre Monbeig (1984, p.143): "Para assegurar o prestígio, levava o coronel a capricho o embelezamento da sua cidade. [...] Tiranete local, que viciava qualquer sistema democrático, todavia era esse coronel capaz de realizar obra útil".

Caso isso não ocorresse, poderia perder o prestígio político ou o cargo nas próximas eleições, sempre avidamente disputado por outra ou outras facções locais. Conforme se saísse na administração da "sua cidade", um coronel de *status* local poderia ascender a político de renome estadual ou, quem sabe, nacional. Portanto, esforços demonstrados por meio de obras e serviços eram fundamentais para a sobrevivência e o crescimento do coronel.

> É com essas realizações de utilidade pública, algumas das quais dependem só do seu empenho e prestígio político, enquanto outras podem requerer contribuições pessoais suas e dos amigos, é com elas que, em grande parte, o chefe municipal constrói ou conserva sua posição de liderança. (Leal, 1975, p.37)

Para que a administração da cidade funcionasse a contento, eram necessárias mudanças na operacionalização e uma certa profissionalização da administração pública, refletida na contratação de especialistas mais gabaritados, como engenheiros e arruadores, para executar os serviços específicos ou fazer parte do quadro funcional, sempre sob beneplácito do coronel. Tais técnicos tinham por meta principal a fiscalização e cobrança sistemática das normas indicadas no código de posturas local. Se antes ele era burlado e visto com reservas pelos moradores e pela Câmara, a partir dos trilhos e dessa "nova" cidade em desenvolvimento, seus artigos e exigências teriam que ser acatados.

A partir da República, os novos códigos de posturas passam a ser aprovados diretamente pelas câmaras municipais, sem necessidade de dirigir-se à Assembleia. Contudo, por causa das exigências mais detalhadas, sofisticadas e específicas,[28] era comum que novos códigos de posturas fossem elaborados, ainda "inspirados" nos de outras cidades maiores, particularmente pelas pequenas comunidades que não dispunham de corpo técnico próprio. Percebe-se, claramente, nesse momento pós-ferrovia, que um novo patamar de exigências tinha sido criado. Se o código antigo pouco dizia em relação às edificações, por exemplo, o novo pediria uma gama muito maior de itens e detalhes construtivos: altura de platibandas, de janelas, portas, cornijas, exigência de porões elevados e todo um novo arsenal advindo do Código Sanitário Estadual e da arquitetura eclética, antes impensável nessas localidades.

Dessa maneira, a velha arquitetura tradicional dá lugar a outra, de base europeia, já bastante difundida nas maiores cidades brasileiras, como Rio de Janeiro e São Paulo, que passa a ser trazida para as cidades do interior com as devidas alterações no acabamento e na escala. Essa nova arquitetura, particularmente a residencial, adapta-se muito bem aos lotes mais largos dessas cidades, que podem abrigar facilmente as novas imposições edilícias, como corredores laterais e poços de iluminação, ambos propostos para iluminar e ventilar os ambientes, por vezes resolvidos por entradas de serviço e belos jardins laterais, voltados às varandas, estruturadas em metal ou madeira. As águas dos beirais agora seriam obrigatoriamente recolhidas por calhas de moldura ou platibandas cobririam a vista dos telhados, ao menos junto à fachada (Reis Filho, 1978, p. 44-5).

Os jardins domésticos, frontais ou laterais, eram o orgulho de seus proprietários e por vezes rivalizavam, não em porte, mas em luxo e cuidado, com o jardim público: plantas exóticas, fontes, luminárias, estátuas, caramanchões, grutas e bancos tornavam esses espaços pequenos oásis, descortinados pelos estranhos, apenas pelo gradil junto ao passeio (Lemos, 1976, p.136).

Houve um aumento substancial de sobrados e até mesmo de edificações comerciais ou mistas, com até três pavimentos, não com a velha feição colonial, mas sob novos pressupostos arquitetônicos. O desmembramento das amplas datas, em dimensões menores, particularmente nas ruas comerciais, favorecia um maior aproveitamento das áreas edificáveis.

A classe média edificará residências menores, com pequenos jardins, porão, entradas sociais cobertas por marquises de vidro e metal e acesso de serviço

---

28 A quantidade de artigos desses códigos é sensivelmente maior que no período imperial, aumentando gradativamente conforme se entra no século XX. Esses documentos tornam-se cada vez mais técnicos tanto no campo da saúde pública como naqueles do urbanismo, das edificações e especificidades jurídicas.

lateral, reproduzirá o que for possível da ornamentação, dimensão e luxo das casas maiores, porém sempre em menor escala. Nesses casos, terrenos podem ser subdivididos a fim de economizar no custo do lote, a partir daí casas geminadas são construídas, poupando-se gastos com a parede de divisa, telhado e mão de obra.

Mestres de obras, na maioria das vezes *capomastri* italianos, com base em construções de outras cidades ou em manuais e revistas importados, desenhavam o projeto e a fachada ao gosto dos proprietários, e conforme as posses destes. Para tanto, também concorria o frentista que fazia toda a decoração da fachada e ornamentos internos. Nos exemplares mais luxuosos, eram executadas pinturas decorativas e temáticas nos ambientes principais ou aplicava-se papel de parede francês nos cômodos nobres, abarrotados de cortinas, tapetes, móveis, quadros e objetos. Tratava-se de colecionismo obsessivo e burguês que caracterizava verdadeiro horror ao vazio, típico da moda decorativa da *belle époque*.

A vida na casa se altera em razão das novas exigências das posturas e da infraestrutura instalada: cômodos iluminados e ventilados, higiene e salubridade, energia elétrica, água encanada, esgoto, banheiro interno, pisos hidráulicos e azulejos à meia altura. Enfim, uma gama enorme de facilidades inimagináveis até então para a manutenção da casa, disponíveis, ao menos, para aqueles que pudessem pagar por isso.[29]

Os fazendeiros locais passarão a residir na cidade em palacetes tão sofisticados como os dos melhores bairros da capital, projetados por engenheiros ou arquitetos conceituados. Se, na capital, eles eram em grande número (Homem, 1996) por causa de sua raridade nessas localidades, muitos desses casarões serão conhecidos pelos moradores locais pelo termo "palacete" acompanhado do sobrenome da família possuidora, deixando anunciado a todos o relevo da construção na cidade, a importância e fortuna do clã proprietário.[30]

A moda começa a ditar, inclusive, a forma de viver, estilos para todos os gostos, neobarroco, neorrenascentista, neoclássico, neocolonial, neogótico, *art*

---

29 Segundo Lemos (1976, p.68-9), a luz elétrica "revolucionou" a vida doméstica e tornou-a mais prática.

30 Nesses palacetes, eram comuns outros elementos típicos de demonstração de requinte e tradição, emprestados da velha nobreza, mesmo que totalmente fictícios para os novos ricos, como a data da construção expressa em um ponto-chave da fachada, bem como o sobrenome ou as iniciais da família ou de seu proprietário. Alguns palacetes ostentavam ainda ornamentos ligados à atividade principal do morador, como ramos de café, no caso de um fazendeiro, ou a estátua de Mercúrio sobre a platibanda, quando se tratava de um comerciante.

nouveau ou uma miscelânea generalizada. O vasto receituário estilístico e as possibilidades de criação formal quase infinita colocavam os palacetes como mostruários exclusivos e individuais das fortunas e dos gostos pessoais, um nunca seria, ou ao menos não deveria ser, igual ao outro. Casas semelhantes e em série ficariam para os operários, e as classes inferiores com suas moradias baratas, geminadas ou vilas operárias.

O telefone e a pequena distância entre propriedade rural e o patrimônio favoreciam a transferência definitiva dos membros da família dos grandes cafeicultores. Estes agora poderiam gozar aberta e publicamente do prestígio proporcionado pela riqueza. A *belle époque* e os tempos de liberalismo econômico assim os incentivavam. Concomitantemente, teriam acesso a todas facilidades e infraestrutura fornecidas pelas cidades. Educação, saúde, lazer e cultura estavam mais facilmente à mão. Caso necessária fosse uma viagem até a capital ou, quem sabe, a Paris, agora isso seria bastante viável.

Essa elite passa a incentivar o comércio e os serviços locais, em particular aqueles do luxo: móveis objetos decorativos, joias, porcelanas, prataria, roupas, perfumes, o que fosse necessário, se não houvesse à disposição, seria encomendado exclusivamente para essa clientela especialíssima. Um jornalista, viajante, passando pelas cidades do interior, durante os anos 1920, assim se referiu ao requinte dos palacetes e das casas de comércio do principal eixo urbano de Jaú:

> Tem-se a impressão de um bairro elegante de São Paulo. Há de ser Campos Elyseos, nas ruas mais cerradas de habitações. À proporção que o bairro da capital apparecia aberto rompendo o estylão tradicional dos sobradões e das casas térreas enterradas, distribuindo gradis e erguendo platibandas, aqui e alli, surgiam em Jaú os prédios novos, que dão ao visitante particular agrado. Depois, successivamente, foram-se reformando para maior modernidade, em verdadeira competição entre proprietários. (Ferraz, 1924, p.118)

As construções mais antigas se ajustam às novas exigências das posturas e do Código Sanitário, em caso contrário, são reformadas visando atender aos diversos artigos relativos às normas edilícias e higiênicas e à nova arquitetura, fruto dos novos tempos e da moda.

Os novos bairros da capital paulista, abertos para as classes mais ricas, de traçados em xadrez, muito diferentes da irregularidade geométrica do centro histórico, passam a ser modelo para as cidades do interior não quanto à sua tipologia reticulada, pois nisso essas novas cidades os antecederam, mas em relação à arquitetura eclética aí implantada, e mesmo quanto à completa infraestrutura oferecida.

> Os loteamentos de Nothman, Glete ou os de Eugênio de Lima e de Inglês de Souza tiveram todos os benefícios que os recursos da época permitiam: guias, sarjetas, calçamento, galerias de águas pluviais, água encanada da Cantareira, gás para iluminação e cocção, ou eletricidade, esgotos e telefones. (Lemos, 1976, p.183)

A união da arquitetura europeizada com os recursos técnicos dessa São Paulo pré-industrial era o somatório ideal para as elites das jovens cidades do interior paulista que sonhavam com essa rica paisagem visitada nas viagens para a capital.

As quadras compactas, formadas pelo alinhamento contínuo das construções e miolo vazio, devido aos quintais, típicas das cidades antigas, passam a dar lugar, nas áreas residenciais nobres, a maior permeabilidade, em virtude dos jardins, que envolvem as construções. A relação entre cheios e vazios se altera, e as áreas edificadas se tornam mais equilibradas, em referência às livres, assim como o gabarito de altura das construções, que, em razão dos recuos e da vegetação, parece ficar mais agradável e harmonioso. Mesmo as calçadas agora se sombreiam graças às árvores plantadas, com espaçamento regular, pela municipalidade.

O aumento do preço dos imóveis e dos aluguéis, em razão da vinda da ferrovia, das novas perspectivas econômicas e dos investimentos urbanos, transforma a construção civil num bom mercado tanto para venda como para o aluguel. Sobras de capitais serão destinadas a esse negócio seguro, alvo dos mais conservadores. Habitações populares, casas geminadas, vilas de casas ou sobrados e salões comerciais serão os preferidos pelos pequenos e médios aplicadores. A lei que regia os contratos de aluguel era sumária, o que incentivava esse tipo de investimento. Em caso de necessidade de despejo, bastava uma notificação verbal e outra pela imprensa local, determinando-se o prazo de saída. Dessa maneira, mesmo com inflação alta, os valores não se defasavam, pois o locatário poderia ser sempre substituído.[31]

De acordo com essas exigências edilícias, é executada pela municipalidade a primeira planta cadastral da cidade, com a marcação de todos os imóveis urbanos. Surgem as licenças e os alvarás para as construções novas que agora

---

31 Segundo Lemos (1976, p.67), a classe média, no princípio do século XX, será habitualmente inquilina e não proprietária.

precisam ser obrigatoriamente submetidas à apreciação de técnicos. É uma forma clara de controle pelo poder público das atividades locais, bem como do número de construções a serem taxadas pelo imposto predial, uma das três maiores fontes de renda das municipalidades.[32]

As oito datas, das quadras originais do patrimônio, com medidas de 22 x 44 m, são rapidamente desdobradas em lotes menores, em razão de vendas e transmissão por heranças. Mesmo nas vias laterais, onde não havia testadas, estas são abertas por meio do desdobro dos lotes de esquina ou por pequenas construções corridas localizadas nessa face. A quadra, portanto, passa a ter, aos poucos, frente para as quatro vias, em particular, nas áreas mais nobres e comerciais. Rapidamente essa se torna uma nova sistemática de parcelamento, com abertura de lotes para todas as vias lindeiras da quadra, mesmo nas cidades do interior, embora já fosse comum fora do país, nos bairros mais novos de São Paulo ou na recém-planejada Belo Horizonte.

As esquinas, agora chanfradas, se transformam nos melhores pontos comerciais, onde se podiam abrir portas do estabelecimento para duas vias, além daquela da esquina. A arquitetura recebe um tratamento especial, mais monumental, o que permite a demarcação do cruzamento de vias e a ostentação de torreões à moda parisiense ou outro tipo de elemento ornamental que realçasse o cruzamento.

O largo descampado árido e poeirento rapidamente se transforma em praça pública ou jardim público (Segawa, 1996, p.73-4) que, em geral, ostentava nomes importantes do período republicano: Praça da República, Quinze de Novembro, Marechal Deodoro etc. As novas praças passam a ostentar um paisagismo clássico ou pitoresco. O clássico era baseado num desenho geométrico, simétrico, com eixos e pontos de fuga voltados a um ponto central e vegetação em bordaduras. O foco, habitualmente, se dava num monumento, coreto, ou chafariz que dominava visualmente o conjunto. Esses jardins eram influenciados por espaços semelhantes das cidades maiores e mais importantes e inspirados pela linguagem do paisagismo francês e do neoclassicismo arquitetônico.

O paisagismo pitoresco ou romântico, mais comum após o último quartel do Novecentos, é o que encontraremos na maioria das cidades do interior. Sua in-

---

32 As outras eram o imposto sobre indústrias e profissões, repassado pelo Estado para as câmaras, durante a República, e o sobre café no município que, dependendo da produção, também era bastante significativo em termos de receita.

fluência vem dos jardins anglo-franceses, mas de forte inspiração nas tradições dos parques ingleses (Macedo, 1999). Nas pequenas cidades, esse paisagismo foi frequentemente executado por profissionais gabaritados da capital, a partir de encomenda da Câmara. Nele, a simetria não estava presente, e mesmo os elementos construídos fugiam do seu centro geométrico. Adotavam-se novas relações, mais sutis, de hierarquia dos elementos.

Uma vegetação exótica, distante daquele mundo rural ao redor, era plantada e caprichosamente cuidada e podada. Passeios de desenho serpenteante em mosaico português ou ladrilho hidráulico revestiam o piso e formavam caminhos sinuosos, adornados por bancos de ferro fundido e madeira. Estátuas representando as estações do ano ou continentes, luminárias em arco voltaico, chafarizes, lago com pontes de concreto imitando troncos e, como ponto máximo e grandioso, o infalível coreto faziam parte dessa joia urbana das cidades do período.

A praça, pela contiguidade e pelo porte, serve como extensão às casas e construções frontais. Era utilizada de forma intensa por parcela da população dessas

Fonte: Foto do autor.

Figura 18 – Os grandes edifícios comerciais nas cidades e sua implantação junto à esquina. Sede do antigo Banco Melhoramentos de Jaú. Notar a elegância da arquitetura eclética, bastante típica dessa cidade paulista.

cidades, servindo como espaço para apresentação das filarmônicas e bandas, festas comunitárias, embates políticos e *footing* dos jovens. Era lugar de mostrar a "roupa de missa" e receber, aos domingos, talvez como uma concessão, os colonos das fazendas que inundavam as cidades para o culto e para as compras.

A transformação desse importante espaço urbano ensejava um novo comportamento das pessoas da cidade perante o local, por meio da repressão policial e da intimidação social e cultural. Não seriam mais tolerados os excluídos, como mendigos, miseráveis, prostitutas e pestilentos, ou aqueles que atentassem contra a nova ordem republicana. A assepsia da paisagem deveria transferir-se para aqueles que a usufruíam de acordo com os novos costumes, comportamentos e hábitos "civilizados", nitidamente expressos com base em uma nova indumentária aos moldes europeus. Se necessário fosse, e em

Fonte: Foto do autor.

Figura 19 – Construção na cidade de Jaú. Notar o uso comercial no pavimento inferior e o de moradia no superior. O destaque e centro da composição ficava sempre por conta da esquina chanfrada, com maior riqueza de elementos ornamentais. Para que as entradas do andar superior, não se perdessem no conjunto, também eram, necessariamente "lembradas" através de arranjos arquitetônicos especiais.

Várias das cidades estudadas possuíam construções desse porte em suas áreas nobres, em muitas delas, tais edificações eram alcunhadas de "palacetes".

algumas comunidades mais tradicionais isso ocorreu, a praça seria gradeada e seu acesso bastante controlado. Era, antes de tudo, um espaço de exclusão social. O progresso passa ser a palavra de ordem: "A imagem do progresso – versão prática do conceito homólogo de civilização – se transforma na obsessão coletiva da nova burguesia" (Sevcenko, 1985, p.29).

As elites e a nova classe média teriam na praça pública um espaço de pleno domínio social, onde a paisagem "natural" casava-se perfeitamente com a etiqueta da última moda e os artigos vindos do exterior.

Se no Rio de Janeiro os escritores tentavam nos redimir da "nossa tradicional preguiça" por meio de uma nova forma de encarar o tempo visto como "um fator de produção e acumulação de riquezas" (Sevcenko, 1985, p.31-2) dentro de uma sociedade cosmopolita e urbanizada, no interior tentava-se superar o passado "caipira", cuja figura foi popularizada adiante por Monteiro Lobato. Se essa imagem ainda não poderia ser desvencilhada da vida rural, pois boa parte da população pobre e analfabeta vivia no campo, sê-lo-ia, ao menos, nos espaços "civilizados" das novas cidades do interior, que com isso reafirmavam o seu diferencial perante o "mundo rural" e a sociedade caipira.

Quase sempre a cidade era representada, para os olhos daqueles de fora que desembarcavam do trem, pela praça pública e por sua igreja ao fundo, o orgulho de todos. Estava em boa parte dos cartões-postais, era o lugar mais fotografado pelos profissionais, razão por que se entendem os altos recursos investidos em sua construção e manutenção, e o crédito político advindo dessa melhoria. Deffontaines (1944, p.299) lembra-se bem da importância desses espaços públicos, a ponto de a cidade ser denominada "praça" particularmente pelos vendedores e caixeiros viajantes que por ela peregrinavam.

Era, por excelência, um espaço idílico, onde a natureza estava domada, que levava as pessoas à contemplação e a lugares distantes, longe do dia a dia maçante, dos problemas cotidianos e da dureza da paisagem natural do entorno, selvagem e sem nenhum controle. As grutas, as pontes, os lagos, os chafarizes, as estátuas e mesmo a *gloriette* transmutada em coreto apelavam para o lado sentimental das pessoas: o passado, a solidão, a frugalidade e os lugares distantes (Koch, 1996, p.163-4).

Entretanto, diferentemente das metrópoles, onde o bucolismo parecia ser, preferencialmente, buscado, nessas pequenas cidades, com o campo a poucos passos, com a mata ou plantações avistadas na perspectiva das vias, ansiava-se pelo pitoresco e longínquo. A praça limpa, previsível e organizada era a antítese da natureza ao redor, virtualmente perigosa. Embora contraditório, acreditamos que os moradores dessas cidades buscavam nesse paisagismo dissimuladamente disciplinado não a natureza, mas sim a civilização da qual esse modelo de espaço se originou.

Mais ainda, se na grande cidade os espaços verdes constituíam-se em profilaxia e higiene para o ambiente urbano, denso e poluído, alijado do contato com o campo, como parecia indicar o Código Sanitário de 1894, nas pequenas cidades essa preocupação torna-se irrelevante, aflorando-se apenas seu papel estético e simbólico.

Não se pode deixar de considerar que a transformação do largo da capela em praça pública ou jardim público era muito mais do que a implantação de paisagismo sobre área descampada. Alterava-se o foco do próprio espaço, que foi criado com o intuito de ser uma extensão da igreja, principalmente para atividades religiosas. Antes, o largo era resultado direto da capela, o que não significava inexistência de funções profanas, porém agora as atividades laicas terão primazia, e seu desenho e os diversos elementos paisagísticos já citados tornam isso patente. Com a praça pública, e está aí o próprio nome a indicar, fica evidente o processo de laicização e mundanização contínua dos espaços livres (Marx, 1988, p.132, 194) nesses antigos patrimônios religiosos criados a partir de doações à Igreja Católica.

A vegetação como valor estético nos espaços urbanos vinha para ficar, o próximo passo seria a arborização das principais vias de acordo com o modelo do Rio de Janeiro e de São Paulo, que, por sua vez, baseava-se nos europeus. A arborização também faria as vezes de barreira sanitária, pois, ao mesmo tempo que embelezaria o espaço urbano, circundaria, como muralhas de proteção, construções e espaços considerados potencialmente transmissores de moléstias, como cemitérios, necrotérios, matadouros, maternidades e hospitais, conforme indicava o Código Sanitário do Estado.

No entorno da praça, estabeleciam-se o comércio elegante, os casarões das famílias mais ricas do lugar e, por vezes, a Câmara Municipal, além de outras construções referenciais que ao seu redor gravitavam. Era o espaço nobre por excelência. Preferencialmente nesse espaço, por motivos óbvios, realizar-se-iam o primeiro assentamento de guias e sarjetas, e, por vezes, o calçamento das vias com paralelepípedos, deixando para trás o poeirão desses lugares. Os passeios em frente às construções receberão pisos formados por ladrilhos hidráulicos ou mosaicos portugueses. Nas demais vias importantes, são feitos o sarjeteamento e abaulamento dos leitos. Novas ruas são abertas visando atender à demanda por datas aptas à construção, e, para tanto, retoma-se o plano original do arruamento com as alterações necessárias,[33] como o alargamento de algumas vias ou mesmo a criação de novas praças.

Novas praças são estabelecidas com o intuito de dotar a cidade de outras áreas ajardinadas, que, em certas comunidades, abrigavam classes sociais distintas. Como vimos, em algumas cidades foram concebidos cuidadosos projetos de embelezamento urbano, elaborados por engenheiros ou arquitetos, nos quais o "centro cívico" ou conjunto de praças era implantado criteriosamente. Em outras, formavam-se os espaços livres, e logo após, sobre parte deles, de maneira esteticamente não planejada, era erguido, apenas para aproveitamento de espaço, algum edifício público, a nova sede da Câmara, o fórum, a cadeia pública etc. Será, certamente, costume pernicioso existente em nossas cidades até os dias de hoje, constituindo-se em loteamento de áreas livres para o abrigo de repartições, igrejas, instituições e empresas públicas.

Torna-se corriqueira, nesse momento, a separação física e formal entre passeio e vias carroçáveis, que até então não eram delimitadas em função da inexistência do calçamento e do meio-fio. Nesse momento, são também nomeadas pela Câmara as ruas e praças, homenageando-se políticos importantes, datas e efemérides relevantes. As vias e áreas públicas passarão por essas primeiras e outras tantas denominações, alteradas conforme "pegassem" ou não, ou de acordo com aqueles que estivessem no poder, ou apeados dele, sendo poucas as que mantiveram os topônimos originais por muitas décadas.

A nomenclatura e o subsequente emplacamento das vias eram uma maneira de distinguir e ordenar os imóveis que também passavam a ter numeração, quase sempre contínua. Essa forma de numeração vai trazer problemas comuns à maioria das cidades, pois o desdobro de uma data entre outros imóveis já numerados sequencialmente obrigava a justaposição de letra ao mesmo número, que o distinguiria daquele que gerou seu desdobro. Situação bastante precária que, de alguma forma, teria que ser resolvida. Para tanto, a maioria das cidades passou a marcar o número da edificação, considerando-se a distância, por metros de uma esquina, sendo os pares para um lado do quarteirão e os ímpares para outro.

---

33 Bauru, por exemplo, abre uma larga avenida, em eixo, dando no portão da ferrovia, porém sem descaracterizar sobremaneira o arruamento inicial.

O emplacamento das ruas e a numeração dos imóveis diziam respeito também à necessidade de organizar a cobrança dos impostos municipais e dos serviços públicos, como energia elétrica, água, esgoto e telefone. Inicialmente, os imóveis foram taxados pelo nome dos usuários, situação que ficou impossível com o crescimento das cidades.

Outro cemitério é construído distante da cidade e ao fim de uma longa avenida, que, na maioria das vezes, terminava no portal de acesso a esse local, que teria o topônimo saudade, consolação, boa morte ou outro nome correlato, agora com zelador e coveiros, espaço murado e regularizado, dotado de ruas e avenidas, quadras e lotes (jazigos). O antigo cemitério, improvisado e malcuidado, era abandonado em favor de outros usos, que incluíam praças públicas. Os ossos e restos mortais eram trasladados para o novo campo santo, embora essa tarefa, em certas localidades, nem tenha sido feita.

Fonte: Perez (1918, não pag.).

Figura 20 – Vistas da cidade de Araraquara, no *Álbum illustrado da Companhia Paulista de Estradas de Ferro – 1868-1918* (Perez, 1918). Nessa publicação, ficam expressos, pelas imagens, os principais edifícios e espaços públicos das cidades, naquele período, motivo da reprodução fiel de suas páginas. Notar a imponência da Câmara Municipal e a fachada do famoso Teatro Polytheama, de 1913, um dos mais importantes do interior paulista. Além desse teatro, Araraquara contava com um outro, o Municipal, construído em 1914, com capacidade para 1.064 pessoas.

A nova necrópole,[34] por ser municipal, abrigaria os católicos em sua maioria, mas também os de outros credos ou aqueles que não tinham religião, mesmo que, para tanto, fosse necessário reservar um espaço próprio, como o de Tatuí, que possuía: "um espaçoso cemitério, todo murado a tijolos, com portão de ferro e contendo logares para enterramento de catholicos e acatholicos" (*Relatório da Commissão Central...*, 1888, p. 547).

No novo espaço, nada de covas rasas, mas sim túmulos bem construídos que só poderiam receber corpos em caixões de madeira e no melhor ponto, a capela. Nas áreas nobres e mais modestas do necrotério, pois eles também tinham suas zonas privilegiadas, destacava-se a arquitetura tumular: imponente, marmórea, reluzente e lúgubre, anjos, santos, lápides e vasos de bronze.

A cidade dos mortos, uma cópia fiel dos novos tempos higienistas, da setorizada cidade dos vivos, que também se parecia com ela pelo tipo de parcelamento, formado por jazigos (lotes), ruas e avenidas, bem como em razão do seu traçado regular, geralmente centralizado por uma capela.

Com o novo cemitério, abria-se licitação para os serviços de empresa funerária, que venderia "caixões de defunto", cuidaria do velório, transportaria o féretro e faria os enterros no "campo santo". O enterro de indigentes e miseráveis, conforme contrato com as câmaras, seria gratuito. Os corpos seriam depositados, certamente, em covas situadas nas piores áreas da necrópole.

Construções como cemitérios e hospitais ficavam às margens do patrimônio, por causa de certo apego à teoria dos miasmas, que acreditava que tais usos pudessem contaminar o ambiente da cidade. Na realidade, esses espaços contaminavam, sim, os lençóis freáticos da cidade, que ainda eram utilizados por parcela importante da população para retirada de água de poços rasos.

Quanto ao matadouro, ficaria mais distante ainda, em razão do cheiro, dos ruídos, do acesso dos animais vindos das fazendas, da necessidade de água abundante e do esgotamento desta. Esses usos incômodos, como vimos, estarão claramente citados no Código Sanitário do Estado, que indicará áreas afastadas para sua implantação.

Nesse momento, cria-se o jornal local, ou mesmo os vários jornais locais, semanais ou quinzenais, boa parte de vida curta, vozes diretas dos grupos políticos que se engalfinhavam em suas páginas. Não raro aconteciam empas-

---

34 Habitualmente, denominada apenas municipal ou, quando muito, consolação, saudade, boa morte, bonfim etc., em virtude da resistência, compreensível, aos nomes próprios.

Fonte: Perez (1918, não pag.).

Figura 21 – Vistas da cidade de Araras. A cadeia pública, conservada até os dias de hoje, é projeto de Victor Dubugras. Entre as imagens, destacam-se as do inacreditável coreto do jardim, o largo da estação com seus tílburis à espera da chegada dos passageiros da ferrovia e a da portada erudita, em motivo serliano, do colégio N. S. Auxiliadora.

Fonte: Perez (1918, não pag.).

Figura 22 – Vistas da cidade de Rio Claro. Entre as imagens, destacamos a da gruta do jardim público, elemento comum a esses espaços, atualmente raramente preservado, e o mercado, transformado em quartel, sobre o qual faremos alguns comentários por meio de exemplar semelhante na cidade de Jaú.

telamentos com a destruição total das prensas e tipógrafos, patrocinados por facções rivais. Surgem ainda os jornais dedicados às colônias de imigrantes, parte das vezes em língua estrangeira, alguns com enfoque apenas cultural e assistencial, outros de forte atuação política, representando grupos de esquerda com presença marcante nas primeiras lutas sindicais e operárias.

As grandes obras

A República se manifestará fisicamente no solo urbano através da construção, pelo governo estadual, de alguns edifícios relevantes, como o grupo escolar, o fórum e a cadeia, caso a cidade fosse sede de comarca, sempre confiados a arquitetos de renome.

Assim se refere Maria Cecília Naclério Homem (1996, p.193) às intervenções do poder público, durante o começo do século, na cidade de São Paulo, bem como a seus objetivos ideológicos em relação a elas, que podemos ratificar também para o interior:

> Da parte do Estado e da Prefeitura, observou-se a continuidade de seus mecanismos de controle. Os programas sanitários, as reformas do ensino e da polícia, o aumento do número de fóruns, câmaras e cadeias e a criação do hospício do Juqueri estavam por trás do culto ao trabalho, à segurança e à disciplina.

Grandes arquitetos atuarão nessas cidades produzindo obras que serão referências para as construções locais, marcos da paisagem urbana até os dias atuais, e símbolos da autoconfiança do período. Victor Dubugras e Ramos de Azevedo serão os principais, em particular o último, por possuir grande e prestigiado escritório de arquitetura. Azevedo produzirá obras tão relevantes quanto diversas, como: estações ferroviárias em Ribeirão Preto (não construída), Piraju, Itapeva, Santa Cruz do Rio Pardo; liceus de artes e ofícios em Itu e Campinas; escolas normais e grupos escolares em Jaú, Campinas, Itapetininga e Jundiaí; mercados em Botucatu e Pindamonhangaba; teatro na cidade de Ribeirão Preto;[35] além de diversas sedes de fazendas e residências.

---

35 Sobre o assunto, ver Farah (2003) e Caram (2001).

Fonte: Perez (1918, não pag.).
Figura 23 – Vistas da cidade de São Carlos. O grupo escolar da cidade, construído para ser Escola Normal, é dos mais belos e grandiosos exemplares existentes no Estado, com esplêndida implantação. Destacamos ainda o bonde em circulação numa das ruas e, na mesma imagem, os eixos criados pela vegetação pública nas calçadas. Observar também o modelo do coreto do jardim público, que variava de forma bastante original de cidade a cidade, talvez pelo seu caráter alegórico, festivo e pitoresco, descompromissado com a racionalidade de um uso mais "sério".

Fonte: Perez (1918, não pag.).
Figura 24 – Vistas da cidade de Ribeirão Bonito. Destacamos o padrão da "igreja primitiva" da cidade, a rigor sua capela inicial, colocada em "confronto" com a "atual", onde se verifica a mesma tipologia encontrada no alvorecer da maioria dos patrimônios da área estudada.

O grupo escolar será um edifício particularmente monumental, e representará o ideal republicano de instrução primária, obrigatória, universal e gratuita. Na segunda década do século XX, assiste-se à construção de enorme quantidade de escolas nas cidades do interior em razão do aumento significativo de verbas para tanto (Ferreira, 1998, p.17).

O governo do Estado enfatiza o ensino nas cidades, ao passo que, nas zonas rurais, poucas serão as crianças atendidas. Porém, mesmo assim, o sistema de escola primária paulista será copiado por diversos Estados. Nele, as crianças eram divididas por série, cada uma delas por conta de professores especialmente treinados, tendo uma educação básica de 6 a 7 anos (Love, 1982, p.133).

Para esses edifícios, serão utilizados projetos-tipo com planta feita por um arquiteto e fachadas diferenciadas, assinadas por diversos profissionais. Contava-se no projeto-padrão com o artifício do porão alto, como forma de a construção adaptar-se melhor aos terrenos das diversas cidades. Eram, sobretudo, exemplos de construções higiênicas, amplas, iluminadas, ventiladas, racionalmente setorizadas, com salas de aula, laboratórios, setores administrativos, anfiteatro, galpão coberto para o recreio, banheiros e dependências de ginásticas independentes, ligadas ao bloco principal por passadiços também cobertos (Ferreira, 1998, p.18). A simetria biaxial do prédio geralmente remetia às duas alas, masculina e feminina, conforme previa o regimento dos grupos escolares do Estado. Pelo porte, pois habitualmente tomavam uma quadra central inteira, de acordo com ornamentação, qualidade construtiva e posição na cidade, serão monumentos importantes e amostra física do discurso republicano referentes à educação e ao combate ao analfabetismo.

Como derradeira demanda na hierarquia administrativa, caso não houvesse ainda conseguido, o município almejava a sede da comarca, que seria criada ou, como aconteceu por muitas vezes, transferida de outra cidade. Era sempre uma disputa hercúlea que dependia de toda a capacidade política local. A comarca significava a independência municipal, pois trazia para si o último dos três poderes e o fim de custosas viagens para resolverem-se problemas jurídicos. Mais ainda, com a comarca, seriam transpostas para o cenário local as disputas acirradas pela terra rural, em particular as chamadas feitas para comprovação de posse pela Secretaria da Agricultura, Comércio e Obras Públicas, por meio do Serviço de Discriminação de Terras Devolutas implantado pelo Estado. A cidade passaria a contar, ao menos, com um juiz togado ligado à alçada estadual, mas certamente mais influenciável pelas forças políticas e elites citadinas. O coronel teria atuação destacada nesse pleito, que envolvia discussões acaloradas pelos jornais locais, e naqueles da cidade que seria afetada pela transferência ou pelo desmembramento de sua comarca, ou mesmo, em última instância, pelo sempre possível uso das armas.

O fórum que, muitas vezes, dispunha da cadeia em seu térreo será outro edifício relevante, menor que a escola, mas que terá forte poder representativo no espaço urbano. Nesse edifício, haverá sempre dois pisos com ornamentação variada, conforme o autor do projeto, desde a de cunho militarista com ameias e falsas guaritas na platibanda, janelas ogivais e toda uma gramática emprestada da arquitetura medieval, revisitada pela fantasia do século XIX, até exemplares dentro do espírito *art nouveau*. As cadeias, quando tivessem prédio próprio e independente, seguiriam o mesmo receituário, porém com a ênfase militarista.

Muitas cidades possuem, até nossos dias, belas construções de seus fóruns elaboradas por grandes arquitetos, assim como ocorreu com os grupos escolares. Da mesma maneira também havia utilização de projeto-padrão que se adaptava ao porte e à necessidade da localidade. Victor Dubugras será um dos arquitetos mais requisitados pelo Estado para a elaboração de projetos que seguirão os modelos já apontados, comuns em diversas cidades da área enfocada.

Na esteira das representações arquitetônicas provindas do governo estadual no solo urbano, outro edifício relevante será a câmara municipal, habitualmente erguida ao lado da praça principal. A construção era custeada pelos cofres municipais e sua arquitetura variará bastante de linguagem, pois era entregue, quase sempre, a engenheiros, arquitetos ou mesmo mestres de obras locais, que se adequarão às exigências de vereadores ou intendente, se inspirarão nos países de origem, caso estrangeiro, ou mesmo na linguagem estilística do grupo escolar ou fórum existente na cidade. Exemplar grandioso é o belo prédio do "Paço Municipal da Câmara",[36] de Ribeirão Preto, ou "Palácio Rio Branco", projetado pelo engenheiro Antonio Soares Romeu em estilo francês e construído, em 1917, com três pavimentos e 1.800 m², com todo o requinte que o dinheiro do café poderia patrocinar.

Amplia-se também o número de escolas primárias masculinas e femininas, privadas e municipais, para o aprendizado das primeiras letras, estas em edifícios bem mais simples. Surge, por intermédio das novas congregações

---

36 Como tratado na ata de inauguração (Cione, 1992, v.II, p.311-2).

religiosas romanizadas vindas do estrangeiro, como a dos salesianos ou do Sagrado Coração de Jesus, o colégio "dos padres" para os meninos e o "das freiras" para as meninas, que funcionavam como internato, semi-internato ou com turmas convencionais para os filhos das elites, reforçando uma educação de fundo religioso e conservadora, que se opõe à educação laica republicana. A educação religiosa, além de expandir a fé católica junto às classes privilegiadas, ajudava na manutenção da Igreja no Brasil em razão da extinção do padroado pela República.

> A reforma católica tem importância fundamental na formação das populações urbanas de classe média, que passam a constituir a partir de então as bases de sustentação socioeconômica da Igreja institucional, sobretudo mediante a multiplicação das paróquias e dos colégios. (Azzi, 1994, p.67)

A primeira capela que deu origem ao patrimônio, pequena, pobre e acanhada, de base vernacular, foi demolida dando lugar à igreja matriz, erguida quase sempre no mesmo local,[37] com a participação da fábrica e da comunidade. As cidades cresciam e estavam a exigir novos templos, contudo, mais que isso, a imagem do passado deveria ser apagada, tanto aquela do casario baixo e tacanho que marcava um período atrasado que deveria ser esquecido, quanto a do símbolo maior dessas comunidades: as igrejas edificadas em taipa e com arquitetura que lembrava os velhos tempos.

O receituário neogótico, neorromânico ou com um pouco de ambos era sempre indicado pelos padres e bispos nesse momento de romanização da fé, quando a Igreja Católica reafirma a Idade Média como seu período mais influente e florescente,[38] numa reação às conquistas do Iluminismo e da tecnologia dos novos tempos.

Em 1908, a diocese de São Paulo é elevada a arquidiocese, o que provocou mudanças na estrutura de poder da Igreja também no interior. São criadas as dioceses regionais de Taubaté, Campinas, São Carlos, Ribeirão Preto e Botucatu, que administrariam as várias regiões do interior do Estado, sob as ordens de seus respectivos bispos, e estas se colocariam como sufragâneas daquela da

---

37 Por vezes, a matriz era construída em outro local, em razão, na maioria dos casos, de novas doações que ampliavam a área do patrimônio e faziam as antigas relações, quanto à situação do templo no espaço urbano, se alterarem, obrigando seu deslocamento para uma posição mais favorável, casos de Botucatu e Ribeirão Preto.

38 Tempos em que o espírito era guiado pela escolástica e por nomes como Alberto Magno, São Francisco e São Tomás de Aquino.

capital. O poder, além de tornar-se centralizado e mais hierarquizado, vale-se da proximidade para refinar a vigilância e o controle sobre a atuação dos padres em todas as comunidades.

O catolicismo popular será paulatinamente banido, suas festas tradicionais desaparecerão do calendário oficial da Igreja, bem como será reprimido todo sistema de crenças relacionado a ele, num certo "aburguesamento" da fé e num distanciamento progressivo da Igreja das classes populares (Azzi, 1994, p.71): "Não recebendo mais o apoio do Estado, era na burguesia e na classe média urbana que encontravam eles [os bispos] o suporte material, mediante a prestação de serviços religiosos e educacionais" (Azzi, 1994, p.71)

A arquitetura, portanto, seguirá o novo momento, será europeizada como era a nova forma de professar a religião, e a Idade Média ou, ao menos a imagem superficial e o "senso comum" desse período histórico será a opção para as igrejas. Torres ou, em boa parte das vezes, apenas uma torre central, ameias, coruchéus, arcos ogivais e trilobados, rosáceas, clerestórios, abside, falsos arcobotantes e contrafortes edificados em tijolos e amarrados por vergalhões reforçavam o maior símbolo local. Toda construção deveria ser alta, vertical, não pela raridade do espaço como nas cidades medievais, mas em razão da importância e do poder que a altura pretendia passar. A torre de todos os elementos deveria ter maior destaque, atingindo dezenas de metros, com a costumeira cruz no extremo, de forma a ser avistada por todos da cidade ou por aqueles que passassem pelas cercanias.

As famílias mais importantes doariam elementos de ornamentação e luxo interno, como imagens, vitrais, lustres, pinturas murais, púlpitos, órgãos e mesmo as capelas internas dos diversos santos.

Em algumas cidades, esses elementos da construção eram comprados de subscrições, como em São Pedro, onde o relógio da matriz custou 150$000, e para sua aquisição contou-se com a participação de muitos. O mesmo fato ocorreu em relação ao sino de bronze, com peso de 100 quilos, encomendado à fundição Mac-Hardy, por 320$000. O relógio da matriz e o sino foram inaugurados em 1915 (Chiarini,1981, p.29-30).

Interpretada de forma laica, a nova matriz representaria o poderio da nova cidade perante as vizinhas, sua pujança e destino grandioso; sob o ponto de vista religioso, as graças alcançadas pela comunidade. O templo, agora com capacidade para centenas de fiéis, ombrear-se-á com a estação em importância na vida local e será quase sempre o eixo entre essas duas edificações, que abrangerá a praça da matriz, que se constituirá na área nobre e privilegiada para o comércio e mesmo moradia do lugar. Será um eixo entre dois relógios, o da matriz com seu carrilhão e o da estação com seus apitos.

Contudo, por mais que o sentido religioso e católico estivesse presente no edifício da matriz, de uma forma ou de outra, era uma aspiração da grande parte dos moradores, e, por mais paradoxal que possa parecer, os não católicos também contribuíam para sua efetivação, como se percebe pelos recorrentes auxílios de entidades ou pessoas não ligadas a essa religião. De certa maneira, a matriz, ao lado da praça municipal ou praça da matriz, parecia fazer parte obrigatória da paisagem urbana, direito indiscutível por tradição ou antecedência. Sua construção, mesmo que caríssima e demorada, tornava-se fundamental para a cidade como autorreconhecimento de seu progresso e sucesso material nesse momento histórico.

Parece-nos que, muitas vezes, esse edifício era visto como um elemento arquitetônico ornamental, muito mais que religioso, parte integrante da praça, como era o coreto. A monumentalidade, a verticalidade e o luxo demonstravam a grandiosidade e riqueza da própria cidade. Essa seria uma das maiores características da paisagem urbana dessas cidades, com o *skyline* baixo do casario e a torre da igreja a dominar o espaço urbano.

A busca da Igreja pelos recursos das classes altas e médias, em contraponto ao antigo catolicismo de cunho popular, ensejará que o templo seja ornamentado da maneira mais sofisticada possível pelas comunidades locais. O luxo será um dos aspectos preponderantes desse espaço, quase como uma extensão dos ambientes da burguesia cafeeira. Sobre o luxo excessivo do santuário claretiano construído no princípio do século XX, na Vila Buarque, em São Paulo, padre Joaquim Bestué, vice-provincial dessa ordem, em 1909, fez o seguinte comentário:

> Talvez se considere na Congregação um luxo excessivo o que há nesta Igreja, e em parte tem razão. Parece mentira que se tenha feito o que os missionários do Coração de Maria fizeram em São Paulo.
>
> Mas a gente se consola ao ver que este santuário se converte em centro de graça e mesmo de progresso. O desenvolvimento da cidade e o melhor dela se faz ao nosso redor. Bem do interior do Estado vêm pessoas de posição só para confessarem no Santuário do Coração de Maria [...]. (apud Azzi, 1994, p.68)

Desse comentário, depreende-se que o luxo era um aspecto fundamental para atração de "pessoas de posição", inclusive do interior, as quais passaram a ter um peso muito grande na manutenção das atividades religiosas. A própria urbanização do bairro era largamente afetada pelo santuário, atraindo "o melhor ao seu redor", como acontecia nas cidades menores. Porém, não demoraria a chegar o momento em que as pessoas do interior não precisariam ir buscar o luxo desses templos na capital, pois elas rapidamente construirão os seus próprios templos.

Funda-se ainda, de maneira muito discreta, a loja maçônica, que seria composta pelos homens mais respeitáveis do lugar, sempre atuante, e onde se tomavam importantes decisões assistenciais e mesmo políticas, que envolveriam o dia a dia local. Quando dotada de templo próprio, por sua história e ritualística, optará por uma tipologia clássica com frontão triangular e, quando possível, colunata frontal.

De acordo com as condições financeiras do município, construíam-se o mercado municipal, o matadouro público e, eventualmente, um teatro. Entretanto, era mais comum o teatro ser erguido pela iniciativa privada, pois tratava-se de um bom negócio nessas localidades carentes de cultura e diversão. No teatro, a população assistia a espetáculos oriundos da capital. Muitas

Fonte: Perez (1918, não pag.).

Figura 25 – Vistas da cidade de Brotas. Novamente, observa-se a importância da vegetação arbórea cuidadosamente aparada nas calçadas, demarcando eixos visuais. O caudaloso Rio Jacaré Pepira sempre cumpriu um papel relevante na vida da cidade, e como um de seus principais benefícios, a usina hidrelétrica, das mais antigas do estado.

câmaras incentivavam tais construções isentando de impostos as empresas proprietárias e, em alguns casos, cedendo áreas públicas. Da mesma forma que a cidade, esses espaços privados possuíam locais socialmente demarcados em suas áreas internas: os camarotes, onde os ricos poderiam exibir suas roupas novas e joias, e o "galinheiro", destinado aos mais pobres.

Essas casas de espetáculo de fachada *art nouveau* e, por vezes, com elementos neobarrocos, que lembravam a teatralidade e mundanidade ali reinantes, colocavam-se no centro das atividades sociais intramuros. Na maioria das vezes, eram cópias em miniatura dos grandes teatros, com direito a *foyer*, frisas, camarotes, fossos e palcos italianos. Em algumas cidades, o porte e luxo ombreavam com os teatros das capitais, como em Campinas, Ribeirão Preto e Araraquara. Em outras, sua escala mais modesta e coerente com o espaço urbano e as ornamentações contidas transformaram essas construções em pequenas joias arquitetônicas, muitas já demolidas ou descaracterizadas, como os teatros de Jaú e Agudos, e o ainda milagrosamente salvo de São Manuel.

Os circos de "cavalinhos" também passam a eleger com mais frequência a cidade para suas apresentações populares e mambembes, que atraíam as crianças e um público menos sofisticado que aquele que frequentava os teatros.

Fonte: Perez (1918, não pag.).
Figura 26 – Vistas da cidade de Bauru. Em razão da importância das três ferrovias para essa cidade, as imagens as enfocam com primazia. Destacamos a vista parcial de Bauru onde aparece, em primeiro plano, a vila para os funcionários da Companhia Paulista.

Cidades servidas pela companhia – Jaú, em 1918
Igreja matriz, Santa Casa, Câmara Municipal
Grupo escolar, Cadeia pública
Fonte: Perez (1918, não pag.).
Figura 27 – Vistas da cidade de Jaú. Essa foi uma das cidades que tiveram jardim público gradeado, como se observa na imagem que tem a igreja matriz como foco principal. Destacamos ainda a Santa Casa, imersa em jardins, tendo como diretriz de projeto a separação em pavilhões para usos distintos.

Fonte: *Enciclopédia dos municípios brasileiros* (1958, p.108).
Figura 28 – Matriz da cidade de Santa Rita do Passa Quatro. Foto dos anos 1950. A igreja e sua torre eram a representação da cidade, juntamente com sua praça lindeira. O templo neogótico foi modelo repetido à exaustão, como falam as imagens. A grande maioria possuía torre única, porém o detalhamento da arquitetura e de sua ornamentação, tanto externa como interna, dependeria da riqueza da fábrica e da disposição de colaboração dos fiéis.

Fonte: *Enciclopédia dos municípios brasileiros* (1957a, p.138).
Figura 29 – Matriz da cidade de Bebedouro. Foto dos anos 1950. Observar o vão do portal com o tímpano em relevos.

Fonte: *Enciclopédia dos municípios brasileiros* (1958, p.293).

Figura 30 – Matriz da cidade de Sertãozinho. Foto dos anos 1950. A igreja destacava-se mais que qualquer outro edifício. Era um corpo solto no espaço da praça, sem delimitação de terreno. Por isso, havia extremo cuidado com o tratamento de todas as suas fachadas e também com a utilização das entradas pelo transepto. Essa implantação permitia, inclusive, a construção de absides para valorizar "os fundos" do edifício.

Fonte: *Enciclopédia dos municípios brasileiros* (1958, p.340).
Figura 31 – Matriz da cidade de Taquaritinga. Foto dos anos 1950. Notar os curiosos contrafortes e arcobotantes falsos, sem a original função estrutural.

Fonte: *Enciclopédia dos municípios brasileiros* (1957b, p.36).
Figura 32 – Matriz da cidade de Jaú. Foto dos anos 1950. É dos exemplares mais grandiosos e sofisticados do interior paulista. Externa e sobretudo internamente, representava de forma clara a riqueza do café no solo urbano da cidade. A obra custou a fortuna de 400 contos de réis, durou de 1895 a 1905, foi projetada pelo engenheiro belga João Lourenço Madein e recebeu pinturas murais de artistas europeus. Na data de sua inauguração, era o maior templo do Estado (Levorato, 2003, p.189).

Fonte: *Enciclopédia dos municípios brasileiros* (1958, p.42).

Figura 33 – Matriz da cidade de Rincão. Foto dos anos 1950. Mesmo nos exemplares mais simples, os elementos característicos da arquitetura românica ou gótica estavam presentes, ou ao menos o que se convencionou tratar popularmente como gramática dessa arquitetura. Nas cidades mais ricas, esgotava-se o receituário, e, nas mais modestas, elegiam-se alguns itens básicos.

Fonte: *Enciclopédia dos municípios brasileiros* (1958, p.83).
Figura 34 – Matriz da cidade de Águas de Santa Bárbara. Foto dos anos 1950. Nos terrenos em aclive, para que o edifício ficasse mais altivo, optava-se pela implantação da construção a partir da cota natural junto à abside ou ao altar. O restante da obra era edificado sobre aterro. Dessa maneira, a portada principal era precedida por extensa e imponente escadaria.

Fonte: *Enciclopédia dos municípios brasileiros* (1958, p.360).
Figura 35 – Santa Casa de Tietê. Exemplar característico, a construção é subdividida em pavilhões. Na fachada do conjunto, é possível observar suas diversas alas.

Fonte: Foto do autor.
Figura 36 – Mercado Municipal de Jaú, inaugurado em 1889. Os mercados, boa parte das vezes, obedeciam a essa disposição, de esquina, com entrada principal no eixo da mesma e, em certos casos, outras secundárias, uma para cada rua. Ao redor do conjunto, os boxes cobertos para venda dos produtos, tendo ao centro a mesma utilização, ou apenas um pátio descoberto.

Fonte: Foto do autor.
Figura 37 – Teatro Municipal de São Manuel. Dos bons exemplos de pequeno teatro, típico das cidades menores.

Nas cidades maiores, como Araraquara, mais de uma casa de espetáculos poderia existir, como o Teatro Municipal de Araraquara, inaugurado em 1914, um pouco depois do Teatro Polytheama. Os registros do período diziam a respeito da grande obra o seguinte:

"Construído em estilo mourisco, planta do arquiteto Alexandre de Albuquerque, do Rio de Janeiro, é atualmente o melhor teatro do Estado, depois do Teatro Municipal de São Paulo. A iluminação elétrica, completa e deslumbrante em quantidade de lâmpadas, beleza de material e distribuição; a pintura, executada por hábeis profissionais; mobiliário, tapeçaria, cenários riquíssimos, vinte e dois camarins: dois salões para coristas, pano de boca, jardins, grades, bar, gabinetes, cozinhas, ventiladores elétricos, tudo formando um conjunto magnífico. O piso móvel da platéia se reclinava ou nivelava de acordo com os eventos que ali se realizavam.

9
A EXPANSÃO URBANA ALÉM DOS LIMITES DO PATRIMÔNIO

Os novos bairros

Aos poucos, a cidade vai se adensando em número de construções e habitantes. A área patrimônio, chamada com mais constância a partir do momento em que o patrimônio eleva-se à cidade de área foreira, por causa da infraestrutura implantada e da demanda por datas, passa a não atender às necessidades de todos. Os mais pobres não têm como residir nesse setor e começam a ocupar áreas externas a ele, principalmente às margens dos caminhos de acesso à cidade. Novamente, os investidores veem aí possibilidades de ganho. Antigas chácaras, sítios ou fazendas ao redor do patrimônio começam a ser loteados e passam a abrigar inicialmente a população mais pobre, pois trata-se de áreas sem nenhuma infraestrutura, fora dos limites urbanos, portanto, mais baratas.[1] Esses novos parcelamentos atendem às exigências dos códigos de posturas locais, que detalham apenas a forma da quadra (quadrada) e a dimensão das vias, portanto reproduz-se a retícula. Porém, como a aprovação era apenas formal, sem emissão de diretrizes básicas por parte da municipalidade, os novos bairros terão sua malha executada, na maior parte das vezes, de maneira independente da área foreira. Ou seja, as novas vias não davam necessariamente continuidade às antigas.

Eram maiores as chances de prolongamento das vias e da quadrícula do patrimônio no mesmo ângulo, caso o novo bairro fosse contíguo e não houvesse

---

1 O primeiro bairro em Bauru, fora das divisas do patrimônio, foi a Vila Falcão, logo após precedida pela Vila Antarctica. As duas vilas receberam trabalhadores pobres. A Vila Falcão, pela proximidade, recebeu funcionários das oficinas da Companhia Estrada de Ferro Noroeste do Brasil (Cefnob), e a Vila Antarctica, operários da mesma empresa (Ghirardello, 1992, p.118-9).

córregos, trilhos ou nenhum outro elemento a interceptar ambos. Se fosse mais independente, a nova quadrícula seria elaborada visando outros fatores, como os anseios ou o gosto de seu loteador.

As cidades, aos poucos, em razão de interesses privados que queriam aproveitar ao máximo as glebas a serem parceladas, transformam-se na "colcha de retalhos" que conhecemos hoje. Esses novos bairros serão independentes da malha inicial na angulação e, em muitos casos, na forma. Basta ver a planta urbana dessas cidades na atualidade, em que o centro (certamente o patrimônio), por sua regularidade, integridade e homogeneidade, é localizado facilmente, destacando-se claramente em relação às demais partes do organismo urbano, desconexas.

Nessas cidades, é plenamente possível verificar, a partir dos limites originais de chácaras e sítios, o desenho dos parcelamentos subsequentes, originados destes, que formarão a "colcha de retalhos" dos dias atuais. Desse somatório de loteamentos, a iniciativa privada "desenhou" a cidade para as variadas classes sociais. Futuramente, toda comunidade arcará com o custo de caras desapropriações para a ligação e abertura de vias de comunicação com esses novos bairros. O poder público assiste passivamente à divisão indiscriminada do solo urbano, executada pela iniciativa privada, muitas vezes constituída pelas mesmas pessoas que ocupavam os cargos mais importantes do lugar.

As ampliações extensivas da malha, desconexa e sem controle, como uma "mancha de azeite" (Venuti, 1971) aos olhos de todos vista como algo positivo, porém, na verdade, um falso símbolo do desenvolvimento local, mostravam uma certa visão acumulativa de progresso, na qual a dimensão física da cidade era mais importante que a qualidade de vida propiciada à sua população.[2]

Nas bordas da área foreira, junto aos córregos e, por vezes, à própria ferrovia, construíam-se as manufaturas beneficiadoras e os galpões, que poderiam se valer da captação de água corrente e do lançamento *in natura* das águas servidas. A possibilidade de conseguir um acesso direto aos trilhos, através de ramal privativo, caso o negócio prosperasse, era outro motivo de escolha, bem como a relativa distância do "centro", de modo a não incomodar com fumaça e ruídos a vizinhança mais bem aquinhoada. O pequeno valor da terra em locais de baixada e a proximidade dos trabalhadores, mão de obra para essas empresas, que viveriam nas franjas do patrimônio também se constituíam em justificativa para tal fixação.

---

2 Da mesma forma como, décadas após, será comemorada a construção do primeiro arranha-céu.

A infraestrutura implantada, a nova forma de morar e o novo padrão de arquitetura pediam um lote largo, porém menos profundo. Os antigos quintais onde se criavam porcos e galinhas e se alojavam os animais que serviam de meio de transporte são, aos poucos, banidos pelos códigos de posturas, que proíbem criações em área urbana. Os equipamentos domésticos manuais, primeiros eletrodomésticos, produtos semi-industrializados e a oferta de hortifrutigranjeiros por verdureiros ambulantes ou feiras livres contribuirão também para a redução dos quintais urbanos, tornando desnecessários as hortas e os coradouros de roupas, que passam a ser cuidados por lavadeiras, pagas por dúzia de peças.

Havia oferta regular, de porta em porta, de produtos trazidos em carrocinhas, antes apenas conseguidos com esforço imenso das donas de casa ou dos empregados, como as hortaliças e ovos dos verdureiros, miúdos de boi dos bucheiros, pães prontos pelos padeiros e leite engarrafado pelos leiteiros.

A partir dos anos 1920, uma nova tipologia de habitação se torna comum para a classe média, os *bungalows* ou bangalôs,[3] residências de origem indiana, e que designava casa baixa, com grande varanda e apenas um andar, conhecida e popularizada pelas invasões europeias, particularmente inglesas, àquele país. Ao Brasil, certamente, foi trazida pelos engenheiros estrangeiros, construtores das ferrovias, que erguiam bangalôs para seus funcionários, porém bem menores. A partir de então, todas as casas térreas, baixas, com recuos à volta e varanda acabaram por receber tal denominação. Essas habitações, inicialmente construídas em madeira e depois alvenaria de tijolos, ficavam centralizadas no lote e possuíam pés-direitos, dimensões de portas, janelas e porões muito menores que as de tipologia eclética.[4] Mesmo a distribuição interna era mais simples e racional, o que facilitava sua manutenção. A ornamentação praticamente desaparece, ficando apenas o telhado com várias águas, a varanda na entrada, fronteada quase sempre por arco pleno, o que resultou na maldosa denominação utilizada no interior: "boca de forno". Esse padrão de habitação, mais barato e simples, muito popular nas cidades onde a ferrovia teve importância, representa uma nova forma de morar e merece maior estudo.

---

3 De acordo com Lemos (1976, p.158), em São Paulo essas habitações também foram comuns para a classe média, além dos "sobradinhos" geminados.

4 Havia cidades que possuíam, no código de posturas, diretrizes específicas para os bangalôs, permitindo toda uma gama de dimensões proibidas e impraticáveis na arquitetura eclética doméstica.

As dimensões dos lotes nos novos bairros, comuns até nossos dias, partem da grandeza da data de 22 x 44 m. A data dividida em sua testada pela metade gera o lote de 11 m de frente, medida corriqueira e corrente. A sua profundidade de 44 m, dividida por quatro, gera terrenos de 11 (bastante raros), 22, 33 e 44 m de profundidade. Portanto, as dimensões de 11 x 22, 11 x 33 e 11 x 44 advêm claramente da antiga data de 22 x 44 m.

Na quadra, o desenho dos lotes muda, embora permaneça, em grande maioria, a dimensão total de 88 x 88 m em cada uma das faces. Os lotes dessa nova quadra do século XX passarão a ostentar as três dimensões básicas, 11 x 22, 11 x 33 e 11 x 44, possibilitando posição múltipla dos lotes ao redor de toda quadra e para o loteador número muito superior de lotes, 24 no total, o que garantiria ganhos maiores. Para o adquirente do terreno, havia a possibilidade de escolher a dimensão de seu gosto ou do seu bolso, bem como em qual rua das quatro faces. O pagamento seria feito em parcelas mensais, com prazos bastante longos.

Outro valor que aparece com os novos tempos é a metragem quadrada do terreno, que passa a ser um dado fundamental para sua transação (Marx, 1991, p.112). Essa unidade de área era inusual até então, entretanto será fruto de um novo tempo em que haverá várias possibilidades para utilização do lote urbano. Se antes apenas a casa térrea ou o sobrado para moradia e sob este algum comércio eram as funções privadas básicas da cidade, agora seu uso poderia ser o mais elástico possível, comportando de uma morada a uma beneficiadora, de uma indústria a um cineteatro, e sua dimensão extrapolaria a corriqueira testada e profundidade, entrando agora sua relação métrica.

Mesmo a testada terá poucas vezes dimensão menor que 11 m, em função das normas edilícias que exigem recuos para a iluminação e ventilação e o pouco *status* proporcionado por lotes de testadas estreitas. Apenas nos bairros populares, para as vilas operárias e casas geminadas (estas social e comercialmente menos valorizadas) é que serão utilizados lotes com testadas de 5,0 ou 5,5 metros.

Será na expansão urbana dessas cidades que se integrará definitivamente o preceito do traçado reticulado, que tem por base o lote privado e a plena liberdade de mercado. É a partir desses novos bairros, independentes do patrimônio, que a forma urbana passará a se compatibilizar com os direitos sobre a mercadoria transacionada. Mais ainda, ficava clara, nesse momento, a diferença entre lote e edifício, e que estes poderiam ser totalmente dissociados, pois, antes, com o aforamento, ambos estavam praticamente unidos, e o terreno, quando dotado de construção, raramente seria reaproveitado para outro uso. A construção era considerada praticamente eterna, embora pudesse vir a ser reformada.

Com o capitalismo, as edificações passam a ter vida breve, pois plenamente substituíveis, e o terreno se torna uma base reaproveitável. A dissociação entre valor econômico do lote e do edifício, que agora poderia ser demolido, dá ao lote urbano valor independente e variável no tempo, nascendo daí um mercado de terrenos (Benévolo, 1976, p.36). A partir desse momento, a compra garante a propriedade plena do bem e domínio direto e útil pelo mesmo dono. Como eram áreas privadas, serão loteadas sob esses novos parâmetros de mercado. O aforamento ficará como parte de um passado remoto das cidades, presentes apenas em suas áreas centrais e históricas, o patrimônio religioso ou área foreira.

Com o passar do tempo e a ocupação desses novos bairros, os limites do perímetro urbano são estendidos para que também pudessem ser taxados pela Câmara, o que acontecerá sucessivamente, e irresponsavelmente para tantos outros, na história dessas cidades. A expansão da malha urbana tornará, de forma sequencial e constante, o atendimento das necessidades básicas dos bairros periféricos cada vez mais caro e remoto, fazendo que parcela significativa do organismo urbano permaneça sem os serviços básicos por décadas.

A implantação de indústrias ou manufaturas, estações, oficinas ferroviárias etc., às vezes distantes do patrimônio, que atraíam a população obreira nas proximidades, aumentava as chances de surgir um bairro operário desconexo do patrimônio.

A construção de pontes de madeira, ou mistas, de estrutura de concreto com assoalhado de madeira, ou de viadutos inteiramente em concreto armado, um pouco mais adiante, que cruzam córregos, rios ou a linha da ferrovia, também favorecia a expansão urbana. A melhoria representava acesso direto e contínuo da área mais nobre às novas zonas urbanas e, certamente, impulsionava, a partir da rua que recebia tal melhoramento, a criação de bairros.[5]

Lotes urbanos passarão a ser ótimos investimentos, reservas de valor, em épocas de inflação alta, e confortável aposta no crescimento dessas cidades, que cuidariam de valorizar as áreas com sua almejada expansão sem controle público. Muitas cidades do interior possuem loteamentos abertos, nas primeiras décadas do século XX, que até nossos dias não foram ou foram parcialmente

---

5 Como, de alguma maneira, havia acontecido na capital em relação aos viadutos Santa Efigênia e do Chá.

ocupados. Para a efetivação do parcelamento, bastariam a gleba, as fazendas decadentes com cafezais abandonados, após os anos 1930, e um agrimensor ou engenheiro, nada mais. Naquelas cidades em desenvolvimento, onde os solos pouco valiam, como as assentadas sobre o arenito Bauru, a escala do parcelamento urbano foi maior ainda por causa do alto custo para melhoria do solo e das poucas opções de plantio.

Muitos desses novos bairros recebiam a denominação de "jardim", em função do sucesso dos bairros jardins de São Paulo, especialmente Jardim América e Paulista, loteados pela Companhia City, para as altas camadas de renda, obedecendo a vários preceitos das cidades-jardim planejadas por Ebenezer Howard na Inglaterra. Porém, os das cidades pesquisadas, ao menos até os anos 1930,[6] não continham as mesmas características formais e urbanísticas, sendo, na maioria das vezes, bairros em retícula, destinados às classes mais favorecidas ou mesmo populares, com o sugestivo prenome para agregar valor ao empreendimento.

O surgimento de bairros, além de ampliar a malha urbana, frequentemente ampliava os espaços públicos, as atividades e as funções urbanas. Novas praças surgiam, quase sempre tentando imitar o modelo da praça central, novas paróquias com suas capelas e igrejas, algum comércio de vizinhança, um novo cemitério para atender à demanda crescente por jazigos, principalmente daqueles que não pudessem pagar por sepultura, no cemitério principal. A cidade começa a se dividir em setores destinados aos ricos, à classe média e aos pobres. Se até então, de uma forma ou de outra, todos se acomodavam no patrimônio, sua valorização vai expulsar aqueles que não pudessem pagar por toda a infraestrutura ali disponível. As bordas da cidade ou seus novos bairros operários abrigarão essa parcela significativa da população.

Nas franjas das áreas centrais, também habitará a população mais pobre. Os homens solteiros poderiam ser hóspedes de pensões baratas que aceitavam seus clientes por tempo indeterminado, por vezes anos. Eram, na verdade, cortiços disfarçados. Os cortiços estabeleciam-se frequentemente nos fundos de residências privadas, como forma de despistar os códigos de posturas e sanitário, cada vez mais exigentes quanto a esse tipo de habitação popular. Os proprietários do imóvel se aproveitavam dos amplos quintais, onde eram

---

6 Os bairros jardins nas cidades pesquisadas começam a aparecer muito depois, boa parte deles a partir dos anos 1940 e 1950.

criados cômodos enfileirados, com pouquíssima higiene ou salubridade, em que eram aceitas famílias inteiras, usufruindo sempre do mesmo sanitário e de tanques coletivos de lavar roupa.

Por causa do afluxo da migração, ainda pequeno nas cidades do interior, e da permanência dos miseráveis no campo, as favelas serão quase inexistentes nesses espaços urbanos, restritas às capitais, situação que começa a se alterar entre os anos 1950 e 1960, com o êxodo rural interno ao Estado e o de fora dele. Outro fator que concorrerá para a inexistência desse tipo de habitação precária será a perversa ação da polícia, a mando dos coronéis, que expulsará das cidades os pobres e também suas famílias em trânsito. Eventualmente, pernoitarão em albergues locais e serão rapidamente colocados, à força, nos trens para outros destinos. A dimensão dessas cidades e o consentimento tácito de seus cidadãos tornavam esse tipo de política bastante fácil, pois os "estranhos" rapidamente eram reconhecidos pela população, e aqueles que porventura ameaçassem a ordem, a segurança e a saúde pública ou mesmo que destoassem dos modos locais seriam postos para fora dos limites urbanos. Era comum famílias inteiras perambularem de cidade em cidade, de estação em estação, até chegarem à capital, onde, por causa das dimensões, esse tipo de controle era mais difícil.

Aparecerão novos bairros para as camadas mais bem aquinhoadas, localizados nas áreas mais altas e na continuidade física do patrimônio. Os locais mais elevados serão valorizados, assim como aconteceu com a capital no final do século XIX, que procurou regiões mais altas para seus bairros nobres: Vila Buarque, Santa Cecília, Higienópolis e o próprio espigão da Paulista.

Em razão da clientela almejada, terão que dispor ao menos de infraestrutura básica, parte das vezes custeada pela municipalidade, que a implantava com o discurso de ampliação da rede de serviços para a comunidade. Não foram poucos os parcelamentos desse tipo, em que o dinheiro público foi utilizado para a valorização de áreas privadas, sob condições e tratativas absolutamente escusas. Como a implantação da infraestrutura pelo loteador não era obrigatória, o poder público a instalava e, dependendo dos interesses envolvidos, o faria com maior ou menor rapidez.

Nesses novos bairros "bons" será habitualmente construído todo um aparato destinado a essa clientela privilegiada: a sede do clube mais importante, o hospital conceituado, as melhores escolas e os ginásios públicos e pios. Nesse rastro, muito mais tempo depois, seguirão o comércio e os serviços destinados às classes média e alta. As relações pessoais, de amizade, parentesco e classe social também não podem ser descartadas para a escolha dos bairros "bons", de moradia em particular, nas cidades do interior:

> [...] as camadas de alta renda se apegam arraigadamente a um determinado setor da cidade, não só pelo *status* que elas próprias lhes conferem, ou pela proximidade física de parentes e amigos. Além de imprimirem ao setor o mais alto nível estético, através da aparência dos edifícios, da arborização das ruas e praças, aquelas camadas nele também implantam a melhor rede de infra-estrutura da cidade [...]. (Villaça, 1978, p.198)

Em alguns casos, em vez de o bairro ser loteado por inteiro, era vendido aos poucos, quadra a quadra, de forma a valorizar o restante da gleba e, ao mesmo tempo, atrair a infraestrutura pública reclamada pelos compradores que construíam. Em outros, apenas se prolongavam algumas vias do patrimônio e loteava-se a área, sem esta nem ao menos se constituir como bairro.

Entretanto, boa parte dessa população de renda mais alta, nesse momento, viverá junto ao centro, por causa da vitalidade desse setor, da proximidade dos seus negócios e interesses e da compatibilidade, ainda existente nesse período, entre moradia, comércio e tráfego urbano.

O calçamento com paralelepípedos de granito se expande pelas ruas mais importantes da cidade, como forma de barrar as erosões e as enxurradas enlameadas, que inundavam os imóveis. Quem mais sentia era o comércio, que precisava ficar com as portas abertas,[7] mesmo nos dias de chuva, e que tinha seus produtos danificados pelo grande volume de água.

Na década de 1920, os veículos automotores mais comuns na paisagem urbana constituem-se em outro fator importante para o incentivo ao calçamento das vias. Até então, era comum, como equipamento suplementar ao automóvel, a utilização de pás e enxadas para que as pessoas pudessem se livrar de atolamentos no barro ou areião. Mesmo as carroças e charretes portavam esses utensílios, úteis para as emergências.

O calçamento também demorará nessas cidades, em virtude da necessidade de seu desembolso ser rateado pelos proprietários lindeiros. Muitos achavam que essa atribuição deveria ser exclusiva da municipalidade e chegavam a buscar

---

7 As portas quase sempre eram protegidas, no alto, por toldos contra as chuvas, pois as marquises aparecem bem mais adiante com o uso corrente do concreto armado.

seus direitos na justiça. Mesmo que a prefeitura estivesse em seu direito legítimo, tais demandas atrasavam sobremaneira todo o processo de melhoria.

As distâncias serão maiores, e, lá pela década de 1930, instalam-se as jardineiras, primeiramente para atender a todos os distritos do município[8] e depois apenas para a área urbana. Logo após, implanta-se o serviço de táxis motorizados, os "carros de praça", que substituíam gradativamente[9] as charretes no transporte público da "cidade" aos bairros. Poucas foram as urbes da área pesquisada que ofereciam bondes sobre trilhos, como é o caso de São Carlos, que possuía tal serviço em 1914.

Novos tempos, novos costumes

Após a República, emergem, de maneira pública e aberta, os novos credos, em particular as religiões protestantes que eram professadas até então de forma muito discreta, conforme exigia a Constituição do império.[10] Os novos templos não católicos despontam suas torres nos céus da cidade. Anglicanos, batistas e presbiterianos agora professarão seu credo de forma livre e aberta, embora com o preconceito geral dos católicos. Nas novas cidades ferroviárias do início do século XX, as igrejas não católicas ombreavam-se em porte com aquelas católicas, e em algumas, como em Ourinhos e Birigui, por exemplo, serão as primeiras a serem construídas (Ghirardello, 2002, p.174).

Ao mesmo tempo, a vida se laiciza, o topônimo da localidade deixa o prefixo do santo ou santa padroeira em favor daquele ligado à geografia do local: curso d'água, campo ou relevo natural.[11] As novas cidades formadas receberão preferencialmente nomes laicos: Marília, Presidente Prudente, Cafelândia, Tupã, Cabrália, Oriente, Birigui, Mirassol etc.

A chegada cada vez maior de imigrantes europeus favorecia as novas religiões e a vida urbana. Tratava-se de devotos de outros credos que, muitas vezes, nem

---

8 Em Marília, por exemplo, a primeira lei que abre licitação para exploração de transportes por jardineiras relaciona-se ao serviço para o município como um todo.

9 O gradativamente deve ser seriamente considerado, pois muitas cidades do interior, ainda nos anos 1960, tinham as charretes como transporte público corrente, funcionando a par do transporte motorizado.

10 "Art. 5º – A Religião Católica Apostólica Romana continuará a ser a religião do Império. Todas as outras religiões serão permitidas com seu culto doméstico, ou particular, em casas para isso destinadas, sem forma alguma exterior de templo" (Constituição Imperial de 1824).

11 Por exemplo: Nossa Senhora do Patrocínio de Jahu para apenas Jaú.

faziam escala nas fazendas de café, mas vinham direto para viver na cidade, trazendo novas atividades urbanas ou aperfeiçoando as existentes: mestres de obras, marmoristas, estucadores italianos; carpinteiros e marceneiros espanhóis; serralheiros alemães; e toda sorte de trabalhadores ligados a profissões urbanas.

A agricultura ainda extremamente dependente do café dá tímidos passos no sentido de uma maior diversidade, particularmente por meio de culturas intercalares de feijão, milho e amendoim, e, nas baixadas, do arroz. O café bate recordes em sua produtividade, especialmente nas zonas novas do Estado, por causa da adubação com produtos orgânicos e químicos, e das novas técnicas de plantio, preparo e beneficiamento, cada vez mais difundidas pelas escolas agrícolas e cursos de agronomia.

O comércio se especializa em ramos variados, deixando de ser a miscelânea de outrora. Surgem os postos de gasolina sob formas ainda não definitivas, mas quase sempre de esquina, seguindo, em menor escala, os modelos norte-americanos. Aparecem as lojas de "aparelhos falantes" que iam dos fonógrafos aos rádios, passando pelas "vitrolas orthophonicas".

A partir do desenvolvimento da cidade e do estabelecimento de boas condições de habitabilidade, seria atraída uma população mais preparada e estudada: médicos, dentistas, engenheiros, arquitetos e advogados que se lançavam nessas novas cidades com o intuito de progredir com elas. Afinal, uma série de necessidades se colocava à vida urbana: serviços de infraestrutura, construções públicas e privadas; discussões jurídicas sobre questões ligadas à terra rural e urbana, demandas cíveis e criminais; e toda uma nova clientela que precisava de serviços exclusivos de saúde. Muitos desses profissionais liberais enriquecerão e se tornarão proprietários rurais sobretudo após a quebra dos grandes cafeicultores, no final dos anos 1920 (Monbeig, 1984, p.117).

Será, ainda, formada uma classe média vigorosa responsável por boa parte do movimento econômico dessas cidades: comerciantes, funcionários públicos, professores, profissionais liberais etc. que progridem à custa de atividades essencialmente urbanas. Mesmo politicamente, o *status quo* começa a ser alterado com a criação, em 1926, do Partido Democrático (PD) de São Paulo, formado por fazendeiros dissidentes do PRP, descontentes com o domínio deste partido. Propunham o voto secreto e a autonomia para o Judiciário, entre outras medidas democráticas. O PD se solidifica entre os profissionais liberais e representantes das classes médias urbanas, e se torna bastante forte nas cidades do interior paulista, o que reflete seu próprio crescimento.

Mais adiante, com a decadência das lavouras cafeeiras, os imigrantes alojados nas colônias rurais se dirigirão às cidades, o que potencializará as atividades citadinas em ramos diversos. A partir da valorização da educação formal e do inegável esforço individual, esse contingente que estará no centro da grande mobilidade social das décadas seguintes ajudará a dar a essas cidades uma de suas características principais: uma sólida e instruída classe média.

O número e relevo dos estrangeiros, a necessidade de agregação e a inexistência de um sistema de saúde, legislação trabalhista ou mesmo de aposentadoria os fizeram criar sociedades beneficentes e de amparo mútuo, particularmente pelas colônias portuguesa, italiana, espanhola, sírio-libanesa e, um pouco depois, japonesa. Tais entidades tinham funções diversas, entre elas: serviços médicos, farmacêuticos, auxilio funeral e pensão pós-morte. Além disso, forneciam diária em dinheiro para desempregados e pequenos empréstimos. Em Barra Bonita, por exemplo, em razão da grande colônia italiana ali radicada,

Fonte: Coleção do autor.

Figura 38 – Rua comercial pavimentada da cidade de Bauru nos anos 1920.

As maiores cidades do interior paulista, nessa década, já possuirão em suas áreas centrais toda infra-estrutura disponível no período. As posturas municipais eram cobradas insistentemente a população, resultando em edificações dentro das normas municipais e calçadas niveladas e bem cuidadas, aspecto pouco corrente em nossos dias.

foi fundada, em 1907, a Societá Italiana Di Mutuo Socorso e Beneficenza di Barra Bonita, onde seus membros também poderiam: "amenizar a saudade, receber notícias, trocar experiências, conhecer as dificuldades dos *paesanos* e manterem vivos os costumes [...]" (Bolla & Stangherlin, 1999, p.27).

As sociedades sobreviviam do auxílio de seus membros e, por diversas vezes, com sobra de recursos, aplicavam na construção civil, alugando imóveis para aumento da receita. Muitas se transformaram em hospitais, como as associações beneficentes, em especial a Sociedade Beneficente Portuguesa que existe ainda em várias dessas cidades.

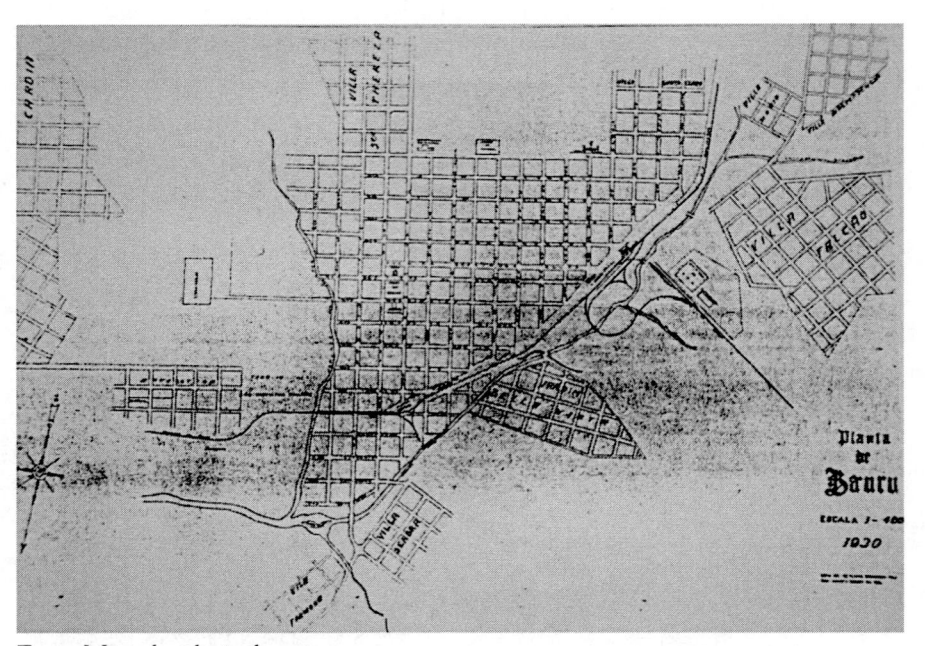

Fonte: Mapa da coleção do autor.

Figura 39 – O patrimônio e a expansão urbana de Bauru em mapa de 1930. A cidade com seus novos bairros. Ao centro da "forquilha", formada pelos cursos d'água, o patrimônio inicial, tendo ao redor a expansão da cidade a partir da criação de novos bairros, além dos córregos e das ferrovias. Notar a dispersão dessas novas áreas em contraste com a coesão do traçado do centro. Observar ainda que, pela inexistência de políticas de parcelamento sérias, os novos bairros eram criados ao sabor da especulação imobiliária sem nenhum tipo de planejamento, formando-se imensos vazios urbanos entre eles. O traçado desses bairros, embora baseado na quadrícula, era implantado conforme a topografia ou outra circunstância qualquer, o que transformava a cidade numa "colcha de retalhos". A angulação do traçado só vai acompanhar a do patrimônio quando entre as áreas não houver acidentes naturais ou a ferrovia, como se observa em direção ao sul de Bauru. Trata-se de exemplo que se repete com suas devidas e poucas variações em grande parte das cidades do interior paulista.

Embora os cafeicultores e suas famílias tivessem preconceito contra os imigrantes (Homem, 1996, p.199), esse quadro muda logo após as primeiras gerações. É certo que os recém-chegados estavam apartados, num primeiro momento, das elites locais, mas também é certo que quanto mais se entrava para o século XX, havia uma mescla social por casamentos e interesses financeiros.

Mesmo nas cidades mais apegadas à tradição e aos nomes de família, o imigrante ganha espaço social, desde que ele fosse escudado por ascensão econômica. Em Jaú, por exemplo, os italianos começam a chegar após 1870, com grande incremento no decênio seguinte. Na última década do século XIX, já são proprietários de 218 prédios urbanos, dos 267 pertencentes a estrangeiros (Claro, 1998, p.30).

Os mais ricos entrelaçam-se, por bodas, às famílias tradicionais. Vito Cesarino chega em 1885, dez anos depois já é proprietário de comércio e representante de casa bancária. Casa-se com a filha de Joaquim Ferreira do Amaral. Antonio Miraglia chega em 1880, logo depois desposa a filha do capitão José Ribeiro de Camargo. Cesarino e Miraglia entram para o "fechadíssimo clube da aristocracia rural" de Jaú (ibidem).

Os imigrantes, pelo número e pela forte cultura, chegavam a modificar significativamente o modo de vida local. Traziam outras culinárias, temperos e bebidas. Apoiavam a literatura e a arte em geral. Patrocinavam uma nova arquitetura, criavam clubes culturais e incentivavam as práticas esportivas e o cuidado com o corpo, por meio da construção das primeiras quadras, dos campos de jogos e das piscinas.

No interior, os imigrantes imprimiram forte combatividade e engajamento político nas causas dos trabalhadores, reivindicando melhores condições de trabalho e de salário, bem como patrocinando greves, paradas e comícios nas empresas ferroviárias, nas de prestação de serviços urbanos e nas primeiras manufaturas.

Ao imigrante em ascensão também deve ser creditada a criação de clubes sociais e mesmo desportivos, nos quais se reunirão as várias classes sociais, cada uma delas em sua agremiação. Surgirão os clubes luso-brasileiros, sírio-libaneses, nipo-brasileiros, hispano-brasileiros, ítalo-brasileiros etc. O Tênis Club, Automóvel Club e as hípicas, até mesmo pelo enfoque, reunirão a nata social nos torneios específicos de suas modalidades, nas grandes festas e nos bailes. Outras diversas associações, entre elas aquelas ligadas ao nascente futebol brasileiro e à bocha, agregarão os mais pobres. Serão a base da vida social, intramuros, das cidades do interior, nas décadas seguintes, período áureo dos clubes sociais.[12]

A cultura será incrementada pelos clubes literários e o entretenimento pelo cinema, que se vale, de início, dos espaços emprestados aos teatros, depois cineteatros. Esses, por sinal, em diversas comunidades, eram grandes salões polivalentes, pois abrigavam projeção de fitas, apresentações líricas, teatrais e até mesmo bailes, festas e jantares, por causa do piso plano e das cadeiras móveis da plateia. A partir dos 1930, os cinemas ganham mais importância e espaços exclusivos para a projeção, em razão da necessidade de amplificação sonora dos filmes falados[13] e do bom negócio que se torna essa atividade específica de serviço, atendida por uma rede de distribuição eficiente.

Cada vez mais, estradas são abertas em direção aos bairros rurais, aos povoados e às cidades vizinhas, ainda de "chão", mas com possibilidade de transitarem-se veículos automotores e jardineiras intermunicipais. Ainda nesse momento, o transporte principal se fazia pelas ferrovias, havendo ramificações por estradas de terra a partir das cidades. Jaú, em meados dos anos 1920, possuía 254 automóveis registrados e contava com 230 km de rodovias, num raio de 30 km, ligando todas as cidades limítrofes e os bairros rurais. Havia ainda três linhas de jardineiras, com capacidade para 26 passageiros cada uma delas, funcionando intimamente ligadas ao horário de chegada dos trens da Paulista e Douradense (Ferraz, 1924, p.159-60).

As grandes fazendas, nesse período, começam a abandonar o carro de boi para transporte do café até as ferrovias e passam a utilizar correntemente caminhões que trafegavam por estradas de terra (Monbeig, 1984, p.198). Em 1921, tendo como governador Washington Luís, o Estado possuía um Plano de Desenvolvimento Rodoviário. O Departamento de Estradas de Rodagem foi criado em 1926. Em 1937, um quarto do sistema rodoviário brasileiro estava em São Paulo, representando uma malha de 48.000 km (Love, 1982, p.95).

Em relação aos ramos produtivos, o comércio, é certo, terá a participação ativa dos sírios, libaneses e turcos (todos indistintamente chamados de "tur-

---

12 Esses estão presentes nas comunidades, até nossos dias, por meio de seus maiores símbolos, suas sedes sociais, construídas pelos melhores arquitetos do período moderno, que merecem urgente estudo e preservação.

13 O primeiro filme sonoro surgiu em 1927, com o longa-metragem The jazz singer, porém, no interior de São Paulo, são comuns as apresentações de filmes apenas a partir dos anos 1930.

cos") que iniciarão, quase sempre, seu trabalho como mascates e se fixarão rapidamente como comerciantes, inicialmente de produtos variados e depois mais especializados, conforme pediam os novos tempos.

Na região pesquisada, a industrialização tem grande participação dos imigrantes, seja pela burguesia imigrante, seja por parte daqueles que aos poucos acumularam pequenos capitais. O comércio de importação e exportação e a representação de firmas estrangeiras, conforme Silva (1976, p.95-6), até mesmo pela facilidade nos idiomas estrangeiros, parecem ter aberto ao imigrante as portas para uma incipiente industrialização também no interior, a partir de reunião de capitais advindos do negócio e por causa da facilidade de acesso aos empréstimos dos grandes bancos estrangeiros.

O imigrante, além de participar ativamente da industrialização no país,[14] formará um mercado consumidor cada vez mais importante, constituindo-se também na força de trabalho básica. Em São Paulo, em 1901, 90% dos operários eram estrangeiros (ibidem, p.97-8), e acreditamos que no interior o mesmo tenha ocorrido.

Nos almanaques das cidades ou mesmo no trabalho de muitos estudiosos, constatamos a ocorrência de fábricas no interior paulista já na última década do século XIX, considerada período de importante surto industrial no Estado, porém é importante estabelecer uma diferenciação, nem sempre presente nesses trabalhos, entre artesanato, manufatura e fábrica. As duas últimas distinguem-se da primeira pelo número de empregados, e a fábrica destaca-se em razão do capital empregado e da maior mecanização, sendo esta a unidade de produção tipicamente capitalista (ibidem, p.82).

De acordo com Silva (1976), a manufatura, por muitas vezes, foi uma forma de transição historicamente determinada para os estágios superiores de industrialização, como pequenas marcenarias que se transformaram em fábricas de móveis.

Muitas das fábricas locais produziam bens que não compensavam ou não tinham como ser importados, como manufaturas, produção de sabão, gelo, banha, doces caseiros, velas, bebidas, móveis, tecidos baratos etc. Beneficiadoras de alimentos, como café e arroz, ou mesmo de produtos não comestíveis, como algodão, e torrefações também eram comuns nas cidades do interior e bons campos para investimentos.

---

14 Sobre a industrialização paulista durante a expansão cafeeira, ver Dean (2001) e Cano (1998).

Outro ramo importante era o de máquinas para beneficiamento, particularmente o café. Separadores, descascadores e secadores eram, na maioria das vezes, criados e fabricados por especialistas ou engenheiros locais, como Trajano de Barros Camargo, engenheiro de Limeira que desenvolve, patenteia e fabrica, nos anos 1920, descascadores de café produzidos pela sua empresa Machina São Paulo.

O conflito mundial de 1914 dificultará a importação, abrindo novas possibilidades de setores antes atendidos exclusivamente pelos produtos vindos de fora. Algumas dessas manufaturas se transformarão em indústrias, crescerão e passarão a ter importância e projeção nacional, como a Lupo, Tilibra, Cia. Fiação e Tecidos São Carlos, Samello, Dedini etc., criadas por famílias de imigrantes.

Uma ou outra indústria do grande capital nacional ou estrangeiro[15] se implantará nessas cidades, como Bebidas Antarctica, Indústrias Matarazzo, Johann Faber, Sambra, Sociedade Algodoeira do Nordeste Brasileiro ou mesmo a Anderson Clayton, fabricante de óleo de algodão, nos anos 1930. Contudo, as empresas quase sempre se resumiam àquelas de capital local.

Será rara no interior, ao menos na área pesquisada, por causa da distância da capital, a criação de indústrias de porte ou de base, como a Companhia Eletro Metalúrgica Brasileira, inaugurada em 1921, em Ribeirão Preto, sob a direção do engenheiro Flavio de Mendonça Uchoa e capitais da família Prado. Uchoa aplica parte de sua fortuna, gerada pela Empresa de Força e Luz e de Águas e Esgoto, serviços implantados por ele na cidade, na fundação da metalúrgica que quebra com a crise da bolsa de Nova York (Cione, 1992, v.II, p.360-1).

Com a rápida urbanização no território paulista, várias cidades ressentem-se da perda sistemática de distritos urbanos, transformados em "cidades rivais e concorrentes". Por causa dessas novas urbes, a área do município é reduzida, o que resulta na diminuição da renda advinda da produção cafeeira e da transferência de moradores importantes, proprietários rurais e também do comércio. Para conseguir o desmembramento, os distritos precisavam consultar a Câmara da qual deveriam se desligar e possuir população municipal de, ao menos, dez mil pessoas, sendo mil na sede, 100 prédios bons, edifícios para funcionamento da administração pública, duas escolas e cadeia, sede com saneamento e salubridade, condições de conseguir impostos de 20 contos de réis/ano e a representação dos

---

15 A maioria dos autores nos informa que a inversão de capitais estrangeiros diretamente na indústria ocorrerá apenas após os anos 1930.

habitantes.[16] Os municípios maiores, mais vigorosos e que menos dependiam de suas áreas rurais, pouco sentem tais desmembramentos, porém os mais frágeis veem sua fonte principal de receitas abalada e seu poder político reduzido.

Em 1929, abre-se uma nova página para muitas dessas cidades em razão do *crack* da bolsa de Nova York e dos efeitos imediatos na economia brasileira. Os exemplos de decadência urbana são muitos. Santa Cruz do Rio Pardo, assim como tantas outras, sofrem, nos anos 1930, com a derrocada da cultura cafeeira e de todas as atividades urbanas ligadas a ela. Junqueira (1994, p.125-6) nos mostra essa triste debacle por meio das dezenas de petições ao prefeito solicitando o fechamento de negócios:

> Antonio Coutinho, negociante, liquida suas transações comerciais, em 4 de dezembro de 1930. Antonio Gomes não continuaria com sua casa de negócios de frutas e vendas ambulantes. Antonio Cortella, pedreiro, expõe ao prefeito que "em virtude da situação financeira que atravessa o país [...] não conseguiu trabalhar este ano um dia siquer" [...] Pedro Manoel de Andrade pedia o cancelamento do imposto de um carro de bois e um *troly* "por falta de animaes". [...] José Carlomagno não desejava continuar com sua "Officina de concertos de relógios". [...] O Sr. Luiz Brondi, em 27 de dezembro de 1930, desejou restringir seu trabalho apenas à oficina de ferreiro, desistindo de trabalhar com instrumentos agrícolas. [...] Venuto e Nazareno Benetti decidiram pelo fechamento da Oficina de Ferreiro, Serralheiro e Mecânica "por falta de serviço". Fechava também a Olaria de João Pereira de Lima, em 30 de dezembro de 1930. Gabriel Totti decidiu também, naquele dia, fechar seu negócio de secos e molhados.

Enquanto algumas cidades já possuíam base econômica que não dependia do café, outras permaneciam com sua economia voltada somente a ele. As primeiras, seja pela situação geográfica, seja por circunstâncias políticas e econômicas, incentivaram ou atraíram as indústrias e ampliaram o comércio e os serviços. O algodão, que representava 2% das exportações brasileiras entre 1925 e 1929, sobe para 19% entre 1935 e 1939 (Love, 1982, p.79). A cana-de-açúcar também será retomada, e com ela os engenhos que se tornariam imensas usinas, posteriormente, nas regiões de Piracicaba, Lençóis Paulista, Jaú e Ribeirão Preto. Essas foram alternativas viáveis para a lavoura paulista nos anos 1930, que se adapta, com esforços, a uma nova situação internacional.

---

16 Decreto nº 1.454, de 5 de abril de 1907, que regulamenta a Lei nº 1.038, de 10 de dezembro de 1906 (cf. Colleção das leis e decretos..., 1908, p.57-9).

Outras pequenas culturas agrícolas também aparecem com o desestímulo de muitos produtores, em razão da várias crises por que passara o café até então. Será o momento de expansão de culturas como a da laranja, abacaxi, banana, presentes na região de Araraquara.

As culturas de economia essencialmente cafeeira, entretanto, viram com o *crack* da bolsa de Nova York seu esplendor urbano desaparecer, a população reduzir e algumas vizinhas do quase nada enriquecerem.

O dinheiro havia mudado de mãos, e o poder de muitos personagens e várias cidades também.

Conclusão

Este trabalho pretendeu analisar como se deu a criação dos patrimônios religiosos, base da formação urbana no polígono formado entre as cidades de São José do Rio Preto, Ribeirão Preto, Americana e Avaré, e fechando novamente em São José do Rio Preto, no Estado de São Paulo, durante a expansão cafeeira, entre 1850 e 1900. Esta pesquisa nasceu em razão da intrigante semelhança da história urbana das cidades do período. Do mesmo modo que o traçado reticulado é visivelmente assemelhado, o mesmo processo ocorre em relação à formação do patrimônio. A presença da Igreja Católica envolvida com a posse do solo urbano, a luta pela emancipação política, a chegada da ferrovia, a implantação da infraestrutura e a expansão urbana, após a República, modelada pelo liberalismo econômico, e o coronelismo na política são questões presentes em todas as cidades formadas na franja cafeeira, entre meados e final do século XIX e até as três primeiras décadas do século XX, certamente, resguardando algumas poucas diferenças locais. Mais que tudo, a formação urbana estava intimamente ligada à rápida urbanização no território do Estado, vista como um processo gerador de riqueza e acumulação de capitais.

Se, no período colonial, a cidade brasileira desfrutava de certa autonomia e independência ante a administração central, a partir do império ocorre uma grande centralidade de poderes quando as câmaras são altamente tuteladas. Mesmo durante a República Velha, a tutela permanece, intermediada pelos onipresentes coronéis.

A exigência pelo império da criação obrigatória de códigos de posturas pelas câmaras municipais, firmemente controlados pelas assembleias provinciais, levou a um padrão de urbanização, ou melhor, de traçado urbano, repetido às centenas no Estado de São Paulo, e, acreditamos, embora menos enfatizadas neste trabalho, de modelo para as próprias edificações.

O desenho reticulado das cidades adveio principalmente do código de posturas, única lei que regulava a vida urbana no império, que indicava "a linha reta das vias" ou "ruas em esquadro", assim como a dimensão das quadras e datas. Outro fator relevante foi a maneira de os agrimensores e práticos cortarem as terras rurais, transferidas para os povoados, quando estes eram incumbidos de arruamentos, de acordo com determinações dos códigos de posturas. Os traçados das cidades do centro e centro-oeste paulista são semelhantes, seja pelo relevo do planalto ocidental paulista, seja por sua base agrária. Sítio, quadras, largura de vias, orientação e mesmo a paisagem urbana daí resultante com suas praças centrais, igrejas, estações e eixos principais parecem repetir-se. Era um processo expansionista que visava a ocupação territorial do Estado e a formação urbana acelerada, na qual eram investidos os capitais advindos da produção cafeeira, agora ramificados em setores como infraestrutura urbana, bancos, comércio e loteamentos.

Mesmo que tenha havido cidades reticuladas durante a colônia, é certo que aquela que surge no século XIX, embora eventualmente assemelhada no desenho às suas antecedentes, é outra, resultado de fatores bastante diversos e próprios do período de expansão capitalista. Constata-se que a cidade a partir de meados do século XIX é um empreendimento comercial, uma mercadoria, destinada à venda e ao lucro, e o seu desenho é baseado nos parâmetros que guiavam o da terra rural, pois habitualmente executado pelo mesmo profissional agrimensor que dividia as glebas, com a mesma finalidade. Se o traçado bidimensional era adequado em relação às propriedades agrícolas, aplicado aos núcleos urbanos se mostraria banal e homogêneo. Ao mesmo tempo, pela simplicidade, prestava-se a um processo de rápida ocupação territorial e a ágeis expansões urbanas de cidades em franco adensamento, e tinha embutido em seus pressupostos conceitos bastante contemporâneos de salubridade e higiene, parte deles, em particular quanto ao traçado, aprofundados, ratificados e incorporados ao Código Sanitário do Estado, de 1894.

Para as "novas" cidades formadas após a República, em razão do abandono do aforamento, resultado do patrimônio religioso, que aprisionava a terra a um senhor, tal afirmação se mostrará de maior validade, pois as relações estabelecidas a partir daí serão basicamente de compra e venda direta. Muda-se a relação com a propriedade do chão urbano, porém permanece, em grande medida, seu desenho.

Mesmo que, após 1889 e com a chegada da ferrovia, novos personagens, como engenheiros e arquitetos, venham a se somar nas intervenções e na implantação de infraestrutura urbana, o fato é que as bases do traçado desses patrimônios já estavam estabelecidas havia muito pelo arruador, e a generosidade das dimensões de vias e a racionalidade do traçado evitarão reformas urbanas complexas nessas cidades.

Outros processos posteriores de formação de cidades existirão em São Paulo, ainda dentro da lógica de ocupação territorial, particularmente aqueles originados especificamente pelas ferrovias do extremo-oeste, como aconteceu às margens da Estrada de Ferro Noroeste do Brasil, Alta Paulista, Alta Sorocabana e Alta Araraquarense. As cidades, em especial na Noroeste, surgem a partir das estações, construídas em meio à mata. Nesse momento, o instituto do patrimônio desaparece e a Igreja Católica não tem a mesma importância na formação urbana, e a própria implantação dessas cidades se altera, pois gerada com base em novos parâmetros jurídicos e territoriais, e, em parte, sob a responsabilidade de engenheiros (Ghirardello, 2002).

Depois dos anos 1920, foi comum ainda a formação de cidades patrocinada por particulares ou por empresas privadas, que nada mais eram que loteamentos privados,[1] porém antes se passou pela rápida experiência do patrimônio laico, de poucos exemplares no Estado.

Tratamos esse processo de modo a percebermos a relação entre as várias cidades, num contexto de urbanização mais geral do Estado, e analisando-as como conjunto e não como experiência isolada. É claro que o enfoque leva à generalização, o que não poderia ser diferente, visto que não queríamos usar como campo de pesquisa uma ou outra cidade, mas vasta quantidade delas. No entanto, acreditamos que tal generalização, pela quantidade de municípios envolvidos, guarda mais acertos que erros, dada a semelhança de condições jurídicas, geográficas, físicas, humanas e econômicas dessas criações urbanas. Por fim, acreditamos ter conseguido sistematizar um quadro no qual se pode delinear claramente o surgimento dos patrimônios religiosos, durante os últimos cinquenta anos do século XIX, no centro e centro-oeste do Estado, num período-chave da expansão cafeeira, bem como seu florescimento urbano até o início dos anos 1930.

---

1 O termo patrimônio perdurou até o final dos anos 1920, utilizado para cidades que nada mais eram que loteamentos. Nas propagandas de lançamento da cidade de Marília, em 1927, ainda a denominação estava presente (Diário da Noroeste 1927).

REFERÊNCIAS BIBLIOGRÁFICAS

ABREU, M. de A. Reencontrando a antiga cidade de São Sebastião: mapas conjecturais do Rio de Janeiro do século XVI. *Cidades*, v.2, n.4, p.189-220, 2005.

ABREU, M. M. de. *Taubaté, de núcleo irradiador de bandeirismo a centro industrial e universitário do Vale do Paraíba.* Taubaté: Santuário, 1985.

AGÊ JUNIOR. *São José dos Campos e sua história.* São José dos Campos: Prefeitura Municipal, 1979.

ALCYR, J. M. *Araras, arquivo dos tempos.* Araras, Zurita, 1997.

ALMEIDA. N. M de. *Galeria biográfica paulista.* São Paulo: Cultural Bandeirantes, 1959.

ALVES, J. A. F. *Consolidação das leis relativas ao juízo da provedoria.* Rio de Janeiro: Laemmert & Cia., 1897.

AMORIN, E. de. *Teoria e prática da enfiteuse.* Rio de Janeiro: Forense, 1986.

ANDRADE, F. de P. D. de. *Subsídios para o estudo da influência da legislação na ordenação e na arquitetura das cidades brasileiras.* São Paulo, 1966. Tese (Concurso de Cátedra) – Escola Politécnica, Universidade de São Paulo.

ANTONINI, I. G. *Sanear a cidade e segregar a pobreza*: o estudo de práticas sociais em Botucatu – SP, 1890-1920. Belo Horizonte, 1985. 199p. Dissertação (Mestrado) – Faculdade de Filosofia Ciências e Letras, Universidade Federal de Minas Gerais.

A REACÇÃO. Assis, n. 745, 18 out. 1917. Museu Histórico Municipal "Padre Francisco de Paula Lima".

ATAS da Câmara Municipal de Lençóis. Lençóis Paulista, 28 jan. 1887. Núcleo de Pesquisa Histórica da Universidade do Sagrado Coração de Bauru.

AZEVEDO, A. de. *Cochranes do Brasil.* São Paulo: Companhia Editora Nacional, 1965.

AZZI, R. *O catolicismo popular no Brasil.* Petrópolis: Vozes, 1977.

————. *O Estado leigo e o projeto ultramontano.* São Paulo: Paulus, 1994.

BADARÓ, R. *Campinas* – O despertar da modernidade. Campinas: CMC-Unicamp, 1996.

BARATA, A. M. *Luzes e sombras*. A ação da maçonaria brasileira (1870-1910). Campinas: Editora da Unicamp, Centro de Memória da Unicamp, 1999.

BARBETI, M. A. de S. *Terra da gente*. Franca: Santa Rita, 1987.

BARBOSA, L. B. H. *A pacificação dos índios caingangue paulista*. Rio de Janeiro: Ministério da Agricultura, 1947. "Comissão Rondon, 88).

BARROS, F. R. Esboço da marcha do povoamento do Estado de São Paulo. In: INSTITUTO HISTÓRICO E GEOGRÁFICO DE SÃO PAULO. *São Paulo em quatro séculos*. São Paulo: Comissão do IV Centenário da Cidade de São Paulo, 1954.

BASTOS, A. D. J. *O que tia Adélia não contou em lendas e tradições da família Junqueira*. São Paulo: Paraler, 1989.

BASTOS, T. A. *A ocupação natural, jurisdicional e religiosa do sertão de Bahuru*. Bauru, 1994. 103p. Dissertação (Mestrado) – Faculdade de Arquitetura, Artes e Comunicação, Universidade Estadual Paulista.

BAURU Ilustrado. Bauru, n.28, p.11, set. 1978.

BENÉVOLO, L. *História da arquitetura moderna*. São Paulo: Perspectiva, 1976.

BERNARDINI, S. P. *Os planos da cidade*: as políticas de intervenção urbana em Santos – de Estevan Fuertes a Saturnino de Brito. São Carlos: RiMa, Fapesp, 2006.

BERTOLLI FILHO, C. *História da saúde pública no Brasil*. São Paulo: Ática, 1996.

BOLLA, R. A; STANGHERLIN, C. *De Salles Leme e Pompeu (1883) a Waldy Mucare (1883)*. Barra Bonita 100 anos de história. Barra Bonita: Evergraf, 1999.

BRANDI, A. *São José do Rio Preto, 1852-1894*: roteiro histórico do distrito. São José do Rio Preto: Casa do Livro, 2002.

BRUNO, E. S. *Viagem ao país dos paulistas*. Ensaio sobre a ocupação da área Vicentina e a formação de sua economia e da sua sociedade nos tempos coloniais. Rio de Janeiro: J. Olympio, 1966.

BRUNO, E. S. *Memória da cidade de São Paulo* – Depoimentos de moradores e visitantes. São Paulo: Prefeitura Municipal de São Paulo, 1981.

CAMPOS, C. de. *Ferrovias e saneamento em São Paulo*. O engenheiro Antonio Francisco de Paula Souza e a construção da rede de infra-estrutura territorial e urbana paulista, 1870-1893. São Paulo, 2007. Tese (Doutorado) – Faculdade de Arquitetura e Urbanismo, Universidade de São Paulo.

CANDIDO, A. *Parceiros do Rio Bonito*. São Paulo: Duas Cidades, 1987.

CANO, W. *Raízes da concentração industrial em São Paulo*. Campinas: Unicamp, 1998.

CARDOZO, M. *Tratado do direito rural brasileiro*. São Paulo: Saraiva, 1954. v.2.

CARONE, E. A República Velha. São Paulo: Difusão Européia do Livro, 1972.

CARVALHO, O. M. *Política do município, ensaio histórico*. Belo Horizonte: Agir, 1946.

CENTRO de Memória Regional de Bauru. *Histórico da CPFL*. Bauru: CPFL, 1991.

CESP. *Salto do Avanhandava*: história e documentação. Penápolis: Cesp, 1988.

CHALHOUB, S. *Cidade febril*: cortiços e epidemias na corte imperial. São Paulo: Companhia das Letras, 1996.

CHIARINI, A. R. *Resenha histórica do município de São Pedro*. São Pedro: Prefeitura Municipal, 1981.

CHITTO, A. *Lençóis Paulista, ontem e hoje*. Lençóis Paulista: Revista Comemorativa do jornal *O Eco*, 1972.

————. *Lençóis Paulista boca do sertão*. Lençóis Paulista: Edição especial de *O Eco*, 1980.

CIONE, R. *História de Ribeirão Preto*. Ribeirão Preto: Imag, 1992. v.I, II e III.

CLARO, W. *Jaú. A semente e a terra*. Edição comemorativa do 90° aniversário do jornal *Comércio do Jahu*, 1998.

COBRA. A. N. *Em um recanto do sertão paulista*. São Paulo: Typografia Hennies Irmãos, 1923.

CÓDIGO de posturas da Cidade de São Paulo de 1886. Artigo 1°, título I, cópia da Biblioteca FAU/USP.

CÓDIGO de posturas de Posturas da Villa de Fortaleza, 1893.

CÓDIGO de posturas de Bauru, 1906. Núcleo de Pesquisa Histórica da Universidade do Sagrado Coração de Bauru.

CÓDIGO de posturas de Campos Novos do Paranapanema. Registros de leis municipais, livro de 1891 a 1905. São Paulo: Centro Cultural de Exaporã.

CÓDIGO de posturas de Itatiba. Lei n° 21. Prefeitura Municipal de Itatiba, 1912.

CÓDIGO de posturas da Câmara Municipal de Avaré. Lei n° 159, de 2 de outubro de 1916. Prefeitura Municipal de Avaré.

COLLEÇÃO das leis e decretos do Estado de São Paulo de 1893. São Paulo: Typographia do *Diário Official*, 1893. t.III.

COLLEÇÃO das leis e decretos do Estado de São Paulo, ano de 1907. São Paulo: Typographia do *Diário Official*, 1908. t.XVII.

CONSELHO NACIONAL DE TRANSPORTES. *Planos de Viação, evolução histórica (1808-1973)*. Rio de Janeiro: CNT, 1973.

CORREA, A. M. M. *História social e econômica de Araraquara de 1919 a 1930*. Araraquara, 1982. Dissertação (Mestrado) – Universidade Estadual Paulista.

CORREIO DA NOROESTE. Ano XXIV, n.7739A, 3 abr. 1955. Edição comemorativa.

CORREIO DO SERTÃO. n.45, 4 abr. 1895; n.46, 7 abr. 1895.

COSTA, E. V. da. *Da monarquia a República*: momentos decisivos. São Paulo: Grijalbo, 1977.

COSTA, L. A. M. *O ideário urbano na virada do século – o engenheiro Theodoro Sampaio e as questões territoriais e urbanas modernas (1886-1903)*. São Carlos: RiMA, Fapesp, 2003.

CUNHA, F. *Memórias de um picadeiro*. Presidente Prudente: Museu Histórico Municipal, 1980. v.1.

DANTAS, A. *Memória do patrimônio de Assis*. Assis: Câmara Municipal de Assis; São Paulo: Pannaratz, 1978.

DEAN, W. *A ferro e fogo, a história e a devastação da mata atlântica brasileira*. São Paulo: Companhia das Letras, 1996.

_____. *Industrialização de São Paulo*: 1880-1945. São Paulo: Bertrand Brasil, 2001.

DEBES, C. A. *A caminho do oeste*: subsídios para a história da Companhia Paulista de Estradas de Ferro e das Ferrovias de São Paulo. São Paulo: Fundação da Companhia Paulista, 1968. (Edição comemorativa).

DEFFONTAINES, P. Como se constitui no Brasil a rede de cidades. *Boletim Geográfico* (São Paulo), v.14, p.141-8, 229-308, 1944.

DELLA CAVA, R. Igreja e Estado no Brasil do século XX. *Estudos Cebrap (São Paulo)*, n.12, abr./jun. 1975.

DEPARTAMENTO de estatística do Estado de São Paulo. *Quadro demonstrativo do desmembramento dos municípios*. 5.ed. São Paulo: Tipografia Brasil, 1949-1953.

DIÁRIO da Noroeste. Bauru, 13 ago. 1927.

DONATO, H. *Achegas para a história de Botucatu*. Botucatu: Banco Sudameris Brasil, Prefeitura Municipal de Botucatu, 1985.

ELLIS JUNIOR, A. *O café e a paulistânia*. São Paulo: Universidade de São Paulo, 1951.

ENCICLOPÉDIA dos municípios brasileiros. Rio de Janeiro: IBGE, 1957a. v.XXVIII.

ENCICLOPÉDIA dos municípios brasileiros. Rio de Janeiro: IBGE, 1957b. v.XXIX.

ENCICLOPÉDIA dos municípios brasileiros. Rio de Janeiro: IBGE, 1958. v.XXX.

ENCICLOPÉDIA dos municípios brasileiros. Rio de Janeiro: IBGE, 1964. v.XII.

EWBANK, T. *A vida no Brasil ou diário de uma visita ao país do cacau e das palmeiras*. São Paulo: Edusp, 1976.

FARAH, A. P. *A produção do engenheiro-arquiteto Francisco de Paula Ramos de Azevedo*. São Carlos, 2003. Dissertação (Mestrado) – Escola de Engenharia de São Carlos, Universidade de São Paulo.

FERRAZ, B. *Cidades vivas*. São Paulo: Monteiro Lobato & Comp. Editores, 1924.

FERRAZ, J. R. *História do Rio Claro, a sua vida, os seus costumes e os seus homens*. São Paulo: Typographia Hennies Irmãos, 1922.

FERREIRA, A. de F. (Org.) *Arquitetura escolar paulista*. São Paulo: Imprensa Oficial do Estado de São Paulo, 1998.

FERREIRA, M. M. Fase pioneira 1885 – Rio Claro-SP. A iluminação no Brasil, apontamentos históricos. *Revista Iluminação Brasil (São Paulo)*, mar./abr. 1990.

FRANÇA, A. *A marcha do café e as frentes pioneiras*. Rio de Janeiro: Conselho Nacional de Geografia, 1960.

FRANÇA, M. *Subsídios para a história de Ituverava*. Ituverava: Salto Belo, 1997.

FURLANI, F. *Histórico resumido de Pederneiras*. Pederneiras: Biblioteca Municipal, s.d. (Exemplar único, datilografado).

GAGLIARDI, C. P. *Reminiscências*. Pompéia-SP. Pompéia: Cly-Impres, 1996.

GAGLIARDI, J. M. *O indígena e a República*. São Paulo: Hucitec, Edusp, 1989.

GALANTAY, E. Y. *Nuevas ciudades de la Antigüedad a nuestros dias*. Barcelona: Gustavo Gili, 1977.

GARCIA, R. *Ensaio sobre a história política e administrativa doBrasil (1500-1810)*. Rio de Janeiro: J. Olympio, 1956.

GHIRARDELLO, N. *Aspectos do direcionamento urbano da cidade de Bauru*. São Carlos, 1992, 187p. Dissertação (Mestrado) – Escola de Engenharia de São Carlos, Universidade de São Paulo.

_____. A disputa pela posse da terra urbana em Bauru – Igreja x Câmara. *Mimesis (Bauru)*, v.15, n.1, p.69-85, 1994.

_____. O processo de configuração urbana de uma cidade do este paulista: São Paulo dos Agudos. *Revista Educação Gráfica (Bauru)*, Universidade Estadual Paulista, v.2, n.2, p.57-66, 1998.

_____. *À beira da linha, formações urbanas da Noroeste paulista*. São Paulo: Editora UNESP, 2002.

_____. Os códigos de posturas na difusão de um modelo urbano no Estado de São Paulo/Brasil. In: SEMINÁRIO DE ARQUITECTURA LATINOAMERICANO, 11, 2005, México. *Anais...* Oaxtepec: México, 2005.

GITAHY, M. L. C. (Org.) *Desenhando a cidade do século XX*. São Carlos: RiMA, Fapesp, 2005.

GUTIERREZ, R. *Arquitectura y urbanismo em iberoamerica*. Madrid: Cátedra, 1977.

HOBSBAWM, E. J. *A era do capital. 1848-1875*. Rio de Janeiro: Paz e Terra, 1979.

HOMEM, M. C. N. *O palacete paulistano e outras formas urbanas de morar da elite cafeeira*: 1867-1918. São Paulo: Martins Fontes, 1996.

IANNI, O. *Uma cidade antiga*. Campinas: CMU, Unicamp, 1996.

JANOTTI, M. de L. M. *O coronelismo*: uma política de compromissos. 2.ed. São Paulo: Brasiliense, 1986.

JUNQUEIRA, M. F. *Santa Cruz do Rio Pardo* – Memórias. Santa Cruz do Rio Pardo: Prefeitura Municipal, 1994.

KOCH, W. *Dicionário dos estilos arquitetônicos*. São Paulo: Martins Fontes, 1996.

KÜHL, B. M. *Arquitetura do ferro e arquitetura ferroviária em São Paulo*: reflexões sobre a sua preservação. São Paulo: Ateliê, Fapesp, 1998.

LAGES, J. A. C. *Ribeirão Preto, das origens à atualidade*. Ribeirão Preto: Heluany Dias Produções, 2004. CD-ROM.

LAMAS, J. M. R. G. *Morfologia urbana e desenho da cidade*. Lisboa: Fundação Calouste Gulbenkian, Junta Nacional de Investigação Científica e Tecnológica, 1993.

LANDIM, P. da C. *Desenho de paisagem urbana* – As cidades do interior paulista. São Paulo: Editora UNESP, 2004.

LEAL, V. N. *Coronelismo, enxada e voto*. O município e o regime representativo no Brasil. 2.ed., São Paulo: Alfa-Omega, 1975.

LEITE, J. F. *A ocupação do Pontal do Paranapanema*. São Paulo: Hucitec, Fundação UNESP, 1998.

LEITE, M. *Paulistas e mineiros plantadores de cidades*. São Paulo: Edart, 1961.

LEMOS, C. A. C. *Cozinhas, etc*. São Paulo: Perspectiva, 1976.

LEVORATO, A. V. *O Jahu... encontros, cantos, encantos* – A cidade em cores. Jaú: Dom Bosco, 2003.

LIMA, C. C. *A construção da cidade, Franca, século XIX*. Franca: UNESP-FHDSS, Companhia Açucareira Vale do Rosário, 1997.

LIMA, J. T. *A ocupação e a destruição dos índios na região de Bauru*. São Paulo, 1978. 199p. Dissertação (Mestrado) – Faculdade de Filosofia, Letras e Ciências Humanas, Universidade de São Paulo.

LIMA, R. C. *Terras devolutas*. Porto Alegre: Globo, 1935.

LOPES, M. M. de S. *A enfiteuse, sua natureza jurídica e seu futuro*. Rio de Janeiro: Livraria Freitas Bastos, 1956.

LOVE, J. L. *A locomotiva*: São Paulo na federação brasileira 1889-1937. Rio de Janeiro: Paz e Terra, 1982.

LUSTOSA, O. de F. *A presença da Igreja no Brasil*. São Paulo: Giro, 1977.

MACEDO, S. S. *Higienópolis e arredores*. Processo de mutação da paisagem urbana. São Paulo: Edusp-Pini, 1987.

_____. *Quadro do paisagismo no Brasil*. São Paulo: Edusp, 1999.

MARTINEZ, P. *A teoria das elites*. São Paulo: Scipione, 1997.

MARTINS, A. L. *Império do café*: a grande lavoura no Brasil 1850 a 1890. São Paulo: Atual, 1990.

MARTINS, J. de S. Frente Pioneira : contribuição para um caracterização sociológica. *Estudos Históricos (Marília)*, v.10, p.33-41, 1971.

_____. *O cativeiro da terra*. São Paulo: Hucitec, 1996.

MARTINS, O. *Apontamentos biográficos, Cel. Manoel Bento da Cruz*. Araçatuba: Noroestina, 1968.

MARTORANO, D. *Direito municipal*. Rio de Janeiro: Forense, 1985.

MARX, M. *Cidade brasileira*. São Paulo: Melhoramentos, Edusp, 1980.

_____. *Nosso chão do sagrado ao profano*. São Paulo: Edusp, 1989.

_____. *Cidade no Brasil, terra de quem?* São Paulo: Edusp, Nobel, 1991.

_____. *Cidade no Brasil, em que termos?* São Paulo: Studio Nobel, 1999.

MATOS, O. N. de. *Café e ferrovias*: a evolução ferroviária de São Paulo e o desenvolvimento da cultura cafeeira. Campinas: Pontes, 1990.

MATTOS, V. B. de. *A ronda das ruas*: história das ruas de Capivari. Capivari: Movimento Capivari Solidário, 2004.

MEIRELLES, H. L. *Direito municipal brasileiro*. São Paulo: Editora dos Tribunais, 1977.

MELATTI, J. C. *Índios do Brasil*. São Paulo: Hucitec; Brasília: Editora UnB, 1987.

MILLIET, S. *Roteiro do café e outros ensaios*. São Paulo: Hucitec, Polis, 1982.

MONBEIG, P. *Pioneiros e fazendeiros de São Paulo*. São Paulo: Hucitec, Polis, 1984.

MORSE, R. M. Introduccion a la historia urbana de hispanoamérica. In: SOLANO, F. de. *Estudios sobre la ciudad iberoamericana*. Madrid: Instituto Gonzalo Fernando de Oviedo, 1975.

MOTOYAMA, S. (Org.) *Tecnologia e industrialização no Brasil, uma perspectiva histórica*. São Paulo: EDUNESP, Centro Estadual de Educação Tecnológica Paula Souza, 1944.

MUKAI, T. *Direito e legislação urbanística no Brasil*. São Paulo: Saraiva, 1988.

MUMFORD, L. *A cidade na história*: suas origens, transformações e perspectivas. São Paulo: Martins Fontes; Brasília: Editora UnB, 1982.

MUNICÍPIOS e distritos do Estado de São Paulo. São Paulo: IGC, 1995.

NAUFEL, J. *Novo dicionário jurídico brasileiro*. Rio de Janeiro: Ícone, 1988. v.I.

NEVES, C. das. *Bauru edição histórica*. Bauru: Tilibra, 1977.

O PRIMEIRO século de Jaú. Jaú: Empresa Gráfica da Revista dos Tribunais, 1953.

OFÍCIO enviado à Câmara Municipal de Bauru, pela Estrada de Ferro Sorocabana, datado de 27 de fevereiro de 1905. Arquivo Câmara Municipal de Bauru.

OLIVEIRA, J. L. *Contribuição para a história da saúde pública paulista*: o projeto de revitalização do Museu de Saúde Pública Emílio Ribas. São Paulo, 1986. Dissertação (Mestrado) – Pontifícia Universidade Católica de São Paulo.

OLIVEIRA, Y. de. *Curso de direito municipal*. 2.ed. Rio de Janeiro: Livraria Freitas Bastos, 1958.

OLIVEN, R. J. *Urbanização e mudança social no Brasil*. Petrópolis: Vozes, 1982.

PENTEADO, F. N. *Pederneiras, sua história e sua gente*. Pederneiras: s. n., 1988.

PEREIRA, N. *Conflitos entre Igreja e o Estado no Brasil*. Recife: Massangana, 1982.

PEREZ, F. *Álbum illustrado da Companhia Paulista de Estradas de Ferro – 1868-1918*. São Paulo: s. n., 1918.

PINTO, A. A. *História da viação pública em São Paulo*. São Paulo: Governo do Estado, 1977.

PINTO, S. A. *No velho Botucatu*. São Paulo: Paulicéia, 1994.

PONTES, T. L. *Da posse*. 2.ed. São Paulo: Forense Universitária, 1977.

PREFEITURA Municipal de Marília. Leis promulgadas pela prefeitura durante 1929-1937. Leis de 1 a 10. Marília, Biblioteca da Câmara Municipal.

PROJECTO do código de posturas da Câmara de Lençóes, 1894, Núcleo de Pesquisa Histórica da Universidade do Sagrado Coração de Bauru.

QUEIROZ, M. I. P. de. *Bairros rurais paulistas*. São Paulo: Duas Cidades, 1973.

RAMOS, A. R. *Sociedades indígenas*. São Paulo: Ática, 1986.

REGO, V. P. do. *Compendio ou repetições escritas sôbre elementos de direito administrativo*. Recife: s. n., 1877.

REIS, J. J. *A morte é uma festa*. Ritos fúnebres e revolta popular no Brasil do século XIX. São Paulo: Companhia das Letras, 1991.

REIS FILHO, N. G. *Contribuição ao estudo da evolução urbana do Brasil (1500-1720)*. São Paulo: Edusp, 1968.

_____. *Quadro da arquitetura no Brasil*. São Paulo: Perspectiva, 1978.

_____. *Aspectos da engenharia civil em São Paulo*: 1860-1960. São Paulo: CBPO, Kosmos, 1989.

_____. *Algumas experiências urbanísticas do início da República*: 1890-1920. São Paulo: Cadernos do LAP, 1994.

RELATÓRIO da Commissão Central de Estatística. São Paulo: Leroy King Book Walter, Typographia King, 1888. (Setor de livros raros da Biblioteca Mário de Andrade).

RELATÓRIO da Directoria Companhia Estrada de Ferro Noroeste do Brasil apresentado à Assembléia Geral Ordinária realizada em 11 de junho de 1906. Rio de Janeiro: Typografia de Heitor Ribeiro, 1906.

RELATÓRIO dos presidentes da província de São Paulo (1836-1889). São Paulo: Imprensa Oficial, Imesp,1982.

REPERTÓRIO das leis promulgadas pela Assembléia Legislativa da Província de São Paulo, desde 1835 até 1875. São Paulo: Typographia do *Correio Pauiistano*, 1877. (Seção de livros raros da Biblioteca Mário de Andrade).

ROCHA, J. C. *A urbanização da cidade de Agudos sob a ótica da acumulação*. Bauru: Universidade do Sagrado Coração, 1988.

RODRIGUES, S. *Agudos: seu passado sua gente*. Uma perspectiva para as futuras gerações. Agudos: Gráfica Art Nosde, 1993.

RODRIGUES, S. Direito civil – *direito das coisas*. São Paulo: Saraiva, 2006. v.5.

ROLNICK, R. A cidade e a lei: *legislação, política urbana e territórios na cidade de São Paulo*. São Paulo: Nobel, Fapesp, 1997.

ROSA, É. P. *Piratininga pesquisada e rememorada*. Edição histórica ilustrada. Piratininga: Tilibra, 1981.

SAES, F. de A. M. de. *As ferrovias de São Paulo*. 1870-1940. São Paulo: Hucitec, INL, 1981.

_____. *A grande empresa de serviços públicos na economia cafeeira 1850-1930*. São Paulo: Hucitec, 1986.

SAIA, L. *Morada paulista*. São Paulo: Perspectiva, 1978.

SALGUEIRO, H. A. *Guia da exposição de Belo Horizonte*. O nascimento de uma capital. São Paulo: Museu de arte de São Paulo, 1996.

SALLUM JUNIOR, B. *Capitalismo e cafeicultura*: oeste paulista, 1888-1930. São Paulo: Duas Cidades, 1982.

SANCHES, G. *São Manuel, ontem e hoje*. Barra Bonita: Evergraf, 1996.

SANTOS, A. da C. *Campinas, das origens ao futuro*. Campinas: Editora da Unicamp, 2004.

SANTOS, M. *A urbanização brasileira*. São Paulo: Hucitec, 1993.

SCAMPINI, J. *A liberdade religiosa nas constituições brasileiras*. Petrópolis: Vozes, 1978.

SCHWARCZ, L. M. *As barbas do imperador*. D. Pedro II, um monarca dos trópicos. São Paulo: Companhia das Letras, 1999.

SEGAWA, H. *Ao amor do público, jardins no Brasil*. São Paulo: Nobel, 1996.

SEIXAS, G. M. de. *Jales, precursores e pioneiros*. Jales: Edição do autor,2003.

SEVCENKO, N. *Tensões sociais e criação cultural na primeira República*. 2.ed. São Paulo: Brasiliense, 1985.

SILVA, L. M. *A lei da terra*: um estudo sobre a história da propriedade da terra no Brasil. São Paulo, 1990. 558p. Tese (Doutorado) – Faculdade de Ciências Sociais, Pontifícia Universidade Católica de São Paulo.

SILVA, M. A. *Itapura* – estabelecimento naval e colônia militar (1858-1870). São Paulo, 1972, 160p. Tese (Doutorado) – Faculdade de Filosofia, Letras e Ciências Humanas, Universidade de São Paulo.

SILVA, S. *Expansão cafeeira e origens da indústria no Brasil*. São Paulo: Alfa-Omega, 1976.

SIMÕES JUNIOR, J. G. O setor de obras públicas e as origens do urbanismo na cidade de São Paulo. *Espaço e Debates, Revista de Estudos Regionais e Urbanos (São Paulo)*, n.34, 1991.

SITTE, C. *A construção das cidades segundo seus princípios artísticos*. São Paulo: Ática, 1992.

SOARES, A. J. de M. *Regimento das Câmaras Municipaes ou Lei de 1º de Outubro de 1828*. 2.ed. Rio de Janeiro: B. L. Garnier, 1885.

SODRÉ, N. W. *Formação histórica do Brasil*. 7.ed. São Paulo: Brasiliense, 1971.

SZMRECSÁNYI, M. I. Rio e São Paulo. *Revista USP (São Paulo)*, n.17, p.202-19, mar./abr./maio 1993.

SZMRECSÁNYI, T. *Pequena história da agricultura no Brasil*. São Paulo: Contexto, 1990.

TABLAS, H. G. *A pousada alegre dos Dous Córregos*: 1856/1900. Dois Córregos: Roswhita Kempf, 1987.

TAUNAY, A. D. *História do café no Brasil*. Rio de Janeiro: DNC, 1939-1943.

TEIXEIRA, S. *O Jahu em 1900* – Repositório de dados, informações e documentos para a história do Jahu. Jahu: Oficinas do Correio do Jahu, 1900.

THOMAS, K. *O homem e o mundo natural*. São Paulo: Companhia das Letras, 1988.

TOBIAS, J. A. *História de Campos Novos Paulista*. Capítulos da boca de sertão do Paranapanema. Marília: Editora da Unoeste, 1999.

TORRES-LONDONÕ, F. (Org.) *Paróquia e comunidade no Brasil*. São Paulo: Paulus, 1997.

UCHÔA, J. R. *ABC do direito municipal*. Rio de Janeiro: Forense, 1984.

VARGAS, C. R. *As várias faces da cidade*: Bento de Abreu Sampaio e a modernização de Araraquara (1908-1916). Franca, 2000. Dissertação (Mestrado) – Faculdade de História, Direito e Serviço Social, Universidade Estadual Paulista.

VENUTI, C. G. *La administración del urbanismo*. Barcelona: Gilli, 1971.

VERÍSSIMO, F. S.; BITTAR, W. S. M.; ALVAREZ, J. M. *Vida urbana*: a evolução do cotidiano da cidade brasileira. Rio de Janeiro: Ediouro, 2001.

VILLAÇA, F. J. M. *A estrutura residencial brasileira*: áreas residenciais e comerciais. São Paulo, 1978. 2v. Tese (Doutorado) – Faculdade de Filosofia, Letras e Ciências Humanas, Universidade de São Paulo.

WOOD, D. L. *Abortive panacea Brasilian military settlements*: 1850 to 1913. Utah: Faculty of the University of Utah, 1972. Requeriments for the degres of doctor of Philosophy.

ZANOTTI, E. F. *Bariri*: o café e a República. São Carlos: Jaburu, 1988.

SOBRE O LIVRO

Formato: 16 x 23 cm
Mancha: 27,7 x 44,9 paicas
Tipologia: Horley Old Style 11/15
Papel: Offset 75 g/m² (miolo)
Cartão Supremo 250 g/m² (capa)
1ª edição: 2010

EQUIPE DE REALIZAÇÃO

Coordenação Geral
Marcos Keith Takahashi

Impressão e acabamento